Markus Hess / Robert Simmen (Hrsg.)

Das neue Konsumkreditgesetz (KKG)

Schulthess § 2002

Die Deutsche Bibliothek – CIP-Einheitsaufnahme

Alle Rechte, auch die des Nachdrucks von Auszügen, vorbehalten. Jede Verwertung ist ohne Zustimmung des Verlages unzulässig. Dies gilt insbesondere für Vervielfältigungen, Übersetzungen, Mikroverfilmungen und die Einspeicherung und Verarbeitung in elektronische Systeme.

© Schulthess Juristische Medien AG, Zürich · Basel · Genf 2002
    ISBN 3 7255 4451 4

www.schulthess.com

Inhaltsverzeichnis

Vorwort   5

Das Bundesgesetz vom 23. März 2001 über den Konsumkredit im Überblick   7

Dr. iur. FELIX SCHÖBI
Bundesamt für Justiz, Privatdozent an der Universität Bern

Barkredit und Teilzahlungsverträge unter dem neuen Konsumkreditgesetz   35

Dr. iur. ROBERT SIMMEN
Rechtsanwalt in Zürich, Geschäftsführer des Verbandes Schweiz. Kreditbanken und Finanzierungsinstitute (VSKF), des Vereins zur Führung einer Zentralstelle für Kreditinformation (ZEK) und des Vereins zur Führung einer Informationsstelle für Konsumkredit (IKO)

Leasing unter dem Bundesgesetz über den Konsumkredit Eckdaten für die Vertragsgestaltung und Geschäftsabwicklung   65

Dr. iur. MARKUS HESS
Rechtsanwalt in Zürich, Geschäftsführer des Schweiz. Leasingverbandes (SLV)

Kredit- und Kundenkarten   89

lic. oec. publ. FREDI KÜNG
Mitglied der Geschäftsleitung der UBS Card Center AG, Glattbrugg, Präsident der Interessengemeinschaft der Zahlkartenindustrie (KARTAC)

Überziehungskredit auf laufendem Konto gemäss neuem Konsumkreditgesetz   113

Dr. iur. ROLAND HASELBACH
Rechtsanwalt/Rechtskonsulent, Rechtsdienst UBS AG, Zürich

**Neue Informationsstelle für Konsumkredit (IKO) und
Zentralstelle für Kreditinformation (ZEK)** 157

Dr. iur. Robert Simmen
Rechtsanwalt in Zürich, Geschäftsführer des Verbandes Schweiz.
Kreditbanken und Finanzierungsinstitute (VSKF), des Vereins zur Führung
einer Zentralstelle für Kreditinformation (ZEK) und des Vereins zur Führung
einer Informationsstelle für Konsumkredit (IKO)

Werbung für Konsumkredite 171

Dr. iur. Lucas David
Rechtsanwalt in Zürich

Neues KKG: Das Übergangsrecht für Leasingverträge 197

lic. iur. LL.M. Peter Schatz
Rechtsanwalt in Zürich

Bundesgesetz über den Konsumkredit (KKG) 211

Federal Law on Consumer Credit (FLCC) 229

Stichwortverzeichnis 245

Vorwort

Das neue Konsumkreditgesetz (KKG) vom 23. März 2001 wird am 1. Januar 2003 in Kraft treten. Damit ergibt sich für die als «Kreditgeberinnen» i.S. von Art. 2 KKG betroffenen Banken, Finanzierungsinstitute, Leasingfirmen und Kartenherausgeber bezüglich ihrer Geschäftsabläufe und Vertragsformulare ein **erheblicher Anpassungsbedarf**. Insbesondere die Methodik der Kreditfähigkeitsprüfung muss auf die neuen Normen von Art. 28 bis 30 KKG ausgerichtet werden.

Um diese Anpassungsarbeiten und damit die Umsetzung des neuen KKG durch die betroffenen Kreditgeberinnen zu erleichtern, ist am 6. November 2001 in Zürich unter der Aegide des Verbandes Schweiz. Kreditbanken und Finanzierungsinstitute, des Schweiz. Leasingverbandes, der ZEK und der KARTAC (Interessengemeinschaft der Zahlkartenindustrie) und mit Unterstützung der Schweiz. Bankiervereinigung eine Fachtagung durchgeführt worden, an welcher die diversen Aspekte des neuen KKG im Detail erläutert wurden. Die Tagung stiess auf derart grosses Interesse, dass die beteiligten Verbände die Herren **Dr. Markus Hess** (Geschäftsführer des Schweiz. Leasingverbandes) und **Dr. Robert Simmen** (Geschäftsführer des Verbandes Schweiz. Kreditbanken und Finanzierungsinstitute, der ZEK und auch des neu gegründeten IKO-Vereins) gebeten haben, als Herausgeber einen Sammelband mit Aufsätzen zum KKG zu publizieren. Letztere beruhen im wesentlichen auf den anlässlich der Tagung vom 6. November 2001 gehaltenen Referaten, wobei natürlich die Texte im Hinblick auf die Publikation noch wissenschaftlich überarbeitet und mit den entsprechenden Literaturverweisen/Anmerkungen versehen worden sind.

Als Autoren wirken mit (in alphabetischer Reihenfolge):

Dr. iur. Lucas David, Rechtsanwalt, Walder Wyss & Partner, Zürich; Dr. iur. Markus Hess, Rechtsanwalt, Schweiz. Leasingverband, Hess & Partner Rechtsanwälte, Zürich; Dr. iur. Roland Haselbach, Rechtsdienst UBS AG, Zürich; lic. oec. publ. Fredi Küng, Mitglied der Geschäftsleitung der UBS Card Center AG, Präsident der KARTAC, Glattbrugg; RA lic. iur. Peter Schatz, LL.M., Hess & Partner Rechtsanwälte, Zürich; PD Dr. iur. Felix Schöbi, Bundesamt für Justiz, Bern und Dr. iur. Robert Simmen, Rechtsanwalt, Geschäftsführer VSKF, ZEK und IKO, Giger & Simmen Rechtsanwälte, Zürich.

Der vorliegende Sammelband wird den vom KKG betroffenen Instituten erwünschte Leitlinien für die Umsetzung des neuen Gesetzes bzw. für die

Anpassung ihrer Geschäftsabläufe liefern. Die zahlreichen Hinweise auf die mit dem neuen KKG verbundenen Rechtsfragen und deren Beantwortung werden für die mit der Gesetzesanwendung befassten Juristen – Gerichte, Rechtsanwälte, Vertragsjuristen – nützlich sein. Für ihren grossen Einsatz im Zusammenhang mit den nachfolgend publizierten Aufsätzen danke ich daher den beteiligten Autoren bestens.

Zürich, im Mai 2002   Luciano Passardi
                                          Präsident des Verbandes Schweiz.
                                          Kreditbanken und Finanzierungsinstitute

Das Bundesgesetz vom 23. März 2001 über den Konsumkredit im Überblick

FELIX SCHÖBI

I.	Einleitung	8
II.	Geltungsbereich	10
	1. Im Allgemeinen	10
	2. Leasing	11
	3. Kredit- und Kundenkarten sowie Überziehungskredite	12
III.	Kreditfähigkeit	14
	1. Prüfung der Kreditfähigkeit	14
	2. Meldepflicht	16
	3. Sanktion	18
IV.	Weitere Änderungen	20
	1. Zustimmung des gesetzlichen Vertreters (Art. 13)	20
	2. Höchstzinssatz (Art. 14)	20
	3. Widerrufsrecht (Art. 16)	21
	4. Verzug (Art. 18)	22
	5. Werbung (Art. 36)	23
V.	Abschliessende Regelung	23
	1. Verzicht auf die Bestimmungen über den Abzahlungsvertrag (Art. 226a–226d und 226f–226m aOR)	23
	2. Verhältnis zum kantonalen Recht (Art. 38)	25
	3. Konkordat	26
VI.	Übergangsrecht	27
	1. Vorbemerkung	27
	2. Zur Gültigkeit von Konsumkreditverträgen – Rückwirkungsverbot (Art. 1 SchlT ZGB)	27
	3. Zum Inhalt von Konsumkreditverträgen – Anwendung zwingender Bestimmungen (Art. 3 SchlT ZGB)	28
VII.	Internationales Privat- und Prozessrecht	30
	1. Problem	30
	2. Zuständigkeit	30
	3. Anwendbares Recht	32
	4. Aufsicht	33
VIII.	Schlussbemerkung	33

I. Einleitung

Am 22. Dezember 1986 erliess die Europäische Gemeinschaft die Richtlinie 87/102/EWG zur Angleichung der Rechts- und Verwaltungsvorschriften der Mitgliedstaaten über den Verbraucherkredit[1]. Diese Richtlinie setzte die Schweiz mit dem Bundesgesetz vom 8. Oktober 1993 über den Konsumkredit[2] um. Schon damals war klar, dass dieses Gesetz nicht alle Ansprüche an ein modernes Konsumkreditrecht erfüllen würde: So erhofften sich die Kreditnehmer einen Schutz, der über das europarechtlich gebotene Minimum hinausging, während die Kreditgeber auf eine abschliessende eidgenössische Regelung drängten[3].

Vor diesem Hintergrund legte der Bundesrat am 14. Dezember 1998 die Botschaft betreffend die Änderung des Bundesgesetzes über den Konsumkredit vor[4]. Eckpfeiler der Vorlage bildete die Verpflichtung des Kreditgebers, die Kreditfähigkeit nach im Gesetz definierten Vorgaben zu überprüfen (Art. 15a–15e E-KKG). Gleichzeitig schlug der Bundesrat vor, die Bestimmungen über den Abzahlungsvertrag (Art. 226a–d und 226f–226m OR) zu streichen bzw. diese ins revidierte Konsumkreditgesetz zu überführen. Der Bundesrat beantragte ferner die Einführung eines schweizweit geltenden Höchstzinssatzes (Art. 10b E-KKG) und eine Bewilligungspflicht für jene, die gewerblich Konsumkredite gewähren oder vermitteln (Art. 19a und 19b E-KKG). Im Gegenzug sollten die Kantone das Recht verlieren, im Bereich des Konsumkredits weitergehende Bestimmungen zum Schutz des Konsumenten aufzustellen (Art. 19 E-KKG).

Der Nationalrat behandelte die Vorlage in der Herbstsession 1999[5] und der Ständerat in der Herbstsession 2000[6]. Die Differenzen konnten in der Wintersession 2000[7] und in der Frühjahrssession 2001[8] bereinigt werden. Am

---

[1] ABl. Nr. L 42 vom 12.2.1987, S. 48 ff.
[2] AS 1994, 347.
[3] Vgl. FELIX SCHÖBI, Das Bundesgesetz vom 8. Oktober 1993 über den Konsumkredit – Entstehungsgeschichte sowie Verhältnis zum Obligationenrecht und zur kantonalen Gesetzgebung; in: Das neue Konsumkreditgesetz (KKG), Berner Bankrechtstag, Bd. 1, Bern 1994, S. 25 ff.
[4] BBl **1999** 3155 ff.
[5] AB 1999 N 1876 ff.
[6] AB 2000 S 564 ff.
[7] AB 2000 N 1441 ff. und 1559 ff.
[8] AB 2001 S 16 ff.; AB 2001 N 175 ff.; AB 2001 S 115.

23. März 2001 stimmte der Nationalrat dem Bundesgesetz über den Konsumkredit mit 114 gegen 66 Stimmen zu[9]. Der Ständerat hiess die Vorlage gleichentags mit 36 gegen 7 Stimmen gut[10]. Das Gesetz wurde anschliessend am 3. April 2001 im Bundesblatt publiziert[11]. Am 12. Juli 2001 lief die Referendumsfrist unbenutzt ab. Das neue Konsumkreditgesetz wird voraussichtlich am 1. Januar 2003 in Kraft treten.

Während der Bundesrat ursprünglich nur eine Teilrevision des Konsumkreditgesetzes vom 8. Oktober 1993 vorgeschlagen hatte[12], entschied sich das Parlament für den Erlass eines neuen Gesetzes. Dieser von der Redaktionskommission angeregte Entscheid hat keine materiell-rechtliche Bedeutung; er sollte einzig eine durchgehende Neunummerierung ermöglichen und damit den Zugang zum neuen Konsumkreditgesetz erleichtern[13]. Der Gesetzgeber glaubte umso eher, so verfahren zu können, als das alte Konsumkreditgesetz (aKK) in den wenigen Jahren seiner Gültigkeit kaum Spuren in der Literatur[14] und in der (bundesgerichtlichen) Rechtsprechung hinterlassen hatte.

Das neue Konsumkreditgesetz baut begrifflich, systematisch und inhaltlich im Wesentlichen auf dem Konsumkreditgesetz vom 8. Oktober 1993 auf. Das Interesse am neuen Konsumkreditgesetz beschränkt sich damit auf eine Auseinandersetzung mit den vorgenommenen Änderungen. Diese stehen im Zentrum des folgenden Aufsatzes (II–V). Daneben wird auf das Übergangsrecht (VI) und das internationale Privatrecht (VII) näher eingegangen[14a].

---

[9] AB 2001 N 366.
[10] AB 2001 S 180.
[11] BBl **2001** 1344 ff. (Referendumsvorlage).
[12] BBl **1999** 3194 ff.
[13] AB 2001 N 181 (Hess) und AB 2001 S 16 f. (Wicki).
[14] Vgl. immerhin die Kommentierung von MARLIS KOLLER-TUMLER im Basler Kommentar (1996); ferner Alexander Brunner, Zum neuen Konsumkreditgesetz, plädoyer 1994, 219 ff.; JOHANNES KÖNDGEN, Der Eurolex-Entwurf eines Konsumkreditgesetzes – auch ohne EWR ein gutes Gesetz für die Schweiz? AJP 1993, 278 ff.; DENSELBEN, Zur neuen Konsumkreditgesetzgebung, in: Aktuelle Rechtsprobleme des Finanz- und Börsenplatzes Schweiz, Bern 1994, S. 31 ff.; BERND STAUDER, KONSUMKREDITRECHT, Das Bundesgesetz über den Konsumkredit vom 8. Oktober 1993, AJP 1994, 675 ff. Zum kantonalen Recht: DENIS PIOTET, Schweizerisches Privatrecht, Bd I/2, Basel u.a. 2001, S. 285 ff.
[14a] Hingewiesen sei in diesem Zusammenhang auf eine am 6. März 2002 durchgeführte Veranstaltung des Centre du droit de l'entreprise de l'Université de Lausanne (CEDIDAC) zum neuen Konsumkreditgesetz. Die Referate von GILLES PAISANT (Le crédit à la consommation dans l'Union européenne: le droit communautaire), BERNARD DUTOIT (Le crédit à la consommation dans l'Union européenne: la transposition dans les droits

II. Geltungsbereich

1. Im Allgemeinen

Der Geltungsbereich des Konsumkreditgesetzes wird durch ein komplexes Zusammenspiel von Definitionen (Art. 1–3) und Ausnahmen (Art. 7) bestimmt. Beide Anknüpfungspunkte erfahren mit dem neuen Konsumkreditgesetz (geringfügige) Änderungen.

Nach altem Konsumkreditgesetz unterstand ein Konsumkreditvertrag dem Gesetz, wenn die Kreditgeberin in Ausübung ihrer gewerblichen oder beruflichen Tätigkeit einen Kredit gewährte (Art. 2 aKKG). Neu ist dies nur noch dann der Fall, wenn die Kreditgeberin gewerbsmässig handelt (Art. 2). Damit fallen (vereinzelt gewährte) Kredite von Handwerkern an ihre Kunden[15] und vor allem Arbeitgeberdarlehen nicht mehr unter das Konsumkreditgesetz.

Im Zusammenhang mit den Ausnahmen stimmte das Parlament drei Änderungen zu: Anders als nach Artikel 6 Absatz 1 Buchstabe a aKKG unterstehen dem Konsumkreditgesetz neu auch Kredite, die für den Erwerb oder die Beibehaltung von Eigentumsrechten an einem Grundstück oder einem vorhandenen oder noch zu errichtenden Gebäude oder zur Renovation oder Verbesserung eines Gebäudes bestimmt sind. Eine Ausnahme gilt nur noch bei Konsumkrediten, die direkt oder indirekt grundpfandgesichert sind (Art. 7 Abs. 1 Bst. a).

Nicht in den Geltungsbereich des neuen Konsumkreditgesetzes fällt ein Konsumkredit, wenn er durch ausreichende Vermögenswerte gedeckt ist (Art. 7 Abs. 1 Bst. b). Bisher kam diese Ausnahme nur bei der Hinterlegung banküblicher Sicherheiten zum Zuge (Art. 6 Abs. 1 Bst. b aKKG).

Auf die Ausnahmen von Artikel 7 Absatz 1 Buchstaben a und b kann sich der Kreditgeber nur dann berufen, wenn die Sicherung des Konsumkredits zweifelsfrei feststeht. Dies ist nicht der Fall, wenn bei Verwertung des Pfand-

---

des pays de l'Union), XAVIER FAVRE-BULLE (La nouvelle loi fédérale sur le crédit à la consommation: présentation générale et thèmes choisis), DENIS PIOTET (L'intégration de la nouvelle LCC dans le système général du droit privé et public) und BERND STAUDER (La prévention du surendettement du consommateur de la LCC 2001) werden als Tagungsband erscheinen.

[15] AB 2000 S 568 (Wicki).

rechts keine realistische Aussicht auf Deckung der Forderung besteht. Vorsicht ist auch bei Pfandrechten geboten, die Grundstücke im Ausland belasten.

Schliesslich sieht das neue Konsumkreditgesetz eine Anpassung der Grenzbeträge vor: Unter das Konsumkreditgesetz fallen in Zukunft Konsumkreditverträge zwischen 500 (bisher 350) und 80'000 (bisher 40'000) Franken (Art. 7 Abs. 1 Bst. e). Keinen Erfolg hatte der Bundesrat mit seinem Vorschlag, auf eine obere Begrenzung gänzlich zu verzichten[16].

2. Leasing

Nach Artikel 6 Absatz 1 Buchstabe c aKKG fand das alte Konsumkreditgesetz keine Anwendung auf Mietverträge, ausgenommen wenn diese vorsahen, dass das Eigentum «letzten Endes» auf die Mieterin oder den Mieter überging. Umstritten war, welche Bedeutung diese Anordnung für Leasingverträge hatte[17]: Wer sachenrechtlich argumentierte, verneinte eine Anwendung des Konsumkreditgesetzes, weil bei Leasingverträgen ein Eigentumsübergang in der Regel nicht intendiert wird. Wer wirtschaftlich argumentierte, ging umgekehrt von der Anwendbarkeit des Konsumkreditgesetzes aus.

Artikel 6 Absatz 1 Buchstabe c aKKG ist im neuen Konsumkreditgesetz weggefallen. Damit entscheidet ausschliesslich die Definition des unter das Gesetz fallenden Leasingvertrags darüber, wann das Konsumkreditgesetz Anwendung findet. Nach Artikel 1 Absatz 2 Buchstabe a ist dies dann der Fall, wenn vertraglich vorgesehen ist, dass die Leasingraten bei vorzeitiger Auflösung des Vertrags erhöht werden.

Artikel 1 Absatz 2 Buchstabe a macht nur dann Sinn, wenn angenommen wird, dass die vertraglich vorgesehene Erhöhung der Leasingraten bei vorzeitiger Auflösung des Leasingvertrags durch den Leasingnehmer nicht gegen Artikel 266k OR verstösst. Zumindest im Geltungsbereich des Konsumkreditgesetzes sind damit in Zukunft solche Verträge zulässig[18].

---

[16] BBl **1999** 3175; AB 1999 N 1890 (Bundesrätin Metzler).
[17] Ausführlich HEINZ HAUSHEER, Anwendungsbereich und Abgrenzungsprobleme des KKG, insbesondere Leasing und Kreditkartengeschäfte, in: Das neue Konsumkreditgesetz (KKG), Berner Bankrechtstag, Bd. 1, Bern 1994, S. 51 ff.
[18] Zum umstrittenen alten Recht: XAVIER FAVRE–BULLE, La résiliation anticipée d'un contrat de leasing – Le rôle du droit du bail à loyer (art. 266k CO), in: Collezione Assista, Genf 1998, S. 116 ff., insbes. 134 ff.

Beschlossen wurde diese Lösung in der vorberatenden Kommission des Ständerats. Diese lehnte das bundesrätliche Konzept ab, für die Unterstellung von Leasingverträgen unter das Konsumkreditgesetz auf die Gefahrtragung abzustellen[19]. Nicht nur könne der Laie mit dem Begriff der Gefahrtragung nichts anfangen; diese werde häufig auch von Versicherungen überlagert. Die ständerätliche Kommission suchte daher nach einer leicht nachvollziehbaren Lösung, die sicherstellt, dass die meisten der heutigen Autoleasingverträge unters Konsumkreditgesetz fallen[20].

Noch nicht ganz ausgestanden ist die Kontroverse um die richtige Subsumtion von als Leasing bezeichneten Verträgen, wenn es zu prüfen gilt, ob auf einen bestimmten Vertrag die besonderen Bestimmungen des Gesetzes für Leasingverträge (Art. 8 Abs. 1) oder die etwas rigideren für Barkredite (Art. 9) bzw. für Verträge zur Finanzierung des Erwerbs von Waren oder Dienstleistungen (Art. 10) gelten. Meines Erachtens sprechen systematische und historische Argumente in diesem Fall für eine sachenrechtliche Betrachtungsweise. Leasingverträge sollten daher nur dann den Bestimmungen über den Barkredit unterstellt werden, wenn vorgesehen ist, dass der Leasingnehmer bei Auslaufen des Leasingvertrags Eigentümer der Leasingsache wird (Miete-Kauf-Vertrag).

3. Kredit- und Kundenkarten sowie Überziehungskredite

Nach altem Konsumkreditgesetz fand auf Verträge, nach denen Kredite in Form von Überziehungskrediten auf laufenden Konti gewährt wurden, nur Artikel 10 aKKG Anwendung, während für Kreditkartenkonti alle übrigen Bestimmungen dieses Gesetzes galten (Art. 6 Abs. 2 aKKG). Die genaue Tragweite dieser Regelung blieb im Dunkeln.

Das neue Konsumkreditgesetz bringt eine (weitgehende) Gleichstellung der Verträge, die auf die Gewährung eines Überziehungskredits zielen, mit jenen, die die Eröffnung eines Kredit- oder Kundenkartenkontos zum Gegenstand haben (Art. 12). Gleichzeitig definiert Artikel 1 Absatz 2 Buchstabe b, wann Kredit- und Kundenkarten sowie Überziehungskredite dem Konsumkreditgesetz unterstehen. Dies soll dann der Fall sein, wenn die entsprechen-

---

[19] BBl **1999** 3173.
[20] AB 2000 S 568 (Wicki).

den vertraglichen Abmachungen dem Konsumenten die Möglichkeit geben, die Kredit- und Kundenkartenschulden oder den in Anspruch genommenen Überziehungskredit in Raten zu begleichen («Kreditoption»). Der Gesetzgeber liess sich dabei offensichtlich vom Modell der *VISA-Kreditkarte* (und vieler Kundenkarten) leiten, die es dem Karteninhaber überlassen, ob er den in Rechnung gestellten Betrag auf einmal oder – gegen einen Zins – ratenweise bezahlen will.

Der Kreditgeber kann sich meines Erachtens auch bei Gewährung eines Überziehungskredits oder beim Abschluss eines Kredit- oder Kundenkartenvertrags auf die Ausnahmen von Artikel 7 berufen. Muss der Konsument also beispielsweise seine Kredit- und Kundenkartenschulden innert 30 Tagen abtragen, so fällt dieser Vertrag nicht unter das Konsumkreditgesetz. Der Fall ist damit gleich wie ein Kaufvertrag zu beurteilen, bei dem der Käufer den Kaufpreis innert 30 Tagen bezahlen muss (Art. 7 Abs. 1 Bst. f).

Weil das Konsumkreditgesetz Kredit- und Kundenkartenkonti mit Kreditoption sowie Überziehungskredite auf laufendem Konto besonderen Regeln unterwirft (Art. 8 Abs. 2), stellt sich die Frage, wie sich diese vom «gewöhnlichen» Barkredit (Art. 9) unterscheiden, namentlich wenn im Vertrag bloss eine Kreditlimite festgesetzt und dem Konsumenten die Darlehensvaluta nicht unmittelbar ausgehändigt wird («Flexikredit»). In einem solchen Fall kommt man meines Erachtens nicht umhin, auf die Absicht der Vertragsparteien abzustellen: Liegt die Finalität eines solchen Vertrags darin, dem Konsumenten ein Zahlungsinstrument zur Verfügung zu stellen, rechtfertigt es sich, den Vertrag den besonderen Bestimmungen über Überziehungskredite und über Kredit- und Kundenkartenkonti zu unterstellen. Geht es den Vertragsparteien hingegen um die Gewährung eines Kredits, sind die Bestimmungen des Konsumkreditgesetzes über den Barkredit zu beachten. Dabei ist jeweils davon auszugehen, dass der Konsument den ganzen Konsumkredit ausschöpft. Ohne Belang für die Qualifikation ist, ob dem Konsumenten eine Kredit- oder Kunden*karte* ausgehändigt wird. Im Zweifel tut der Kreditgeber gut daran, sich an die strengeren Bestimmungen über die Gewährung eines Barkredits zu halten.

Von einem Barkredit ist auch auszugehen, wenn der Verkäufer bei Vertragsabschluss durchblicken lässt, dass er nicht auf sofortiger Bezahlung der Rechnung beharrt. Dieses Vorgehen deutet, zumindest wenn es systematisch zur Anwendung gelangt, auf den Versuch hin, das Konsumkreditgesetz zu umgehen. Besondere Skepsis ist am Platz, wenn zusätzlich ein «Verzugszins» vereinbart wird, der nahe an dem für einen Konsumkredit geschuldeten Zinssatz liegt. Davon zu unterscheiden ist der Fall eines stillschweigend akzeptierten Überziehungskredits (Art. 12 Abs. 4). Ein solcher setzt voraus, dass sich der Kreditgeber ohne entsprechende vertragliche Verpflichtung zu einer Kreditgewährung entscheidet, um vom Kreditnehmer zusätzlichen Schaden abzuwenden (Art. 12 Abs. 4). Diese Fälle dürften – auch in Zukunft – selten sein.

III. Kreditfähigkeit

1. Prüfung der Kreditfähigkeit

Artikel 22 in Verbindung mit Artikel 28–30 verlangt vom Kreditgeber, die Kreditfähigkeit des Konsumenten zu überprüfen, um auf diese Weise Überschuldungssituationen zuvorzukommen. Dabei handelt es sich ohne Zweifel um die auffälligste und wichtigste Neuerung im Konsumkreditrecht[21].

Die Überprüfung der Kreditfähigkeit ist allerdings keine Erfindung des neuen Konsumkreditgesetzes, sondern gelebter Alltag: Kein (seriöser) Kreditgeber gewährt einen Konsumkredit, ohne sich eine Vorstellung von der Kreditfähigkeit (und Kreditwürdigkeit) des zukünftigen Schuldners gemacht zu haben. Neu sind so nur der Zwang, eine Kreditfähigkeitsprüfung durchzuführen, bzw. die angedrohten Sanktionen (bis hin zum Verlust des Kredits), falls die Kreditfähigkeitsprüfung unterbleibt (Art. 32). Damit hat der Gesetzgeber das Heft in die Hand genommen, und es nicht der Praxis überlassen, den Kreditgeber dafür einstehen zu lassen, dass er sich zu wenig um die finanzielle Situation des Kreditnehmers gekümmert hat (Vertrauenshaftung)[22].

Das neue Konsumkreditgesetz umschreibt die Kreditfähigkeit bei Barkrediten als Funktion der (im Wesentlichen) nach Betreibungsrecht ermittelten verfügbaren Quote (Art. 28 Abs. 2 und 3). Für sich allein böte diese Lösung kaum Gewähr einer Überschuldungsprävention; sie würde den Konsumkreditnehmer im Gegenteil dazu einladen, sich möglichst langfristig zu verschul-

---

[21] BBl **1999** 3167 f.
[22] Lesenswert PIERRE TERCIER, Responsabilité de la banque dispensatrice d'un crédit immobilier? A propos de l'arrêt du Tribunal fédéral (1ère Cour civile) du 23 juin 1998, en la cause X. et Y. contre Banque A (non paru aux ATF, mais reproduit in: Pra. 1998 p. 827 ss, et, en traduction française in: SJ 1999 p. 205 ss), Baurecht 2000, 10 ff.

den. Artikel 28 Absatz 4 bannt diese Gefahr, indem dem Kreditgeber aufgetragen wird, bei der Prüfung der Kreditfähigkeit von einer Amortisation des Konsumkredits (und weiterer, noch laufender Konsumkredite) innert 36 Monaten auszugehen. Diese Amortisation ist insofern fiktiver Natur, als sie es nicht verbietet, Verträge mit einer Laufzeit von mehr als 36 Monaten abzuschliessen. Ob von dieser Möglichkeit tatsächlich Gebrauch gemacht wird, bleibt abzuwarten.

Nicht durchsetzen konnte sich der Bundesrat mit seinem Vorschlag, auch bei Leasingverträgen von einer fiktiven Amortisation von 36 Monaten auszugehen[23]. Bei Leasingverträgen muss damit auch bei Verträgen mit einer Laufzeit von 48 oder 60 Monaten nur die effektiv geschuldete monatliche Rate mit der verfügbaren Quote bestritten werden können (Art. 29 Abs. 2). Ferner darf der Kreditgeber bei der Prüfung der Kreditfähigkeit des Leasingnehmers Vermögenswerte berücksichtigen, die dem Leasingnehmer gehören und die die Zahlung der Leasingraten sicherstellen. Diese Bestimmung ergänzt bzw. konkretisiert die Ausnahme von Artikel 7 Absatz 1 Buchstabe b. Gänzlich unberücksichtigt bleiben müssen Vermögenswerte, die gar nicht im Eigentum des Leasingnehmers stehen. Dies gilt namentlich für die Leasingsache selbst, die in der Regel im Eigentum des Leasinggebers verbleibt[24].

Geht es um Kredit- oder Kundenkartenkonti oder Überziehungskredite, so begnügt sich das Konsumkreditgesetz mit dem Hinweis auf die Einkommens- und Vermögensverhältnisse des Schuldners (Art. 30 Abs. 1). Diesen muss bei der Festsetzung einer Kreditlimite Rechnung getragen werden. Kompensiert wird dieses im Vergleich mit der Kreditfähigkeitsprüfung bei Barkrediten grosszügigere Regime durch die Verpflichtung des Kreditgebers, die Kreditfähigkeitsprüfung zu wiederholen, wenn er über Informationen verfügt, wonach sich die wirtschaftlichen Verhältnisse des Konsumenten verschlechtert haben (Art. 30 Abs. 2).

Nach dem Wortlaut von Artikel 30 Absatz 1 hat die Kreditfähigkeitsprüfung bei Kredit- und Kundenkartenkonti sowie bei Überziehungskrediten eine bloss *summarische* zu sein. Dieser dem Prozessrecht entlehnte, vom Parlament ins Gesetz eingefügte Begriff[25] stiftet Verwirrung. Wie weit die Verpflichtung des Kreditgebers geht, Angaben des Konsumenten zu seiner Kreditfähigkeit zu überprüfen (Kognition), entscheidet sich nicht aufgrund

---

[23] AB 2000 N 1571 (Bundesrätin Metzler).
[24] BGE 118 II 150 ff.
[25] AB 1999 N 1916.

von Artikel 30, sondern aufgrund von Artikel 31. Der Begriff der summarischen Prüfung bestätigt daher nur, dass die Kreditgeber bei Artikel 30 über einen beträchtlichen Ermessensspielraum in der Beurteilung der Kreditfähigkeit des Konsumenten verfügen[26]. Der Preis dafür ist das (höhere) Risiko, dass der Richter die Sache später anders beurteilt als der Kreditgeber.

Die Artikel 28–30 verstehen sich als Mindestvorschriften. Der Kreditgeber darf daher an die Kreditfähigkeit des Konsumenten einen strengeren als den im Konsumkreditgesetz beschriebenen Massstab anlegen. Entsprechend ist nichts einzuwenden, wenn er bei der Kreditgewährung beispielsweise von einer Amortisation von 12 oder 24 Monaten ausgeht. Das Gleiche gilt, wenn der Kreditgeber der Kreditfähigkeitsprüfung Richtlinien zur Berechnung des Existenzminimums zugrunde legt, die zu einer tieferen verfügbaren Quote als im Wohnsitzkanton des Konsumenten führen (Art. 28 Abs. 3 KKG).

Einen Vertragszwang kennt das Konsumkreditgesetz nicht, ebensowenig die Verpflichtung, einen Konsumkreditvertrag zu bestimmten Konditionen abzuschliessen. Vorbehalten bleibt das Bundesgesetz vom 6. Oktober 1995 über Kartelle und andere Wettbewerbsbeschränkungen (Kartellgesetz; KG[27]). Artikel 7 KG verbietet es einem Anbieter, seine marktmächtige Stellung dadurch zu missbrauchen, dass er die Aufnahme geschäftlicher Beziehungen verweigert oder unangemessene Vertragskonditionen erzwingt. Die praktische Bedeutung dieser Anordnung dürfte allerdings gering sein. So entschied die Wettbewerbskommission 1998, dass die *GE Capital Corporation* auch nach Übernahme der *Bank Prokredit* und der *Bank Aufina* nicht über eine kartellrechtlich relevante Marktmacht verfüge. Auch ist daran zu erinnern, dass die herrschende Lehre – wenn auch ohne eine mich überzeugende Begründung – davon ausgeht, dass sich nur Wettbewerber, nicht aber Konsumenten auf die privatrechtlichen Bestimmungen des Kartellgesetzes berufen könnten[28].

---

[26] BBl **1999** 3185 ff.
[27] SR 251.
[28] Vgl. URSULA NORDMANN-ZIMMERMANN, La nouvelle loi sur les cartels – une chance pour les organisations de consommateurs, in: Jahrbuch des Schweizerischen Konsumentenrechts 1996, 105 ff., 117: «Le consommateur, qui est victime des effets d'une restriction à la concurrence, n'a en revanche pas qualité pour agir.»

2. Meldepflicht

Die Kreditfähigkeitsprüfung stellt nur dann eine Alternative zu Laufzeitbeschränkungen und dem Verbot von Zweit- oder Drittkrediten dar, wenn der potenzielle Kreditgeber von laufenden Konsumkrediten erfährt. Um dieses Ziel zu erreichen, verlangt das Konsumkreditgesetz, jeden gewährten Konsumkredit der Informationsstelle für Konsumkredit zu melden. Die Gründung einer solchen Stelle bleibt den Kreditgebern überlassen (Art. 23 Abs. 1). Der Bundesrat interveniert nur, wenn diese Initiative scheitern sollte (Art. 23 Abs. 5).

Unter restriktiveren Voraussetzungen sind auch Kredit- und Kundenkartenschulden zu melden. Dies geschieht erst, wenn der Konsument dreimal hintereinander von seiner Kreditoption Gebrauch gemacht hat und der verbleibende Saldo mindestens 3'000 Franken beträgt (Art. 27 Abs. 1). Mit dieser Lösung wollte der Gesetzgeber erreichen, dass Kredit- und Kundenkartenschulden – ungeachtet ihrer Höhe – zu keiner Meldung führen, wenn der Konsument diese regelmässig begleicht, er seine Kredit- oder Kundenkarte also primär als Zahlungsinstrument einsetzt.

Die dreimal hintereinander erfolgende Inanspruchnahme der Kreditoption lässt offen, in welchem Rhythmus dem Kunden Rechnung gestellt wird. Erfolgt die Rechnungsstellung in Abständen von einem Monat, so ist nach Ablauf von drei Monaten eine Meldung an die Informationsstelle zu machen. Wurden andere Intervalle vereinbart, kann eine Meldung auch schon früher oder erst später nötig werden.

Keine Meldung sieht das Gesetz bei Überziehungskrediten auf laufendem Konto vor. Dahinter steht die Vorstellung, dass solche Konti – der Gesetzgeber dachte dabei nur an Lohnkonti – regelmässig ausgeglichen werden, so dass die Voraussetzungen für eine Meldung gar nie erfüllt sind. Sollte diese Annahme ausnahmsweise nicht zutreffen, liegt es nahe, auch den Saldo eines solchen Kontos zu melden.

Eine Meldung hat der Kreditgeber ferner zu machen, wenn der Konsument in Verzug gerät. Die Schwelle liegt bei 10 Prozent des Nettobetrags des Kredits bzw. des Barzahlungspreises (Art. 25 Abs. 2) oder bei drei ausstehenden Leasingraten (Art. 25 Abs. 2). Keine Meldung verlangt das Gesetz, wenn der Kunde bei Kredit- und Kundenkarten sowie Überziehungskrediten auf laufendem Konto mit der Rückzahlung in Verzug gerät; es bleibt in diesem Fall bei der Meldung wegen wiederholter Inanspruchnahme der Kreditoption (Art. 27 Abs. 1).

Ein Verzug ist selbstverständlich nur zu melden, wenn der Vertrag als solcher in den Geltungsbereich des Konsumkreditgesetzes fällt. So ist beispielsweise keine Meldung zu machen, wenn ein Käufer den Kaufpreis nicht innert der vertraglich vereinbarten Frist von 30 Tagen bezahlt. Eine Meldung wird erst dann nötig, wenn sich der Verkäufer bereit erklärt, den geschuldeten Kaufpreis gegen einen Aufpreis (Zins) zu stunden. In diesem Fall ist aber nicht der Verzug, sondern die Tatsache des gewährten Kredits zu melden (Art. 1 Abs. 1 i.V.m. Art. 7 Abs. 1 Bst. c).

3. Sanktion

Das Konsumkreditgesetz ahndet die Verletzung der Kreditfähigkeitsprüfung (Art. 28–30) mit dem Verlust des gewährten Kredits (Art. 32 Abs. 1); geringfügige Verstösse gegen die Kreditfähigkeitsprüfung führen zum Verlust von Zinsen und Kosten (Art. 32 Abs. 2). Die gleiche Sanktion greift auch ein, wenn der Kreditgeber gegen seine Meldepflicht verstösst (Art. 32 Abs. 2). Nicht zum vorneherein ausschliessen lassen sich auch Ansprüche eines Dritten, d.h. desjenigen, der wegen einer nicht erfolgten Meldung den Konsumenten fälschlicherweise für kreditfähig erachtet hat (Vertrauenshaftung).

Keine Antwort gibt das Konsumkreditgesetz auf die Frage, wann von einer bloss geringfügigen Verletzung der Kreditfähigkeitsprüfung auszugehen ist. Als Faustregel kann auf die Unterscheidung zwischen Vorsatz (Eventualvorsatz) und Fahrlässigkeit zurückgegriffen werden: Der Kreditgeber, der absichtlich gegen die Kreditfähigkeitsprüfung verstösst, soll mit dem Verlust des gewährten Kredits bestraft werden. Wer fahrlässig handelt, hat keinen Anspruch auf Zinsen und Erstattung der Kosten. Fahrlässig handelt beispielsweise derjenige, der Angaben des Konsumenten verwechselt oder dem ein Rechnungsfehler bzw. Programmierungsfehler unterläuft.

Im Übrigen darf der Kreditgeber der Kreditfähigkeitsprüfung jene Zahlen zu Grunde legen, die ihm vom Konsumenten genannt werden (Art. 31 Abs. 1). Dieser Grundsatz wird bei offensichtlich unrichtigen Angaben und bei solchen durchbrochen, die im Widerspruch zu den Angaben der Informationsstelle für Konsumkredit stehen (Art. 32 Abs. 2). Schliesslich fordert das Konsumkreditgesetz den Kreditgeber auf, allfälligen Zweifeln an den Angaben des Konsumenten nachzugehen und diese anhand einschlägiger amtlicher oder privater Dokumente auszuräumen. So ist beispielsweise die Vorlage eines Mietvertrags zu verlangen, wenn der Konsument behauptet, für eine 5-Zimmer-Wohnung an privilegierter städtischer Wohnlage nur 1'000 Franken bezahlen zu müssen.

An die möglichen Zweifel des Kreditgebers ist ein objektiver Massstab anzulegen. Es ist also danach zu fragen, ob ein durchschnittlich aufmerksamer Kreditgeber unter den konkreten Umständen veranlasst war, die Angaben des Konsumenten zu überprüfen oder nicht. Weder ist von einem besonders misstrauischen noch von einem leichtgläubigen Kreditgeber auszugehen. Bisher praktizierte Standards bleiben einschlägig. Klar ist, dass der Kreditgeber den Konsumenten nicht zu falschen Angaben bezüglich Kreditfähigkeit anstiften darf.

Macht der Konsument falsche Angaben zu seinen Einkommens- und Vermögensverhältnissen, so trägt er die Folgen davon. Stapelt er tief, wird er einen kleineren Konsumkredit erhalten, und die Sache erledigt sich von selbst. Stapelt er hoch, kann der Kreditgeber den Vertrag wegen absichtlicher Täuschung anfechten (Art. 28 OR). Unter qualifizierten Voraussetzungen macht sich der Kreditnehmer sogar strafbar. Ein Anlauf, den Tatbestand des Check- oder Kreditkartenmissbrauchs (Art. 148 StGB) wieder aus dem Strafgesetzbuch zu entfernen, scheiterte im Nationalrat relativ knapp[29].

Schliesslich ist darauf hinzuweisen, dass Abfragen und Meldungen von Konsumkrediten gestützt auf die Artikel 25–30 keiner weiteren Rechtfertigung bedürfen. Der Kreditgeber verstösst damit nicht gegen das Bundesgesetz vom 19. Juni 1992 über den Datenschutz (Datenschutzgesetz; DSG[30]), wenn er bei der Informationsstelle für Konsumkredit Auskünfte einholt oder Meldungen erstattet, ohne vorgängig die Zustimmung des Konsumenten einzuholen. Umgekehrt darf die Informationsstelle grundsätzlich nur solche Daten bearbeiten, die durch das neue Konsumkreditgesetz indiziert sind.

Das Datenschutzgesetz befindet sich zur Zeit in Revision[31]. Nach Artikel 4 Absatz 2 E-DSG muss die Beschaffung von Personendaten und insbesondere der Zweck ihrer Bearbeitung für die betroffene Person erkennbar sein. Dies gilt auch dann, wenn der Kreditgeber einer gesetzlichen Verpflichtung

---

[29] AB 1999 N 1928 f.
[30] SR 235.1.
[31] Vgl. Entwurf zur Teilrevision des Bundesgesetzes über den Datenschutz [DSG] und Zusatzprotokoll zum Übereinkommen zum Schutz des Menschen bei der automatischen Verarbeitung personenbezogener Daten bezüglich Aufsichtsbehörden und grenzüberschreitende Datenübermittlung, August 2001.

nachkommt. Der Kreditgeber muss den Konsumenten also darauf aufmerksam machen, dass er die Informationsstelle kontaktieren und dieser Meldung vom allenfalls gewährten Konsumkredit machen wird. Dies verlangt der Eidg. Datenschutzbeauftragte im Übrigen bereits heute bei Meldungen und Abfragen, die auf freiwilliger Basis erfolgen[32].

IV. Weitere Änderungen

1. Zustimmung des gesetzlichen Vertreters (Art. 13)

Artikel 13 Absatz 1 verlangt die Zustimmung des gesetzlichen Vertreters zum Abschluss eines Konsumkreditvertrags durch einen Minderjährigen. Die Zustimmung ist dabei formgebunden (Schriftlichkeit); eine nachträgliche Genehmigung des vom Minderjährigen geschlossenen Vertrags scheidet nach Artikel 13 Absatz 2 – im Unterschied zu Artikel 19 Absatz 2 ZGB – aus.

2. Höchstzinssatz (Art. 14)

Artikel 14 verlangt vom Bundesrat die Festsetzung eines Zinssatzes, der bei Gewährung eines Konsumkredits nicht überschritten werden darf. Es ist zu erwarten, dass der Bundesrat den Höchstzinssatz bei 15 Prozent ansetzen wird. Ist ausnahmsweise keine Angabe des effektiven Jahreszinses möglich, so darf der Jahreszins zu keiner Zinsbelastung führen, die über dem Höchstzinssatz liegt. Dies gilt namentlich für Kredit- und Kundenkartenkonti sowie Überziehungskredite auf laufendem Konto (Art. 12 Abs. 2 Bst. b). Anders als beim effektiven Jahreszins (Art. 33) äussert sich das Gesetz nicht zur Rechnung des Jahreszinses.

Im Zusammenhang mit dem Höchstzinssatz sind zwei weitere Änderungen von Bedeutung: Artikel 35 Absatz 1 verbietet es einem gewerblichen Kreditvermittler (Art. 4), vom Konsumenten eine Entschädigung zu verlangen.

---

[32] Vgl. Eidg. Datenschutzbeauftragter, 3. Tätigkeitsbericht 1995/96, 5. Tätigkeitsbericht 1997/98, Ziff. 7.1; 6. Tätigkeitsbericht 1998/99, Ziff. 10.3.

Nur der Kreditgeber darf damit den Kreditvermittler entschädigen, meist auf der Basis eines Mäklervertrags (Art. 412 ff. OR). Diese Kosten dürfen dem Konsumenten nicht separat belastet werden, sondern bilden Teil der Gesamtkosten (Art. 35 Abs. 2); sie fliessen damit in die Berechnung des (effektiven) Jahreszinses ein. Gegenteilig wirkt sich Artikel 34 Absatz 4 aus, wonach Versicherungen nur noch dann in die Gesamtkosten einzubeziehen sind, wenn es sich um eine obligatorische Restschuldversicherung für die Risiken Tod, Invalidität, Krankheit oder Arbeitslosigkeit handelt. Eine Kaskoversicherung fällt damit nicht darunter, weshalb der Leasinggeber dem Leasingnehmer die entsprechenden Prämien separat verrechnen darf.

Die Missachtung des Höchstzinssatzes hat nach Artikel 15 Absatz 1 die Nichtigkeit des Konsumkreditvertrags (und damit für den Kreditgeber den Verlust des Zinses und der Kosten) zur Folge. Die gleiche Sanktion greift ein, wenn die Angaben zum (effektiven) Jahreszins fehlen (Art. 9 Abs. 2 Bst. b)[33]. Liegt der verlangte Zins im Rahmen des gesetzlich Zulässigen, erweist sich der im Vertrag angegebene Zinssatz aber als falsch, so ist meines Erachtens zu unterscheiden: Wird ein zu tiefer Zinssatz ausgewiesen (im Vertrag wird beispielsweise der effektive Jahreszins mit 12 Prozent angegeben, korrekt berechnet beträgt er aber 13,5 Prozent), so liegt es aus Gründen des Konsumentenschutzes nahe, auch in diesem Fall von der Nichtigkeit des Konsumkreditvertrags auszugehen. Wird hingegen ein zu hoher Zinssatz ausgewiesen (im Vertrag wird beispielsweise der effektive Jahreszins mit 13,5 Prozent angegeben, korrekt berechnet beträgt er aber nur 12 Prozent), so schiesst diese Sanktion übers Ziel hinaus: Der Kreditgeber bestraft sich selber, wenn er durch die Angabe eines zu hohen Zinssatzes den Konsumenten auf andere, vermeintlich günstigere Angebote lenkt.

3. Widerrufsrecht (Art. 16)

Artikel 16 gibt dem Kreditnehmer das Recht, den Konsumkreditvertrag innert sieben Tagen zu widerrufen. Es ist damit zu rechnen (und durchaus legitim), dass die Kreditgeber in Zukunft ihrer vertraglich übernommenen Leistungspflicht (Aushändigung der Darlehensvaluta, Überlassen eines geleasten Autos, Eröffnen eines Kredit- oder Kundenkartenkontos mit Kredit-

---

[33] Vgl. THOMAS KOLLER, Das Sanktionensystem des Konsumkreditgesetzes, in: Das neue Konsumkreditgesetz (KKG), Berner Bankrechtstag, Bd. 1, Bern 1994, S. 81 ff., insbes. S. 93 ff.

option) erst sieben Tage nach Vertragsabschluss (bzw. wenn feststeht, dass vom Widerrufsrecht kein Gebrauch gemacht worden ist) nachkommen werden.

Die Europäische Union steht kurz vor der Verabschiedung einer Richtlinie über den Fernabsatz von Finanzdienstleistungen an Verbraucher[34]. Diese Richtlinie sieht (in der Fassung des Gemeinsamen Standpunkts) ein Widerrufsrecht von im Fernabsatz geschlossenen Verträgen vor. Die Frist für die Ausübung des Widerrufsrechts beträgt 14 Kalendertage (Art. 6 Abs. 1).

4. Verzug (Art. 18)

Artikel 18 schränkt das Recht des Kreditgebers ein, von einem Konsumkreditvertrag zurückzutreten, weil der Kreditnehmer in Verzug ist. Eine Kündigung kommt erst in Frage, wenn Teilzahlungen ausstehend sind, die mindestens 10 Prozent des Nettobetrags des Kredits bzw. des Barzahlungspreises ausmachen. Beschränkt wird auch der Verzugszins. Nach Artikel 18 Absatz 3 darf der Verzugszinssatz nicht höher als der Zinssatz für den gewährten Konsumkredit sein.

Die (rechtmässige) Kündigung eines Konsumkreditvertrags durch den Kreditgeber bewirkt die sofortige Fälligkeit des gewährten und noch nicht zurückbezahlten Kredits. Dabei sollte der Konsument aber nicht mit Zinsen und Kosten belastet werden, die erst in Zukunft anfallen. Diese schuldete er nämlich auch dann nicht (Zins) oder nur unter Beachtung einer angemessenen Ermässigung (Kosten), wenn er den Konsumkreditvertrag zum gleichen Zeitpunkt vorzeitig aufgelöst hätte (Art. 17 Abs. 2).

---

[34] Vgl. Vorschlag für eine Richtlinie über den Fernabsatz von Finanzdienstleistungen an Verbraucher und zur Änderung der Richtlinie 90/619/EWG und der Richtlinien 97/7/EG und 98/27/EG, ABl. Nr. C 385 vom 11.12.1998, S. 10 ff. Die Richtlinie ist am 17. Juni 2002 vom Postamt und Rat angenommen worden. Die Publikation im Amtsblatt steht bei Niederschrift dieses Aufsatzes (September 2002) aus.

5. Werbung (Art. 36)

Artikel 36 verweist in Bezug auf die Werbung auf das Bundesgesetz vom 19. Dezember 1986 gegen den unlauteren Wettbewerb (UWG[35]). Nach Artikel 3 Buchstabe n UWG handelt der Kreditgeber unlauter, wenn er es bei öffentlichen Auskündigungen über einen Konsumkredit unterlässt, darauf hinzuweisen, dass die Kreditvergabe verboten ist, falls sie zur Überschuldung der Konsumentin oder des Konsumenten führt.

Die Bestimmung gibt keine (neue) Antwort auf die Frage, was unter einer öffentlichen Ankündigung bzw. Werbung zu verstehen ist; einschlägig bleibt damit die bundesgerichtliche Rechtsprechung zu Artikel 3 Buchstabe l aUWG[36]. Offen lässt das Gesetz auch, wie der Kreditgeber seiner Verpflichtung aus Artikel 3 Buchstabe n UWG konkret zu entsprechen hat. Dem Ständerat ist im Verfahren der Differenzenbereinigung nicht verborgen geblieben, dass der Begriff des Verbots in diesem Kontext nicht sehr präzis ist[37]: Dem Kreditgeber ist es nämlich nicht verboten, Kredite entgegen den Bestimmungen der Kreditfähigkeitsprüfung zu gewähren; er riskiert in diesem Fall «nur», den gewährten Konsumkredit oder zumindest die Zinse und Kosten zu verlieren (Art. 32). Zu erinnern ist in diesem Zusammenhang immerhin ans Bundesgesetz vom 8. November 1934 über die Banken und Sparkassen (Bankengesetz, BankG[38]). Ein Kreditgeber, der systematisch gegen die Kreditfähigkeitsprüfung verstösst, bietet wohl kaum Gewähr für eine «einwandfreie Geschäftstätigkeit» (Art. 3 Abs. 2 Bst. c BankG).

V. Abschliessende Regelung

1. Verzicht auf die Bestimmungen über den Abzahlungsvertrag (Art. 226a–226d und 226f–226m aOR)

Mit dem Inkrafttreten des neuen Konsumkreditgesetzes entfallen die Bestimmungen des Obligationenrechts über den Abzahlungsvertrag (Art. 226a–

---

[35] SR 251.
[36] BGE 120 IV 287 ff.
[37] AB 2001 S 115.
[38] SR 952.0.

226d und 226f–226m aOR). Dies gilt auch für Personen, die einen Kredit zu einem gewerblichen Zweck aufnehmen und die dabei bisher, wenn auch nur punktuell, vom Schutz des Abzahlungsrechts profitierten (Art. 226m Absatz 4 aOR). Die gewerbliche Kreditaufnahme untersteht damit in Zukunft wieder ausschliesslich dem «gewöhnlichen» Vertragsrecht. Dass sich gegen diese Neuerung nie Widerstand geregt hat, belegt, wie wenig – auch in der Schweiz – das Gesetz in diesem Bereich normierend gewirkt hat[39].

Der Wegfall der Bestimmungen über den Abzahlungsvertrag dispensiert den Rechtsanwender in Zukunft davon, nach der jeweils für den Konsumenten günstigeren Lösung zu fragen (Art. 7 aKKG). Alle Konkurrenzprobleme sind damit allerdings nicht aus der Welt geschaffen. Im Wesen eines Spezialgesetzes über den Konsumkredit liegt es, dass Lücken aufgrund der Bestimmungen über das Darlehen (Art. 312 ff. OR) und, wenn auch diese nicht zum Ziele führen, aufgrund des allgemeinen Teils des Obligationenrechts gefüllt werden müssen. Dies gilt beispielsweise für die Kontrolle missbräuchlicher (allgemeiner) Geschäftsbedingungen. Sie ruht, soweit dafür neben dem Konsumkreditgesetz überhaupt noch ein Bedarf besteht, im Wesentlichen auf der Grundlage von Artikel 27 ZGB, Artikel 19 und 20 OR sowie Artikel 8 UWG. Auch bleibt es beim Verbot, künftige Lohnforderungen zur Sicherung eines Konsumkredits abzutreten (Art. 325 OR)[40].

In diesem Zusammenhang muss man auch die künftige Rechtsentwicklung, namentlich im Bereich des elektronischen Geschäftsverkehrs, im Auge behalten[41]. Folgt man der Botschaft des Bundesrates vom 3. Juli 2001 zum Bundesgesetz über Zertifizierungsdienste im Bereich der elektronischen Signatur (ZertES), so sollen Konsumkreditverträge in Zukunft so geschlossen werden können, dass die Vertragsparteien ihre jeweiligen Willenserklärungen elektronisch signieren (Art. 14 Abs. 2bis E-OR)[42].

---

[39] Zur (ähnlichen) Situation in Deutschland: JOHANNES KÖNDGEN, Modernisierung des Darlehensrechts: eine Fehlanzeige, in: Zivilrechtswissenschaft und Schuldrechtsreform, Tübingen 2001, S. 457 ff.
[40] BBl **1999** 3176.
[41] Allgemein WOLFGANG WIEGAND, Die Geschäftsverbindung im E-Banking, in: E-Banking, Rechtliche Grundlagen, Berner Bankrechtstag, Bd. 8, Bern 2001. S. 93 ff.; MARLIS KOLLER-TUMLER, E-Banking und Konsumentenschutz, a.a.O., S. 143 ff.
[42] BBl **2001** 5679 ff., insbes. 5687 f.

2. Verhältnis zum kantonalen Recht (Art. 38)

Artikel 38 hält fest, dass der Bund die Konsumkreditverträge abschliessend regelt. Mit Blick auf das Privatrecht stellt diese Anordnung eine Selbstverständlichkeit dar (Art. 122 BV). Neu erfasst der abschliessende Charakter aber auch öffentlichrechtliche Regeln, die von den Kantonen in den letzten Jahren aus Gründen des Konsumentenschutzes erlassen worden sind und die das Bundesgericht als verfassungskonform bezeichnet hat[43]. Diese Regeln wirkten sich zumindest mittelbar auf die Möglichkeit aus, Konsumkreditverträge abzuschliessen, bzw. sie prägten deren zulässigen Inhalt[44]. Das Parlament war in seiner Mehrheit der Meinung, dass das neue Konsumkreditgesetz die legitimen Ansprüche der Konsumenten in genügendem Mass befriedige (Art. 97 BV) und daher weder Raum noch Notwendigkeit für weitergehende kantonale Massnahmen zum Schutz des Konsumenten bleibe.

Die Kantone verlieren damit das Recht, beispielsweise einen Höchstzinssatz für Konsumkredite zu beschliessen, der dem vom Bundesrat im Rahmen von Artikel 14 festgelegten widerspricht: Ein solcher Höchstzinssatz scheiterte am Vorrang des Bundesrechts (Art. 49 Abs. 1 BV). Dies gilt auch dann, wenn ein Kanton das anders lautende Gesetz formell nicht aufheben oder ändern sollte.

Die Gerichte und insbesondere auch das Bundesgericht sind an Bundesgesetze gebunden und dürfen diese nicht auf ihre Verfassungsmässigkeit hin überprüfen (Art. 191 BV). Dies dispensiert den Richter allerdings nicht davon, Artikel 38 auszulegen. Führt die Auslegung dazu, dass das Konsumkreditgesetz ein bestimmtes Problem nicht erfasst, bleibt weiterhin Raum für kantonales Recht. So ist es einem Kanton beispielsweise nicht verboten, von den Kreditgebern statistische Angaben zu den gewährten Konsumkrediten zu verlangen oder Werbung für Konsumkredite auf öffentlichem Grund zusätzlichen Einschränkungen zu unterwerfen. Auch greift das neue Konsumkreditgesetz nicht in die kantonale Zuständigkeit für das Verfahren ein. Allerdings bleiben in diesem Fall andere bundesrechtliche Schranken einschlägig, wie beispielsweise die Verpflichtung der Kantone, für Konsumentenschutzstreitigkeiten ein Schlichtungsverfahren oder ein einfaches und rasches Gerichtsverfahren zur Verfügung zu stellen (Art. 97 Abs. 3 BV).

---

[43] BGE 119 Ia 59 ff., BGE 120 Ia 286 ff., BGE 120 Ia 299 ff.
[44] Vgl. GIACOMO RONCORONI/FELIX SCHÖBI, Kantonales Konsumkreditrecht im Binnenmarkt Schweiz, in: Jahrbuch des Schweizerischen Konsumentenrechts 1997, S. 71 ff.

Die abschliessende Bundesregelung gilt meines Erachtens auch für den Fall, dass sich der Geltungsbereich des Konsumkreditgesetzes nicht mit jenem des bisherigen kantonalen Rechts deckt. So dürfen die Kantone beispielsweise nicht Konsumkredite unter 350 oder solche über 80'000 Franken besonderen Bestimmungen zum Schutz des Konsumenten unterstellen, nachdem der Bundesgesetzgeber ein diesbezügliches Schutzbedürfnis verneint hat (Art. 7 Abs. 1 Bst. e).

Erwähnt werden müssen schliesslich die Vorbehalte zu Gunsten des kantonalen Rechts, die sich aus dem Konsumkreditgesetz selber ergeben. Dazu zählt zum einen die Tatsache, dass bei der Kreditfähigkeitsprüfung auf das Existenzminimum im Wohnsitzkanton des Konsumenten (Art. 28 Abs. 3 Bst. a) oder die dortigen Quellensteuern (Art. 28 Abs. 3 Bst. b) Bezug genommen wird. Zum andern ist an dieser Stelle an die Pflicht der Kantone zu erinnern, die gewerbliche Kreditvermittlung und Kreditgewährung einer Bewilligungspflicht zu unterstellen (Art. 39 f.).

3. Konkordat

Das zum kantonalen Recht Gesagte gilt auch für das Interkantonale Konkordat vom 8. Oktober 1957 über Massnahmen zur Bekämpfung von Missbräuchen im Zinswesen[45], das heute in den Kantonen Bern, Zug, Freiburg, Schaffhausen, Waadt, Wallis, Neuenburg, Genf und Jura gilt. Künftige Streitigkeiten könnten vermieden werden, wenn die beteiligten Kantone – wie vom Bundesrat in der Botschaft zum Konsumkreditgesetz angeregt[46] – Hand zur Aufhebung des Konkordats böten.

Hinzuweisen ist in diesem Zusammenhang auf ein Gutachten der Wettbewerbskommission, wonach dieses Konkordat nur insoweit mit dem schweizerischen Wettbewerbsrecht vereinbar sei, als es den Schutz des Konsumenten anstrebe[47].

---

[45] SR 221.121.1.
[46] BBl **1999** 3166.
[47] RPW 1998, 639 ff.

VI. Übergangsrecht

1. Vorbemerkung

Das neue Konsumkreditgesetz äussert sich (wie bereits das alte) nicht zum Übergangsrecht. Die Situation ist damit eine andere als bei Erlass der Bestimmungen über den Abzahlungsvertrag. Damals erklärte der Gesetzgeber die Artikel 226f aOR (Einreden des Käufers), 226g aOR (Barauskauf), 226h aOR (Verzug), 226i aOR (Rücktritt) und 226k aOR (Stundung durch den Richter) auch auf Abzahlungsverträge für anwendbar, die vor Inkrafttreten dieser Bestimmungen abgeschlossen wurden (vgl. Schlussbestimmungen der Änderung vom 23. März 1962[48]).

Fehlt es an besonderen übergangsrechtlichen Bestimmungen, sind die entsprechenden Fragen aufgrund der Artikel 1–4 SchlT ZGB zu beantworten. Deren Auslegung ist nicht immer einfach und hängt stark vom Interpreten ab[49]. Dies gilt namentlich für die für die Handhabung des Übergangsrechts wichtige Unterscheidung zwischen der Gültigkeit eines Vertrags (Art. 1 SchlT ZGB) und seinem Inhalt (Art. 3 SchlT ZGB).

2. Zur Gültigkeit von Konsumkreditverträgen – Rückwirkungsverbot (Art. 1 SchlT ZGB)

Das Verbot der Rückwirkung (Art. 1 SchlT ZGB) besagt, dass ein unter altem Recht gültig zustande gekommener Konsumkreditvertrag nicht dahinfällt, weil er unter neuem Recht (so) nicht mehr geschlossen werden darf. Konkret bedeutet dies beispielsweise, dass ein vor Inkrafttreten des neuen Konsumkreditgesetzes geschlossener Konsumkreditvertrag auch nach Inkrafttreten des Konsumkreditgesetzes gültig bleibt, obwohl der Kreditgeber keine Kreditfähigkeitsprüfung vorgenommen hat (Art. 28–30).

Umgekehrt bleibt ein vor Inkrafttreten des neuen Konsumkreditgesetzes ohne Zustimmung des Ehegatten geschlossener Konsumkreditvertrag auch

---

[48] AS 1962, 1047.
[49] Eindrücklich BGE 126 III 421 ff. Dazu FELIX SCHÖBI, Zur übergangsrechtlichen Befristung eines Rückkaufsrechts-Urteil des Bundesgerichtes vom 10. Juli 2000, Jusletter vom 30. Oktober 2000 (http://www.weblaw.ch/jusletter/Artikel.jsp?ArticleNr=808&Language=1).

nach Inkrafttreten des neuen Konsumkreditgesetzes nichtig, obwohl dieses kein dem Artikel 226b aOR entsprechendes Zustimmungserfordernis kennt. Das Gleiche gilt auch für eine allfällige Verletzung früherer kantonaler Vorschriften zum Schutz des Konsumenten, beispielsweise einer (mit dem neuen Konsumkreditgesetz wegfallenden) Laufzeitbeschränkung.

3. Zum Inhalt von Konsumkreditverträgen – Anwendung zwingender Bestimmungen (Art. 3 SchlT ZGB)

Zwingende Bestimmungen des neuen Rechts, die nicht die Gültigkeit, sondern den Inhalt eines Konsumkreditvertrags umschreiben, finden auch auf Verträge Anwendung, die vor Inkrafttreten des neuen Rechts geschlossen worden sind (Art. 3 SchlT ZGB).

Entsprechend ist davon auszugehen, dass beispielsweise Artikel 18 über den Rücktritt bei Verzug auch auf Konsumkreditverträge Anwendung findet, die vor Inkrafttreten des neuen Rechts abgeschlossen worden sind. Der Verzug ist der Informationsstelle für Konsumkredit nach Inkrafttreten des neuen Rechts auch dann zu melden, wenn der Konsumkredit als solcher (noch) nicht zu melden war (Art. 25 Abs. 2 und 26 Abs. 2). Bei Kredit- und Kundenkartenkonti besteht sogar die Möglichkeit, dass nach Inkrafttreten des neuen Rechts eine erstmalige Kreditfähigkeitsprüfung stattfinden muss. Dies ist dann der Fall, wenn das Kredit- und Kundenkartenunternehmen über Informationen verfügt, wonach sich die wirtschaftlichen Verhältnisse des Konsumenten verschlechtert haben (Art. 30 Abs. 2).

Das neue Konsumkreditgesetz ist in den geschilderten Fällen selbst dann zu beachten, wenn der Konsumkreditvertrag bei seinem Abschluss noch gar nicht unter das (alte) Konsumkreditgesetz fiel. Zu denken ist namentlich an (nicht grundpfandgesicherte) Konsumkredite, die dem Erwerb und der Beibehaltung von Eigentumsrechten dienten (Art. 6 Abs. 1 Bst. a KKG) oder an Kredite zwischen 40'000 und 80'000 Franken (Art. 6 Abs. 1 Bst. f aKKG). Umgekehrt bleibt das neue Konsumkreditgesetz unbeachtlich, wenn ein Konsumkreditvertrag vom alten Recht erfasst wurde, aber nicht mehr unter das neue Konsumkreditgesetz fällt. Dies trifft namentlich auf Konsumkredite zwischen 350 und 500 Franken zu (Art. 6 Abs. 1 Bst. f aKKG).

Besonders umstritten dürfte die Handhabung des Übergangsrechts mit Blick auf die Zinsfrage sein. Wie ist zu entscheiden, wenn die Vertragsparteien einen Zins vereinbart haben, der sich als übersetzt erweist, bevor der Konsumkredit vertragsgemäss zurückbezahlt worden ist? Dieser Fall kann nicht nur bei Inkrafttreten des neuen Konsumkreditgesetzes eintreten, sondern auch, wenn der Bundesrat später den Höchstzinssatz herabsetzen sollte (Art. 14). Meines Erachtens ist auch in diesem Fall von einer Frage des Vertragsinhalts auszugehen. Der Zins ist die laufzeitbezogene Entschädigung für das zur Verfügung gestellte Kapital. Daran ändert nichts, dass das Gesetz das Überschreiten des Höchstzinssatzes mit der «Nichtigkeit» sanktioniert (Art. 15 Abs. 1) und damit den Eindruck erweckt, dass es diesbezüglich um eine Frage der Gültigkeit des Konsumkreditvertrags geht. Folglich ist der vertraglich vereinbarte Zins für die Restlaufzeit nach unten zu korrigieren. Davon abweichende vertragliche Abmachungen sind nichtig (Art. 37). In diesem Sinn hat am 7. Juni 1996 auch das Obergericht des Kantons Zürich im Zusammenhang mit einer kantonalen Höchstzinsvorschrift entschieden[50].

Gewisse Probleme sind nur vermeintlich übergangsrechtlicher Natur. So ist klar, dass bei der Kreditfähigkeitsprüfung (Art. 28–30) auch Schulden zu berücksichtigen sind, die der Konsument vor Inkrafttreten des neuen Rechts gemacht und bis zu diesem Zeitpunkt noch nicht amortisiert hat. Etwas heikler ist die Frage, ob in diesem Fall der Kreditgeber auch die ZEK-Datenbank zu konsultieren hat. Eine solche Pflicht lässt sich nicht unmittelbar aus dem neuen Konsumkreditgesetz ableiten. Dieses verlangt einzig die Benachrichtigung (Art. 25–27) und Konsultation (Art. 31 Abs. 2) der Informationsstelle für Konsumkredit. Immerhin ist den ZEK-Mitgliedern zu empfehlen, bei leisesten Zweifeln bezüglich der Richtigkeit der Angaben des Konsumenten (auch) die ZEK-Datenbank zu konsultieren. Andernfalls riskieren sie, dass der Richter ihnen später den Vorwurf macht, die Kreditfähigkeit mangelhaft geprüft zu haben (Art. 31 Abs. 3). Das Gesagte betrifft auch Kredite, die aus andern als übergangsrechtlichen Gründen – beispielsweise wegen des eingeschränkten Geltungsbereichs des Konsumkreditgesetzes (Art. 7) – in der ZEK-Datenbank, nicht aber bei der Informationsstelle für Konsumkredit vermerkt sind.

---

[50] ZR 1997 Nr. 49.

VII. Internationales Privat- und Prozessrecht

1. Problem

Haben der Konsument und der Kreditgeber ihren Wohnsitz bzw. Sitz in verschiedenen Ländern, stellt sich die Frage, welches Recht auf ihre vertraglichen Beziehungen Anwendung findet bzw. welcher Richter für die Beurteilung einer allfälligen Klage zuständig ist. Weil die Antwort auf die Frage nach dem anwendbaren Recht wesentlich vom zuständigen Richter abhängt, muss jeweils zuerst die Zuständigkeitsfrage beantwortet werden.

Die folgende Darstellung geht davon aus, dass der Konsument seinen Wohnsitz in der Schweiz und der Kreditgeber im Ausland hat. Ausser Acht bleibt so das Regime, dem sich schweizerische Kreditgeber aussetzen, die Konsumenten mit Wohnsitz im Ausland bedienen wollen.

2. Zuständigkeit

Im Verhältnis zu den die Schweiz umgebenden Staaten – sieht man vom Fürstentum Liechtenstein ab – wird die Zuständigkeitsfrage vom Übereinkommen vom 16. September 1988 über die gerichtliche Zuständigkeit und die Vollstreckung gerichtlicher Entscheidungen in Zivil- und Handelssachen beantwortet («Lugano-Übereinkommen», LugÜ[51]).

Das «Lugano-Übereinkommen» sieht für Verbraucherstreitigkeiten eine besondere Zuständigkeitsordnung vor (Art. 13 ff. LugÜ): Danach haben die Verbraucher das Recht, in ihrem Wohnsitzstaat zu klagen, und sie können auch nur hier verklagt werden. Davon abweichende und den Verbraucher belastende Gerichtsstände können nicht im Voraus, sondern erst nach Ausbruch eines allfälligen Streits vereinbart werden.

Welche Voraussetzungen müssen erfüllt sein, damit diese besondere Zuständigkeitsordnung gilt? Das «Lugano-Übereinkommen» unterscheidet zwischen dem Abzahlungskauf, Verträgen, die der Finanzierung eines Kaufs dienen (Art. 13 Abs. 1 Ziff. 1 und 2 LugÜ), und den übrigen Verbraucherverträgen (Art. 13 Abs. 1 Ziff. 3 LugÜ). Ob zu diesen übrigen Verbraucherver-

---

[51] SR 0.275.11.

trägen auch der gewöhnliche, d.h. der nicht zweckgebundene Konsumkredit gehört, oder ob dieser gleichsam in eine Regelungslücke fällt, ist umstritten[52]. Meines Erachtens dürfen die Begriffe Dienstleistung und (bewegliche) Sachen nicht so verstanden werden, dass Darlehensverträge *a priori* nicht unter Artikel 13 LugÜ fallen. In der Verordnung Nr. 44/2001 vom 22. Dezember 2000 über die gerichtliche Zuständigkeit und die Anerkennung und Vollstreckung von Entscheidungen in Zivil- und Handelssachen[53], die am 1. März 2002 das «Brüsseler-Übereinkommen» abgelöst hat, kommen die (einschränkenden) Begriffe der Sache und und der Dienstleistung denn auch gar nicht mehr vor[54]. Damit dürfte klar sein, dass die besonderen Bestimmungen zum Schutz des Verbrauchers auch beim nicht zweckgebundenen Konsumkredit gelten.

Nach wie vor muss aber zwischen Krediten, für die Artikel 13 Absatz 1 Ziffer 3 LugÜ gilt, und solchen unterschieden werden, die in einem funktionalen Zusammenhang mit einem Kauf stehen und auf die deshalb Artikel 13 Absatz 1 Ziffern 1 und 2 LugÜ Anwendung finden. In diesem Fall finden die besonderen Bestimmungen des «Lugano-Übereinkommens» zum Schutz des Verbrauchers immer Anwendung, in jenem Fall nur unter qualifizierten Voraussetzungen. Konkret geht es darum, den Kreditnehmer dann (und nur dann) zu schützen, wenn er sich selber passiv verhalten hat, d.h. wenn er auf einen Anbieter trifft, der im Wohnsitzstaat des Konsumenten vorgängig aktiv geworden ist, namentlich indem er hier Werbung machte (Art. 13 Abs. 1 Ziff. 3 LugÜ).

Der besondere Schutz des Konsumenten fällt damit dahin, wenn der Konsument anlässlich eines Auslandaufenthalts einen Konsumkredit aufnimmt. Man denke beispielsweise an einen Touristen, der seine Ferien verlängert, dies aber nur auf Pump tun kann. Solche Fälle sind von bloss theoretischem Interesse; sie lassen keinen Exodus des schweizerischen Konsumkreditgeschäfts ins Ausland befürchten[55].

---

[52] Vgl. YVES DONZALLAZ, La Convention de Lugano du 16 septembre 1988 concernant la compétence judiciaire et l'exécution des décisions en matière civile et commerciale, Vo. III, Bern 1998, Rdz. 6095.

[53] ABl. Nr. L 12 vom 16.1.2001, S. 1 ff.

[54] Beim «Brüsseler-Übereinkommen» handelt es sich um ein Parallelübereinkommen zum «Lugano-Übereinkommen». Es ist damit zu rechnen, dass das «Lugano-Übereinkommen» an die im Text erwähnte Verordnung angepasst wird, wenn diese einmal in Kraft getreten ist (zum Ganzen ALEXANDER R. MARKUS, Revidierte Übereinkommen von Brüssel und Lugano: Zu den Hauptpunkten, SZW 1999, 205 ff.).

[55] Zur Situation beim elektronischen Geschäftsverkehr zuletzt DANIEL GIRSBERGER/URS WEBER-STECHER, in: E-Banking, Rechtliche Grundlagen, Berner Bankrechtstag, Bd. 8, Bern 2001, S. 195 ff.

Das «Lugano-Übereinkommen» legt nur die internationale Zuständigkeit fest. Es sagt nicht, wo in der Schweiz zu klagen ist. Massgebend dafür ist seit dem 1. Januar 2001 das Bundesgesetz vom 24. März 2000 über den Gerichtsstand in Zivilsachen (Gerichtsstandsgesetz; GestG[56]). Dieses schreibt bei Konsumentenverträgen – in deutlicher Anlehnung an die Regeln des internationalen Rechts – vor, dass der Konsument nur an seinem Wohnsitz zu belangen ist und er auch hier gegen den Anbieter klagen kann (Art. 22 GestG). Davon abweichende, den Konsumenten belastende Gerichtsstände können erst nach Ausbruch eines Streits vereinbart werden (Art. 21 GestG). Einschlägig bleiben vor Inkrafttreten des Gesetzes vereinbarte Gerichtsstände (Art. 39 GestG).

3. Anwendbares Recht

Antworten auf die Frage nach dem anwendbaren Recht finden sich im Bundesgesetz vom 18. Dezember 1987 über das Internationale Privatrecht (IPRG[57]). Dieses sieht zwingend die Anwendung des schweizerischen Rechts vor, und zwar selbst dann, wenn das ausländische Recht für den Kreditnehmer günstiger sein sollte (Art. 120 IPRG). Diese Lösung ist einfach und klar. Sie zeugt aber auch von der Mühe des schweizerischen Gesetzgebers, sich vorzustellen, dass der Schutz des Konsumenten im Ausland manchmal besser ist als in der Schweiz. Entsprechend kritisch begegnet man in der Doktrin der Absage ans Günstigkeitsprinzip[58].

Die zwingende Anwendbarkeit des schweizerischen Rechts hängt nun allerdings wiederum davon ab, dass sich der Konsument passiv verhalten hat. Die Umschreibung des passiven Konsumenten entspricht dabei *cum grano salis* jener des «Lugano-Übereinkommens». Besteht, wie im Regelfall anzunehmen ist, eine Zuständigkeit in der Schweiz, so findet damit gleichzeitig auch das schweizerische Recht Anwendung.

Es sprengte den Rahmen eines Überblicks, sich näher mit der Frage zu befassen, welches Recht Anwendung findet, wenn ausnahmsweise einmal ein

---

[56] SR 272.
[57] SR 291.
[58] Statt vieler BERND STAUDER, Der Schutz des Konsumenten im E-Commerce, in: Aktuelle Rechtsfragen des E- Commerce, Stiftung juristische Weiterbildung Zürich, Zürich 2001, S. 139 ff., insbes. S. 157 f.

ausländischer Richter über einen Konsumkreditvertrag mit Beteiligung eines Schweizer Konsumenten zu befinden hat[59].

4. Aufsicht

Ausländische Kreditgeber oder Kreditvermittler unterstehen nach Artikel 38 Absatz 2 der Bewilligungspflicht auch dann, wenn sie in der Schweiz keine Zweitniederlassung unterhalten. Einer Bewilligung bedarf so beispielsweise auch eine in Köln niedergelassene juristische Person, die über das Internet Kredite in der Schweiz anbietet oder vermittelt. Das Konsumkreditgesetz geht damit weiter als die Verordnung vom 21. Oktober 1996 über die ausländischen Banken in der Schweiz (Auslandbankenverordnung; ABV[60]). Nach Artikel 2 ABV benötigt eine ausländische Bank in der Schweiz nur dann eine Bewilligung, wenn sie hier durch eine Zweigniederlassung oder eine Vertretung (physisch) präsent ist[61]. Auf einem andern Blatt steht, wie eine Bewilligungspflicht ohne Anwesenheit des Anbieters in der Schweiz durchgesetzt werden kann.

VIII. Schlussbemerkung

Mit dem neuen Konsumkreditgesetz hat der Gesetzgeber einiges erreicht. Es baut auf einem umfassenden Geltungsbereich auf. Alle Formen von Konsumkrediten fallen darunter; das Nebeneinander verschiedener Rechtsquellen gehört der Vergangenheit an. Konsumkredite können in Zukunft nach Jahren zunehmender Rechtszersplitterung wieder gesamtschweizerisch nach

---

[59] Grundsätzlich entscheidet die *lex fori* über das anwendbare Recht. Von besonderer Bedeutung ist in diesem Zusammenhang das (für die Mitgliedstaaten der Europäischen Union verbindliche) «Römer-Übereinkommen» über das auf Schuldverhältnisse anzuwendende Recht (vgl. ABl. Nr. C vom 26.1.1998, S. 34 ff.). Artikel 5 dieses Übereinkommens zielt darauf, dem (passiven) Konsumenten sein Umgebungsrecht zu erhalten, zumindest wenn dies zu einem für den Verbraucher günstigeren Ergebnis führt.
[60] SR 952.11.
[61] Vgl. MICHAEL KUNZ, E-Banking, Aufsichtsrechtliche Probleme des E-Banking, in: E-Banking, Rechtliche Grundlagen, Berner Bankrechtstag, Bd. 8, Bern 2001, S. 23 ff., insbes. 86 f.

den gleichen Grundsätzen vermarktet werden. Davon werden nicht nur die Kreditgeber profitieren, sondern auch die Konsumenten in jenen Kantonen, die bisher keine Konsumkreditgesetzgebung kannten.

Selbstverständlich hatte dieser Fortschritt auch seinen Preis: Teile des Schutzes, den der Abzahlungsvertrag und das kantonale Recht dem Konsumenten bisher boten, fehlen im neuen Konsumkreditgesetz ganz oder teilweise. Das Parlament gewichtete die Vertragsfreiheit häufig stärker, als dies der Bundesrat beantragt und sich die Vertreter der Konsumenten gewünscht hatten. Der Erfolg des neuen Konsumkreditgesetzes hängt so wesentlich davon ab, dass die Kreditgeber die mit der Kreditfähigkeitsprüfung verbundene Herausforderung erkennen und annehmen. Ist dies der Fall, haben vielleicht sogar jene Recht, die im neuen Konsumkreditgesetz ein *Modell für Europa* sehen[62].

---

[62] So ALEXANDER BRUNNER, SJZ 2001, 246. Die Kommission hat am 11. September 2002 einen Vorschlag für eine neue Richtlinie zur Harmonisierung der Rechts- und Verwaltungsvorschriften der Mitgliedstaaten über den Verbraucherkredit vorgelegt. Die Publikation im Amtsblatt steht bei Niederschrift dieses Aufsatzes (September 2002) aus.

Barkredit und Teilzahlungsverträge unter dem neuen Konsumkreditgesetz

ROBERT SIMMEN

I.	Gesetzliche Ausgangslage	36
	1. Grundsätzliches	36
	2. Aufhebung des Abzahlungsrechts: Rechtsfolgen für Teilzahlungsverträge	39
II.	Geltungsbereich des KKG bei Barkrediten und Teilzahlungsverträgen	41
III.	Vertragsform/obligatorischer Vertragsinhalt	45
IV.	Kreditfähigkeitsprüfung	49
V.	Meldung an die Informationsstelle für Konsumkredit	55
VI.	Höchstzinssatz	56
VII.	Zustimmungserfordernis: nur bei Minderjährigkeit des Konsumenten	58
VIII.	Widerrufsrecht	59
IX.	Recht zur vorzeitigen Rückzahlung	61
X.	Verzugsregelung	61
XI.	Einredendurchgriff	61
XII.	Verbot der Annahme von Zahlungen in Form von Wechseln sowie von Sicherheiten in Form von Wechseln und Checks	62
XIII.	Kreditvermittlung	62
XIV.	Werbung	63
XV.	Bewilligungspflicht	63
XVI.	Schlussbemerkung	64

I. Gesetzliche Ausgangslage

1. Grundsätzliches

Am 1. Januar 2003 wird das neue Bundesgesetz vom 23. März 2001 über den Konsumkredit (KKG)[1] in Kraft treten. Für die Geschäftsbereiche Barkredite[2] und Teilzahlungsverträge[3] löst es eine ausserordentlich komplexe, verwirrliche und von Kanton zu Kanton zudem auch noch unterschiedliche gesetzliche Regelungssituation ab: Neben den allgemeinen Normen des OR und den Vorschriften über das Darlehen[4] waren nach bisherigem Recht nämlich folgende Normenkomplexe zu beachten:

- das «alte» KKG vom 8. Oktober 1993[5];
- die Normen über den Abzahlungsvertrag[6];
- die kantonalen Konsumkreditnormen[7];

---

[1] Formell handelt es sich um ein neues Gesetz und nicht um eine blosse Revision des bis anhin in Kraft stehenden KKG vom 8. Oktober 1993, obwohl das neue KKG begrifflich, systematisch und inhaltlich im wesentlichen auf dem alten KKG aufbaut. Vgl. dazu vorne FELIX SCHÖBI, Das Bundesgesetz vom 23. März 2001 über den Konsumkredit im Überblick 9.

[2] Barkredit: Gemeint sind Geldkredite an Privatpersonen für konsumptive Zwecke, früher häufig als «Kleinkredite» bezeichnet. Vgl. zum Begriff Handbuch des Geld-, Bank- und Börsenwesens der Schweiz (4.A. Thun 1987), Stichwort «Kleinkredit».

[3] Gemeint sind die «klassischen Abzahlungsverträge»: Verträge auf Erbringung einer Sach- bzw. Arbeitsleistung im voraus gegen Kreditierung des dafür geschuldeten Entgelts bzw. Abzahlung in Raten. Vgl. dazu grundlegend HANS GIGER, Systematische Darstellung des Abzahlungsrechts, Zürich 1972, 57; ders. Berner Kommentar (Bern 1999) Art. 226a OR N. 6, 17 ff.

[4] Art. 312 ff. OR.

[5] Vgl. dazu insbesondere WOLFGANG WIEGAND, Sammelband «Das neue Konsumkreditgesetz», Berner Bankrechtstag Bd 1 (Bern 1994), mit Aufsätzen von WALTHER HADDING, FELIX SCHÖBI, WOLFGANG WIEGAND, HEINZ HAUSHEER, WALTER WASSERFALLEN und THOMAS KOLLER, sowie MARLIS KOLLER-TUMLER, Basler Kommentar zum KKG (Basel 1996).

[6] Art. 226a ff. OR (für Barkredite insbesondere Art. 226m Abs. 2 OR). Vgl. dazu HANS GIGER, Das drittfinanzierte Abzahlungsgeschäft (Zürich 1993).

[7] Solche kantonalen Konsumkreditnormen sind in den Kantonen Zürich (Art. 212–214b EG ZGB mit VO über das Konsumkreditgewerbe vom 11. August 1993), Bern (Art. 15–19 und Art. 29 des Gesetzes über Handel und Gewerbe vom 4. November 1992 und Verordnung über das Gewähren und Vermitteln von Darlehen und Krediten vom 19. Mai 1993), Neuchâtel (Art. 28 und Art. 67–70 Loi sur la police du commerce vom 30. September 1991 und Reglement d'exécution de la loi sur la police du commerce vom 4. November 1992 mit Änderung vom 14. November 1995), Basel-Stadt (Gesetz

- das Interkantonale Konkordat über Massnahmen zur Bekämpfung von Missbräuchen im Zinswesen vom 8. Oktober 1957[8],
- Art. 3 lit. k–m UWG.

Mit dem neuen KKG werden nicht nur die bisherigen Vorschriften über das Abzahlungsrecht aufgehoben[9], sondern es werden auch die in sämtlichen kantonalen Konsumkreditgesetzen und im Interkantonalen Konkordat über Massnahmen zur Bekämpfung von Missbräuchen im Zinswesen enthaltenen Regelungen – mit Ausnahme von Ausführungsnormen über die Erteilung von Bewilligungen für Konsumkreditgeberinnen und -vermittlerinnen – ungültig: Art. 38 KKG hält unmissverständlich fest, dass der Bund die Konsumkreditverträge **abschliessend** regelt. Das gilt nach dem klaren Inhalt der Materialien bzw. dem ebenso klaren Willen von Bundesrat und Parlament[10] nicht nur für kantonale Vorschriften zivilrechtlicher Natur, sondern auch für Regelungen, die nach neuerer bundesgerichtlicher Rechtsprechung öffentlichrechtlichen Charakter aufweisen und vor Inkrafttreten des erw. Art. 38 des neuen KKG als zulässig galten[11]. Kantonal divergierende Höchstzinssätze für Konsumkredite sind daher ab 1. Januar 2003 nicht mehr möglich; es gilt zwingend gesamtschweizerisch der vom Bundesrat gestützt auf Art. 14 KKG festgelegte Höchstzinssatz[12]. Ebenso unzulässig bzw. ungültig sind auch kantonale Vorschriften, welche bspw. eine Höchstkreditli-

---

über die Gewährung und Vermittlung von Konsumkrediten vom 14. Dezember 1995 und Verordnung zum Gesetz über die Gewährung und Vermittlung von Konsumkrediten vom 19. März 1996), Basel-Landschaft (Gesetz über die Gewährung und Vermittlung von Konsumkrediten vom 6. März 1997 und Konsumkreditverordnung vom 1. Juli 1997), Freiburg (Art. 30 und 31 des Gesetzes über die Ausübung des Handels vom 25. September 1997), St. Gallen (Art. 189d EG ZGB), Schaffhausen (Art. 141 EG ZGB) und Zug (§ 7 ff. des Gesetzes betreffend die Einführung des schweizerischen Obligationenrechts für den Kanton Zug vom 30. Juni 1938) erlassen worden. Vgl. dazu HANS GIGER, Normenflut – Ein akutes Problem der Gesetzgebungspolitik, in: Wirtschaft und Recht im Würgegriff der Regulierer, Zürich 1996, 44 ff. und GIACOMO RONCORONI/ FELIX SCHÖBI, Kantonales Konsumkreditrecht im Binnenmarkt Schweiz, in: Jahrbuch des Schweizerischen Konsumentenrechts (JKR) 1997, Bern 1997, 71 ff.

[8] SR 221.121.1. Dem Konkordat angeschlossen haben sich die Kantone Bern, Zug, Freiburg, Schaffhausen, Waadt, Wallis, Genf und Jura.
[9] Art. 41 KKG/Anhang 2.
[10] Vgl. Botschaft betreffend die Änderung des Bundesgesetzes über den Konsumkredit S. 3188; Sitzung WAK-N vom 21./22.6.1999.
[11] BGE 119 Ia 59 ff., 120 Ia 286 ff., 120 Ia 299 ff.
[12] Gemäss Art. 1 E VKKG voraussichtlich – die VKKG ist noch nicht definitiv vom Bundesrat verabschiedet – bis auf weiteres 15% p.a. Vgl. dazu auch eingehend vorne SCHÖBI, 20 f.

mite[13] oder eine maximale Kreditlaufzeit[14] festsetzen: In diesem Bereich gilt nun ausschliesslich die Norm von Art. 28 Abs. 4 KKG, die eine (theoretische) Amortisierbarkeit der gesamten Konsumkreditbelastung eines Konsumenten innerhalb von 36 Monaten[15] und damit faktisch eine entsprechende Maximalkredithöhe vorschreibt[16]. Aufstockungen laufender Kredite und die Gewährung von Zweitkrediten[17] sind im Rahmen der soeben erwähnten Amortisierbarkeit der gesamten Konsumkreditverpflichtung innert 36 Monaten nun gesamtschweizerisch wieder problemlos zulässig. Konsequenterweise ist auch der bisher in Art. 7 des alten KKG geltende Vorbehalt zugunsten strengeren Rechts gestrichen worden: Da das neue KKG den Bereich Konsumkredit allein und umfassend regelt, sind strengere gesetzliche Normen, welche im Einzelfall eine für den Konsumenten günstigere Lösung bewirken könnten, rechtslogisch gar nicht möglich[18].

Hinfällig bzw. unzulässig sind ebenfalls kantonale Vorschriften, welche eine Beaufsichtigung des Konsumkreditgewerbes vorsehen[19]. Dasselbe gilt auch für kantonale Provisionenregelungen[20]: Diesbezüglich ist einzig Art. 35 KKG massgebend, wonach Vermittlungsprovisionen nicht beim Konsumenten erhoben werden dürfen und Aufwendungen der Kreditgeberin für die Kreditvermittlung in die maximal zulässigen Gesamtkosten des Kredites (Maximalzinssatz gemäss Art. 14 KKG) eingerechnet werden müssen. Den Kantonen verbleibt lediglich die Kompetenz zum Erlass von Vorschriften, welche nicht spezifisch eine Regelung des Konsumkreditgeschäftes beinhalten, so z.B. betreffend die Einholung statistischer Angaben über die Höhe gewährter Konsumkredite, die Einschränkung der Konsumkreditwerbung auf öffentlichem Grund oder auch betreffend kantonaler Verfahrensvorschriften[21].

---

[13] So z.B. bisher Bern, Basel-Stadt und Basel-Landschaft: Beschränkung der maximalen Kredithöhe auf drei Bruttomonatssaläre bzw. einen Viertel der Bruttojahreseinkünfte des Kreditnehmers.
[14] So bisher ebenfalls Bern, Basel-Stadt und Basel-Landschaft: 36 Monate.
[15] Längere Laufzeiten als 36 Monate sind zulässig.
[16] Vgl. dazu eingehend hinten 52.
[17] Bisher unzulässig in den Kantonen Bern, Basel-Stadt und Basel-Landschaft.
[18] Vgl. dazu auch vorne SCHÖBI, 24.
[19] So bisher bisher bspw. ZH VO über das Konsumkreditgewerbe, die in § 9 sogar eine Genehmigungspflicht für die im Konsumkreditgewerbe verwendeten Verträge, AGB, Tarife, Drucksachen und serienmässigen Texte vorschrieb.
[20] So bisher z.B. ZH VO über das Konsumkreditgewerbe § 8.
[21] Vgl. dazu im einzelnen vorne SCHÖBI 25.

Zusammenfassend ist festzustellen, dass das neue KKG erfreulicherweise den in den letzten Jahren entstandenen «Wildwuchs» divergierender kantonaler Gesetze beseitigt und für Konsumkredite endlich eine gesamtschweizerische Rechtsvereinheitlichung herbeigeführt hat, unter gleichzeitiger Beseitigung widersprüchlicher bzw. in ihrer gegenseitigen Abgrenzung unklarer bundesrechtlicher Regelungsinhalte[22]. Die dadurch bewirkte Vereinfachung und Strukturierbarkeit der Geschäftsabläufe[23] wird sich gerade für die im vorliegenden Aufsatz interessierenden Geschäftsbereiche Barkredit und Teilzahlungsvertrag positiv auswirken. Für die Kreditinstitute entfällt nicht nur die das Massengeschäft hemmende und damit verteuernde Notwendigkeit, für jeden einzelnen Kanton unterschiedliche Geschäfts-Eckdaten zu programmieren und in Zweifelsfällen[24] komplizierte und häufig nicht eindeutig beantwortbare interkantonale Abgrenzungsfragen zu klären, sondern es wird auch eine rationale, klar strukturierte Zusammenarbeit mit Vermittlern möglich[25]. Die durch das neue KKG herbeigeführte Rechtsvereinheitlichung bringt andererseits den Konsumenten in denjenigen Kantonen, welche bisher keine Konsumkreditgesetze besassen, neue Schutznormen, insbesondere im Hinblick auf eine umfassende und sorgfältige Kreditprüfung. Das neue KKG findet weiterum Zustimmung[26]; in den Schlussabstimmungen der Eidg. Räte ist es auch mit entsprechend konfortablen Mehrheiten (Nationalrat: 114:66; Ständerat 36:7) angenommen worden.

2. Aufhebung des Abzahlungsrechts: Rechtsfolgen für Teilzahlungsverträge

Die Aufhebung des Abzahlungsrechts erleichtert den Abschluss und die Abwicklung von Teilzahlungsverträgen erheblich:

---

[22] Vgl. über die im Einzelfall unklare Abgrenzung der Anwendbarkeit des bisherigen Abzahlungsrechts einerseits und des alten KKG andererseits z.B. GIGER, Berner Komm. Art. 226a OR N. 10; KOLLER-TUMLER Vorbem. N. 14.
[23] Vgl. zu den hier bisher bestehenden Problemen z.B. GIGER, Normenflut, 48 ff.
[24] So z.B., wenn Wohnsitz des Konsumenten und Sitz der Kreditgeberin in verschiedenen Kantonen liegen. Vgl. dazu RONCORONI/SCHÖBI, Kantonales Konsumkreditrecht, 80 ff., welche für die Anknüpfung das (fragwürdige) «Günstigkeitsprinzip» vorschlagen.
[25] Bisher in Nachachtung des nun aufgehobenen Art. 226m Abs. 2 OR (Anwendbarkeit des Abzahlungsrechts bei Zusammenwirken von Verkäufer und Darleiher) problematisch. Vgl. dazu GIGER, Berner Komm. Art. 226m OR N. 128 ff.
[26] Vgl. z.B. vorne SCHÖBI 33 f. und ALEXANDER BRUNNER, SJZ 2001, 246.

- Das bisher in Art. 226b OR statuierte Erfordernis der schriftlichen Zustimmung des Ehegatten entfällt.
- Die in Art. 226d OR vorgeschriebene Anzahlungspflicht[27] entfällt.
- Infolge Streichung des soeben erwähnten Art. 226d OR besteht für Teilzahlungsverträge auch keine Höchstlaufzeit mehr[28]: Es ist lediglich noch Art. 28 Abs. 4 KKG zu beachten, wonach die Gesamt-Konsumkreditbelastung eines Konsumenten – darunter auch die Belastung durch die Verpflichtungen aus Teilzahlungsverträgen – innerhalb von 36 Monaten amortisierbar sein muss.

Damit wird auch automatisch die vom Bundesgericht zu Art. 226 m Abs. 1 OR entwickelte Rechtsprechung[29] obsolet: Zwar ist die Frage, ob ein von den Parteien als «Leasingvertrag» betiteltes Rechtsgeschäft angesichts seiner konkreten Ausgestaltung materiell einen Abzahlungs- bzw. Teilzahlungsvertrag darstellt, auch unter dem neuen KKG darum weiterhin von Belang, weil dieses in Art. 29 für Leasingverträge eine erleichterte Kreditfähigkeitsprüfung[30] vorsieht, während für Abzahlungs- bzw. Teilzahlungsverträge als «gewöhnliche» Konsumkreditverträge die strengere Kreditprüfungspflicht i.S. von Art. 28 KKG[31] zu beachten ist. Die Antwort wird aber neu nach **strikt sachenrechtlichen Grundsätzen** zu geben sein, nämlich nach dem Kriterium, ob gemäss Parteiübereinkunft[32] auf das Datum des Vertragsendes hin ein Eigentumsübergang auf den «Leasingnehmer» vorgesehen ist. Eine solche Absprache kann sich auch aus den Umständen ergeben, so z.B. wenn der vertraglich vereinbarte Restwert erheblich von den gängigen Be-

---

[27] Gemäss Verordnung über die Mindestanzahlung und die Höchstdauer beim Abzahlungsvertrag (SR 221.211.43) bisher grundsätzlich 30% des Barkaufpreises, bei Möbeln 25% des Barkaufpreises.
[28] Bisher grundsätzlich 24 Monate, für Möbel 30 Monate, VO über die Mindestanzahlung und die Höchstdauer beim Abzahlungsvertrag.
[29] Vgl. bspw. BGE 113 II 168 ff. und insbes. BGE 110 II 244 ff., 101 IV 98 ff., 95 IV 101 ff. Vgl. dazu eingehend GIGER, Berner Komm. Art. 226m OR N. 80 ff; STAUDER, Basler-Komm. (Basel 1996) Art. 226m OR N. 40.
[30] Finanzierbarkeit der Leasingraten ohne Beanspruchung des nicht pfändbaren Teils des Einkommens, vgl. Art. 29 Abs. 2 i.V.m. Art. 28 Abs. 2 und 3 KKG. Dazu eingehend hinten MARKUS HESS, 80 ff.
[31] Zusätzlich zur Finanzierbarkeit der Monatsrate ohne Beanspruchung des nicht pfändbaren Teils des Einkommens Vorschrift der Amortisierbarkeit der gesamten Konsumkredtbelastung innert 36 Monaten.
[32] Massgebend sind nicht nur der Inhalt der Vertragsurkunde, sondern auch mündliche Nebenabreden bzw. Zusagen.

wertungsrichtlinien abweicht[33]. Nicht mehr aktuell ist aber die vom Bundesgericht zum bisherigen Art. 226 m Abs. 1 OR entwickelte Regel, wonach ein Leasingvertrag immer dann als Abzahlungsvertrag zu qualifizieren ist, wenn der Vertrag nicht aufgelöst werden kann, bevor ein bedeutender Teil des Warenwertes – in der Regel ein Fünftel – bezahlt ist[34]: Diese Betrachtungsweise stützt sich nicht auf die massgeblichen sachenrechtlichen Kriterien und steht auch nicht mehr im Einklang mit dem neuen Art. 17 Abs. 3 KKG, der die Mindestvertragsdauer von Leasingverträgen verbindlich regelt. Ob Leasingverträge, die eine Kaufoption zugunsten des Leasingnehmers beinhalten, weiterhin abzahlungsverdächtig sind[35], ist aufgrund der neuen Rechtslage ebenfalls fraglich.

II. Geltungsbereich des KKG bei Barkrediten und Teilzahlungsverträgen

Übereinstimmend mit dem alten KKG erfasst Art. 1 des neuen KKG unter der Begriffsbestimmung des Konsumkreditvertrages nicht nur die Gewährung eines Kredites in Form eines Zahlungsaufschubs, eines Darlehens oder einer ähnlichen Finanzierungshilfe, sondern auch entsprechende Kredit**versprechen.** Der Kreditbegriff des KKG bezieht sich also auf den Zahlungskredit und ist in diesem Bereich umfassend zu verstehen; ökonomisch kann der Sachverhalt der Kreditgewährung i.S. des KKG dahingehend umschrieben werden, dass die vom Kreditgeber zu erbringende bzw. versprochene Leistung und die entsprechende Gegen- oder Rückleistung des Kreditnehmers zeitlich auseinanderfallen[36].

---

[33] Der Restwert entspräche diesfalls nicht der an den Eurotax-Bewertungen orientierten, «nach anerkannten Grundsätzen erstellten Tabelle», die gemäss Art. 11 Abs. 2 lit. g KKG für Leasingverträge zwingend vorgeschrieben ist. Je höher im Vertrag die jährliche Kilometerleistung festgesetzt wird, desto tiefer fällt natürlich der «nach anerkannten Grundsätzen» berechnete Restwert aus.
[34] BGE 101 IV 98 ff., vgl. auch BGE 113 II 172 f.
[35] So unter der alten Rechtslage GIGER, Berner Komm. Art. 226m OR N. 81.
[36] Vgl. MARLIS KOLLER-TUMLER, Basler-Komm. Art. 1 KKG N. 2. Nicht vom KKG erfasst wird der blosse Haftungskredit, d.h. die Kreditsicherung durch persönliche Bürgschaft oder Gewährung dinglicher Sicherheiten, vgl. HEINZ HAUSHEER, Anwendungsbereich und Abgrenzungsproblem des KKG, in Sammelband «Das neue Konsumkreditgesetz, Berner Bankrechtstag 1 (Bern 1994) 60.

Ebenfalls gemäss Art. 1 KKG gilt das Gesetz nur für Kreditverträge **mit Konsumenten.** Art. 3 definiert den Begriff «Konsument» (bzw. Konsumentin) als «natürliche Person, die einen Konsumkreditvertrag zu einem Zweck abschliesst, der nicht ihrer beruflichen oder gewerblichen Tätigkeit zugerechnet werden kann». Daraus folgt, dass das KKG bei Vertragsabschlüssen mit juristischen Personen generell nicht anwendbar ist; bei Kreditgewährungen an natürliche Personen gilt es dann nicht, wenn der Kredit für einen ihrer beruflichen oder gewerblichen Tätigkeit zurechenbaren Zweck bestimmt ist. Das gilt auch für Darlehen, die sich auf eine erst geplante berufliche oder gewerbliche Tätigkeit beziehen (sog. «Existenzgründungsdarlehen»)[37], oder für Ausbildungs- oder Weiterbildungskredite[38], soweit die entsprechende Ausbildung oder Weiterbildung in engem Konnex mit der geplanten Berufskarriere steht. Entgegen einer bisher weit verbreiteten Auffassung[39] gilt als schutznormausschliessende gewerbliche oder berufliche Tätigkeit nicht nur die selbständige Berufsausübung, sondern **auch die unselbständige** Berufstätigkeit: Art. 3 KKG unterscheidet bei der Umschreibung des Ausnahmetatbestandes nicht zwischen selbständiger und unselbständiger beruflicher Tätigkeit; der klare Gesetzeswortlaut lässt keinen Raum für eine abweichende Auslegung[40]. Nicht immer auf den ersten Blick sofort klar entscheidbare Abgrenzungen ergeben sich bei «Mischnutzungen», nämlich dann, wenn die mit dem Kredit erworbene Sache teils privaten, teils beruflichen/gewerblichen Zwecken dient: In solchen Fällen besteht nur dann keine Unterstellung unter das KKG, wenn die private Nutzung von untergeordneter Bedeutung ist[41]. So fällt ein PW, der zwar teilweise für gewerbli-

---

[37] So schon Art. 3 aKKG, vgl. KOLLER-TUMLER Art. 3 aKKG N. 2.
[38] Solche Ausbildungskredite werden zu günstigem Zinssatz z.B. von der Zürcher Kantonalbank gewährt.
[39] Vgl. z.B. HAUSHEER 57 f., KOLLER-TUMLER Art. 3 KKG N. 3; STAUDER, Konsumkreditrecht – Das Bundesgesetz über den Konsumkredit vom 8. Oktober 1993, AJP 1994 677.
[40] Anders war die Rechtslage im Bereich des nun aufgehobenen Art. 226m Abs. 4 OR: Dort kam es für den Ausschluss der Anwendbarkeit des Abzahlungsrechts nicht auf die berufliche Zweckbestimmung, sondern darauf an, dass die Vertragsgegenstand bildende Sache «nach ihrer Beschaffenheit» vorwiegend für berufliche Zwecke bestimmt war. Ein Personenwagen, der als Taxi genutzt wurde, fiel daher nicht unter die Ausschlussnorm (vgl. GIGER, Berner Komm. Art. 226m OR N. 195). Anders nun Art. 3 KKG.
[41] Vgl. KOLLER-TUMLER Art. 3 KKG N. 4 ff.

che, vorwiegend aber für private Zwecke verwendet wird, in den Geltungsbereich des KKG. Dasselbe gilt für einen Vieh-/Pferdetransporter eines Metzgers/Hobbyreiters, der hauptsächlich für den Transport der Reitpferde eingesetzt wird, oder für eine Yacht, die zuweilen für geschäftliche Einladungen, aber vor allem für private Zwecke genutzt wird. Umgekehrt ist klar, dass der einem Bäckermeister für den Kauf eines Backofens gewährte Kredit dem KKG nicht untersteht[42].

Im weiteren gilt das KKG auch nicht für die in Art. 7 aufgelisteten Ausnahmetatbestände. Im Rahmen des uns vorliegend interessierenden Themas «Barkredit» und «Teilzahlungsverträge» sind insbesondere folgende Ausnahmen von Bedeutung:

- Kreditverträge oder Kreditversprechen, die direkt oder indirekt grundpfandgesichert sind[43]. Im Gegensatz zur früheren Rechtslage[44] besteht also keine generelle Ausnahme mehr für Kredite, die für den Erwerb oder die Beibehaltung von Eigentumsrechten an einem Grundstück oder einem vorhandenen oder noch zu errichtenden Gebäude oder zur Renovation oder Verbesserung eines Gebäudes bestimmt sind; der Ausnahmetatbestand greift nur noch bei direkter oder indirekter Grundpfandsicherung. Im übrigen ergibt sich nicht nur aus dem Wortlaut des Gesetzes, sondern auch aus Sinn und Zweck der Norm, dass **effektiv** eine «Sicherung» gegeben sein muss: «Schwanzhypotheken», welche im Falle einer Verwertung eine Deckung der Forderung als zweifelhaft erscheinen lassen, führen daher nicht zu einer Ausnahme vom Anwendungsbereich des KKG[45].

  Die Ausnahmeklausel gilt auch für Kredite, welche durch Grundstücke im Ausland (mit genügender Deckung) gesichert sind, statuiert doch der klare Gesetzeswortlaut diesbezüglich keinen Vorbehalt.

- Kredite, die durch hinterlegte banküblische Sicherheiten oder durch ausreichende, beim Kreditgeber gehaltene Vermögenswerte gedeckt sind[46].

---

[42] Vgl. BGE 109 II 216.
[43] Art. 7 Abs. 1 lit. a KKG.
[44] Art. 6 Abs. 1 lit. a aKKG.
[45] Gl.M. vorne SCHÖBI 10. Für die Beantwortung der Frage, ob eine **effektive** Grundpfandsicherung gegeben ist, kommt es auf den **Zeitpunkt des Vertragsabschlusses** an. Nachträgliche Schwankungen des Liegenschaftenwertes können nicht zur Anwendung oder zum Ausschluss der KKG-Normen führen, würde das doch zu einer inakzeptablen Regelungsunsicherheit führen.
[46] Art. 7 Abs. 1 lit. b KKG. Auch hier kommt es für die Beurteilung der Frage, ob **ausreichende** Deckung besteht, auf den **Zeitpunkt des Vertragsabschlusses** an. Vgl. zur Begründung analog vorstehend FN 45.

Als solche Sicherheiten oder Vermögenswerte fallen einerseits formell verpfändete Konti-/Wertschriftendepots in Betracht, aber auch Vermögenswerte, welche ohne formelle Verpfändung beim betreffenden Kreditgeber hinterlegt sind, so z.B. wertvolle Bilder, Sammlungen etc. Erforderlich ist lediglich, dass die dadurch bewirkte Kreditdeckung «ausreichend» ist bzw. dass bezüglich der Verwertbarkeit des betreffenden Vermögenswertes zu einem entsprechenden Preis nach Kenntnisstand im Zeitpunkt des Abschlusses des Kreditvertrages keine Zweifel bestehen.

- Verträge über Kredite von weniger als 500 Franken oder mehr als 80'000 Franken[47]. Mangels eines entsprechenden gesetzlichen Vorbehalts gilt diese Ausnahme auch für die Aussetzung einer flexibel benutzbaren Kreditlimite[48] von über Fr. 80'000.–, auch wenn diese vorläufig lediglich mit einem unter Fr. 80'000.– liegenden Betrag in Anspruch genommen wird.

Eine Ausnahmeregelung gilt gemäss Art. 8 Abs. 2 KKG zudem für Konti für Kredit- und Kundenkarten mit Kreditoption sowie für Überziehungskredite auf laufendem Konto: Für solche Geschäfte sind lediglich die in Art. 8 Abs. 2 aufgeführten KKG-Artikel anwendbar; es besteht insbesondere lediglich eine Verpflichtung zu einer bloss summarischen Kreditfähigkeitsprüfung[49] und insbesondere keine Vorschrift betreffend Amortisierbarkeit des Krediges innerhalb von 36 Monaten[50]. Hier stellt sich aber die Abgrenzungsfrage gegenüber Barkrediten, die lediglich «formell» auf der Basis von Kreditkarten oder Überziehungskreditlimiten gewährt werden: Kreditkarten, auch wenn sie mit einer Kreditoption verbunden sind, dienen typischerweise der bargeldlosen Bezahlung von Einkäufen, Dienstleistungen etc. und nur im Ausnahmefall dem Bargeldbezug am Bankschalter oder Bancomat[51]; Überziehungskreditlimiten werden typischerweise für Konti gewährt, welche im Verlauf der Zeit nicht nur Sollsaldi zulasten des Kontoinhabers, sondern auch Habensaldi aufweisen[52]. Werden «Kreditkarten» zu Mitteln für den blossen Bezug von Bargeld bzw. entsprechenden Krediten

---

[47] Art. 7 Abs. 1 lit. e KKG. Massgeblich ist der **Nettobetrag** des Kredits, ohne Zinsen und Kosten.
[48] Es handelt sich hier um das Versprechen einer Kreditgewährung i.S. von Art. 1 Abs. 1 KKG. Vgl. dazu hinten HASELBACH 123.
[49] Art. 30 KKG.
[50] Art. 28 Abs. 4 KKG.
[51] Vgl. dazu HANS GIGER, Kreditkartensysteme (Zürich 1985) 86 und insbesondere 92 f.
[52] Dazu eingehend hinten HASELBACH 123.

«umfunktioniert», so sind sie materiell klarerweise als Barkredite zu qualifizieren, für welche die in Art. 8 Abs. 2 KKG statuierte Ausnahmeregelung nicht gilt[53].

Abgrenzungsprobleme können sich im übrigen gegenüber den Leasingverträgen ergeben, für welche Art. 8 Abs. 1 KKG ebenfalls eine Ausnahmeregelung – die Anwendbarkeit lediglich einzelner KKG-Artikel und insbesondere eine erleichterte Kreditfähigkeitsprüfung[54] vorsieht: «Leasingverträge», welche per Vertragsende einen Eigentumsübergang auf den Leasingnehmer beinhalten und daher nach sachenrechtlichen Kriterien Teilzahlungsverträgen gleichzusetzen sind, müssen bezüglich Anwendung des KKG auch als solche behandelt werden; für sie gilt die Ausnahmeregelung von Art. 8 Abs. 1 KKG nicht. Dass diesbezüglich aber nicht mehr auf die bundesgerichtliche Rechtsprechung zum bisherigen Art. 226m Abs. 4 OR und die dort entwickelten Kriterien für die Qualifikation untypischer Leasingverträge als Abzahlungsverträge zurückgegriffen werden kann, ist bereits vorne ausgeführt worden[55].

III. Vertragsform/obligatorischer Vertragsinhalt

Analog wie Art. 8 des alten KKG schreibt Art. 9 Abs. 1 KKG vor, dass Konsumkreditverträge schriftlich abzuschliessen sind. Für Konsumkreditverträge gilt also die Schriftform i.S. von Art. 13 OR und die dazu entwickelte Doktrin: Die beidseitigen Unterschriften müssen nicht zwingend auf ein und derselben einheitlichen Vertragsurkunde figurieren. Üblich und zulässig ist der Austausch von Vertragsdoppeln; es genügt, dass jede Partei das für die andere Partei bestimmte Doppel unterzeichnet[56]. In Nachachtung von Art. 14 Abs. 2 OR ist auf Seiten der Kreditgeberin die Vertragsunterzeichnung mittels Faksimileunterschrift ausreichend: Faksimileunterschriften der Kreditgeberinnen auf Barkredit-, Teilzahlungs- und Leasingverträgen ent-

---

[53] Gl.M. vorne SCHÖBI 13 und hinten HASELBACH 123.
[54] Verzicht auf die Vorschrift der Amortisierbarkeit innerhalb von 36 Monaten (Art. 28 Abs. 4 KKG).
[55] Vgl. im Detail 40: «Abzahlungsverdächtig» wäre bspw. ein «Leasingvertrag» mit unüblich tiefer Festsetzung des Restwertes, da diesfalls auf eine konkludente Vereinbarung betreffend Eigentumsübergang geschlossen werden müsste.
[56] Vgl. so INGEBORG SCHWENZER, Basler Komm. (Basel 1996) Art. 13 OR N. 12; BRUNO SCHMIDLIN, Berner Komm. (Bern 1986) Art. 13 N. 25 ff.

sprechen heute der Verkehrsübung und tragen dem Charakter des Konsumkreditgeschäfts als Massengeschäft Rechnung. Die Situation ist diesbezüglich analog wie bei Versicherungspolicen, bei denen ebenfalls Faksimileunterschriften der Versicherungsgesellschaften üblich sind[56a]. Online-Verträge genügen nach derzeitiger Rechtslage dem Kriterium der Schriftlichkeit nicht[57]; die Rechtslage wird sich diesbezüglich voraussichtlich aber mit dem geplanten Bundesgesetz über Zertifizierungsdienste im Bereich der elektronischen Signatur[58] ändern.

Weiter bestimmt Art. 9 Abs. 1 KKG, dass der Konsument eine **Kopie** des Vertrags erhalten muss. Entgegen einer zu Art. 8 des alten KKG entwickelten Auffassung[59] genügt nach dem absolut klaren Gesetzeswortlaut die Übergabe einer blossen **Kopie** der von der Kreditgeberin unterzeichneten Vertragsurkunde; die Abgabe einer eigentlichen Vertrags**ausfertigung** ist **nicht** notwendig.

Obligatorisch muss der Vertragstext gemäss Art. 9 Abs. 2 KKG folgende Angaben enthalten:

- den Nettobetrag des Kredits;
- den effektiven Jahreszins[60] oder, wenn dies nicht möglich ist[61], den Jahreszins und die bei Vertragsschluss in Rechnung gestellten Kosten;
- die Bedingungen, unter denen der Zinssatz und die soeben erwähnten Kosten geändert werden können;
- die Elemente der Gesamtkosten des Kredits, die für die Berechnung des effektiven Jahreszinses nicht berücksichtigt worden sind[62], mit Ausnah-

---

[56a] Vgl. SCHWENZER, Art. 14/15 OR N. 6 und zu den Versicherungspolicen SCHMIDLIN, Art. 14 OR N. 6. KOLLER-TUMLER Art. 8 KKG N. 3 nimmt zur Frage der Faksimileunterschriften keine Stellung.

[57] Vgl. Botschaft zum Bundesgesetz über Zertifizierungsdienste im Bereich der elektronischen Signatur, Bbl 2001 5679 ff. (insbes. 5684).

[58] Geplanter Art. 14 Abs. 2bis OR.

[59] Vgl. z.B. KOLLER-TUMLER Art. 8 KKG N. 3.

[60] Vgl. zur Berechnung hinten 57.

[61] Eine Angabe des effektiven Jahreszinses ist bspw. bei Kontokorrentkrediten, Rahmenkrediten und bei Festkrediten mit unbestimmter Laufzeit nicht möglich.

[62] Das Gesetz verweist auf Art. 34 KKG, wo die für die Berechnung des effektiven Jahreszinses massgebenden Kosten umschrieben werden. Nicht zu berücksichtigen sind bei der Effektivzinssatzberechnung laut Art. 34 Abs. 2 und 3 KKG folgende Kostenelemente:
  – die Kosten, welche der Kreditnehmer bei Nichterfüllung einer im Vertrag aufgeführten Verpflichtung zu bezahlen hat

me der bei Nichterfüllung der vertraglichen Verpflichtungen entstehenden Kosten; ist der genaue Betrag dieser Kostenelemente bekannt, so ist er anzugeben; andernfalls ist, soweit möglich, entweder eine Berechnungsmethode oder eine realistische Schätzung aufzuführen ;
- die allfällige Höchstgrenze des Kreditbetrages[63];
- die Rückzahlungsmodalitäten, insbesondere den Betrag, die Anzahl und die zeitlichen Abstände oder den Zeitpunkt der Zahlungen, welche der Kreditnehmer zur Tilgung des Kredits und zur Entrichtung der Zinsen und sonstigen Kosten vornehmen muss, sowie, wenn möglich, den Gesamtbetrag dieser Zahlungen[64];
- dass bei vorzeitiger Rückzahlung ein Anspruch auf Erlass der Zinsen und auf eine angemessene Ermässigung der Kosten, die auf die nicht beanspruchte Kreditdauer entfallen, besteht;
- die allfällig verlangten Sicherheiten[65].

Neu muss der Vertrag gemäss Art. 9 Abs. 2 lit. h einen Hinweis auf das Widerrufsrecht und die Widerrufsfrist gemäss Art. 16 KKG[66] enthalten und in Nachachtung von lit. j den pfändbaren Teil des Einkommens, welcher der Kreditfähigkeitsprüfung zugrundegelegt worden ist[67], erwähnen, wobei die «Einzelheiten» in einem vom Konsumkreditvertrag getrennten Schrift-

---

- die Kosten, welche der Kreditnehmer durch den Erwerb von Waren oder Dienstleistungen unabhängig davon zu tragen hat, ob es sich um ein Bar- oder um Kreditgeschäft handelt
- die Mitgliederbeiträge für Vereine oder Gruppen, die aus anderen als den im Kreditvertrag vereinbarten Gründen entstehen
- Überweisungskosten sowie Kosten für die Kontoführung, sofern sie nicht «ungewöhnlich hoch» sind oder der Kreditnehmer diesbezüglich über eine «angemessene Wahlfreiheit» verfügt.

Vgl. zu den Versicherungskosten Art. 34 Abs. 4 KKG.

[63] Diese Angabe ist dann erforderlich, wenn eine Bezifferung des Nettobetrages des Kredites nicht möglich ist, so z.B. bei Kontokorrent- oder Rahmenkrediten.

[64] Für «Flexi-Kredite», bei denen der Kreditnehmer lediglich einen Mindestbetrag als monatliche Rückzahlungsrate entrichten muss, ist dieser Mindestbetrag und der sich bei Wahl der Mindestvariante ergebende Zahlungsplan anzugeben.

[65] Zu denken ist bspw. an die Einräumung eines Eigentumsvorbehaltes bei Teilzahlungsverträgen oder an die Verpfändung hinterlegter Lebensversicherungspolicen. Nota bene: Soweit solche Sicherheiten eine vollständige Kreditdeckung bewirken, unterstände der betreffende Kredit gemäss Art. 7 Abs. 1 lit. b allerdings gar nicht dem KKG. Lohnzessionen sind gemäss Art. 325 Abs. 2 OR unzulässig.

[66] Dazu hinten 59 f.

[67] Vgl. dazu Art. 28 Abs. 2 und 3 KKG.

stück festgehalten werden dürfen; letzteres bildet allerdings einen integrierenden Vertragsbestandteil. Konkret bedeutet das, dass zumindest ein separates Formular «Budgetberechnung» in das Vertragsdossier abgelegt werden muss, wobei eine Kopie desselben, da es ja integrierender Bestandteil des Vertrages bildet, gemäss Art. 9 Abs. 1 dem Kreditnehmer auszuhändigen ist[68]. Das Budgetberechnungsformular muss sämtliche für die Kreditfähigkeitsprüfung gemäss Art. 28 KKG erforderlichen Angaben enthalten: die Höhe des Einkommens des Kreditnehmers, sein Vermögen, den von ihm tatsächlich geschuldeten monatlichen Mietzins oder – bei Wohneigentum – die diesbezüglich entstehenden monatlichen Kosten, die nach Quellensteuertabelle geschuldeten Steuern[69], die Verpflichtungen, die bei der Informationsstelle für Konsumkredit gemeldet sind (Gesamtbetrag, Raten) sowie die übrigen für die Berechnung des Existenzminimums bzw. des nicht pfändbaren Teils des Einkommens gemäss Richtlinien des Wohnsitzkantons erforderlichen Faktoren[70].

Bei «Verträgen zur Finanzierung des Erwerbs von Waren oder Dienstleistungen» muss der Vertrag gemäss Art. 10 KKG analog wie nach dem alten KKG zusätzlich noch folgende Angaben enthalten:

- die Beschreibung der Waren oder Dienstleistungen;
- den Barzahlungspreis[71] und den Preis, der im Rahmen des Kreditvertrags zu bezahlen ist[72];
- die Höhe der allfälligen Anzahlung[73], die Anzahl, die Höhe und die Fälligkeit der Teilzahlungen oder das Verfahren, nach dem diese Elemente bestimmt werden können, falls sie bei Vertragsschluss noch nicht bekannt sind;
- den Namen des Wareneigentümers und die Voraussetzungen des Eigentumserwerbs durch den Konsumenten;

---

[68] Eine Unterzeichnung des Formulars durch die Parteien ist gesetzlich nicht vorgeschrieben. Im Hinblick auf Beweiszwecke empfiehlt es sich aber, dieses dem Kreditnehmer zur Unterzeichnung vorzulegen, der damit gleichzeitig auch die Richtigkeit seiner darin enthaltenen Angaben bestätigt.
[69] Vgl. dazu hinten 51.
[70] Dazu hinten 51.
[71] Gemeint ist derjenige Preis, der bei Abwicklung eines Zug-um-Zug-Geschäfts bzw. sofortiger voller Preiszahlung zu erbringen wäre, unter Einrechnung der Mehrwertsteuer.
[72] Barzahlungspreis zuzüglich Gesamtkosten des Krediets.
[73] Wie vorne 40 erwähnt, ist mit der Streichung des Abzahlungsrechts die zwingende Verpflichtung zur Leistung einer Anzahlung bei Teilzahlungsverträgen entfallen.

- den Hinweis auf eine allfällige verlangte Versicherung und, falls die Wahl des Versicherers nicht dem Konsumenten überlassen ist, die Versicherungskosten.

In der Literatur zum weitgehend analogen Art. 9 des alten KKG[74] ist die Auffassung vertreten worden, dass unter Verträgen zur Finanzierung des Erwerbs von Waren und Dienstleistungen, für welche die soeben erwähnten zusätzlichen Inhaltserfordernisse gelten, nicht nur eigentliche Teilzahlungsverträge, sondern auch Barkredite immer dann zu verstehen seien, wenn die Kreditgeberin im Rahmen des Kreditprüfungsverfahrens vom Konsumenten Auskunft über den geplanten Verwendungszweck des Darlehens verlangt. Diejenigen Kreditinstitute, welche in ihren Kreditantragsformularen solche Fragen aufführen, sind also mit entsprechenden Auslegungsrisiken bzw. der Gefahr der gleich nachstehend erwähnten Sanktionen konfrontiert, wenn sie bei der Vertragsgestaltung die Erwähnung der in Art. 10 umschriebenen Angaben unterlassen. Dasselbe gilt auch, wenn die Kreditgeberin aus anderen Gründen den Zweck des dem Konsumenten eingeräumten Barkredits kennt, etwa weil sie die Kreditvaluta direkt an einen Warenhändler (z.B. Autogarage) auszahlt.

Ein Verstoss gegen die erwähnten Vertragsinhaltsvorschriften führt gemäss Art. 15 KKG zur «Nichtigkeit»[75] des betreffenden Konsumkreditvertrages und faktisch zu einem «Gratiskredit»: Der Konsument muss lediglich die bereits empfangene oder beanspruchte Kreditsumme zurückzahlen, schuldet aber weder Zinsen und Kosten[76]. Umso wichtiger ist eine sorgfältige Redaktion der Vertragsformulare und insbesondere eine korrekte Kalkulation der vorgeschriebenen Zinsangaben[77].

IV. Kreditfähigkeitsprüfung

Die im Rahmen der Revisionsarbeiten neu ins Gesetz aufgenommenen Vorschriften über die Kreditfähigkeitsprüfung – Art. 22 i.V.m. Art. 28–30 –

---

[74] KOLLER-TUMLER Art. 9 KKG N. 3, STAUDER AJP 1994 683.
[75] Es handelt sich um eine «Nichtigkeit sui generis», deren gleich nachstehend umschriebenen Rechtsfolgen nicht denjenigen der «gewöhnlichen» Nichtigkeit gemäss obligationenrechtlichen Doktrin entsprechen.
[76] Art. 15 Abs. 2 KKG.
[77] Vgl. zu den Folgen von Bagatellirrtümern – so z.B. die irrtümliche Angabe eines zu hohen effektiven Jahreszinses – vorne SCHÖBI 21.

stellen gewissermassen das Kernstück des neuen KKG dar: Im Hinblick auf die Vermeidung einer Überschuldung des Kreditnehmers bzw. Konsumenten ist die Kreditgeberin verpflichtet, vor der Kreditvergabe eine sorgfältige Kreditfähigkeitsprüfung durchzuführen, welche sich bei Barkrediten und Teilzahlungsverträgen an die in Art. 28 KKG aufgeführten Grundsätze zu halten hat[78]. Zu prüfen ist die Kreditfähigkeit des Kreditnehmers bzw. – bei mehreren solidarisch haftenden Personen – je separat diejenige sämtlicher Kreditnehmer. Eine «Gesamtkreditfähigkeitsprüfung» von Haushalten bzw. von Ehepaaren entspricht Art. 28 KKG nicht. Das führt im Effekt dazu, dass der mögliche Kreditbetrag bei solidarischer Verpflichtung von Ehegatten durch das Niveau des Freibetrages des Ehepartners mit niedrigerem Einkommen begrenzt wird. Soll die Kreditfähigkeit des Ehegatten mit höherem Einkommen entsprechend ausgeschöpft werden, so muss ihm ein Einzelkredit gewährt werden, ohne solidarische Haftung des schlechter verdienenden anderen Ehegatten.

Die Kreditfähigkeitsprüfung stellt eine aktuelle Momentanalyse im Zeitpunkt unmittelbar vor der Kreditvergabe[79] dar und dient in diesem Sinne der Vermeidung einer Überschuldung. Gerät der Kreditnehmer trotz sorgfältig und entsprechend den Vorschriften von Art. 28 KKG durchgeführter Kreditfähigkeitsprüfung in Schwierigkeiten bzw. in eine Überschuldungssituation, weil sich seine Einnahmen, sein Vermögen oder auch die Faktoren seines Existenzminimums **nachträglich** ungünstig verändern[80], so kann das nicht dem Kreditgeber angelastet werden: Auch durch die sorgfältigste

---

[78] Dass die Durchführung einer Kreditfähigkeitsprüfung nun gesetzlich vorgeschrieben ist, bedeutet selbstverständlich nicht, dass in der bisherigen Geschäftspraxis der Kreditbanken eine solche nicht bereits üblich gewesen wäre: Es liegt ja im ureigensten Interesse der Kreditgeber, Verluste durch uneinbringliche Kredite zu vermeiden. Die bisherige strenge Kreditprüfungspraxis führte dazu, dass gemäss Statistik der Zentralstelle für Kreditinformation im Jahre 2000 25% aller Kreditgesuche und im Jahre 2001 sogar 26% derselben abgelehnt wurden. Dem entspricht auch die geringe prozentuale Anzahl der notwendig werdenden Betreibungs- und Zwangsvollstreckungsverfahren: Im Jahre 2000 mussten lediglich 0.17% der pro Monat im Jahresmittel fälligen Konsumkredit-Ratenzahlungen (insgesamt monatlich gesamtschweizerisch rund 460'000 Raten) in Betreibung und lediglich 0.12% derselben in Pfändung gesetzt werden. Für das Jahr 2001 betragen die entsprechenden Zahlen 0.16% bzw. 0.10%.

[79] Kreditgewährung oder Aussetzung einer Kreditlimite. Wenn eine neu ausgesetzte Limite nicht sofort ausgenützt wird, muss die Kreditfähigkeitsprüfung nicht bei jeder Beanspruchung wiederholt werden, es sei denn, es bestünden Anhaltspunkte für eine relevante Verschlechterung der Bonität des Kreditnehmers. Die Überschuldungsgefahr ist ja diesfalls nicht grösser, als wenn die Kreditnehmer die Limite sofort vollständig ausgeschöpft hätte.

[80] Verlust des Arbeitsplatzes, Lohnreduktion, Ehescheidung etc.

Kreditfähigkeitsprüfung können solche unvorhersehbaren zukünftigen Ereignisse nicht vorweggenommen werden. Die in Art. 32 KKG für den Verstoss gegen die Vorschriften über die Kreditfähigkeitsprüfung angedrohten Sanktionen[81] greifen in einem solchen Fall nicht nur nach dem klaren Wortlaut des Gesetzes, sondern auch nach Sinn und Zweck der Regelung offensichtlich nicht Platz.

Nach dem im neuen KKG gewählten System weist die Kreditfähigkeitsprüfung zwei Komponenten auf:

- Einerseits ist laut Art. 28 Abs. 2 zu prüfen, ob der zu gewährende Konsumkredit vom Kreditnehmer ohne Eingriff in das «erweiterte» Existenzminimum[82] zurückbezahlt werden kann bzw. ob die in Aussicht genommene Kreditrückzahlungs-Monatsrate im unter Berücksichtigung dieser Belastungen errechneten «Freibetrag» Platz hat.

Bei der Ermittlung des soeben erwähnten «erweiterten» Existenzminimums ist von den im Wohnsitzkanton geltenden Berechnungsrichtlinien auszugehen[83]. In jedem Fall sind zu berücksichtigen der vom Konsumenten tatsächlich geschuldete Mietzins und zusätzlich die nach Quellensteuertabelle geschuldeten Steuern[84] sowie die Verpflichtungen, die bei der Informationsstelle für Konsumkredit gemeldet sind. Laufende Kredite müssen dabei mit den effektiv pro Monat geschuldeten Raten in die Rechnung eingesetzt werden; eine (theoretische) Umrechnung von Krediten mit kurzer Restlaufzeit auf eine Amortisation innert 36 Monaten in Anlehnung an Art. 28 Abs. 4 KKG ist nicht angängig. Soll die nach Art. 28 Abs. 4 KKG berechnete Kreditfähigkeit des Kon-

---

[81] Vgl. hinten 548.
[82] Nicht pfändbarer Teil des Einkommens gemäss Art. 93 Abs. 1 SchKG, unter zusätzlicher Berücksichtigung der in Art. 28 Abs. 3 aufgelisteten Komponenten, vgl. dazu gleich nachstehend.
[83] Zur Zeit richten sich sämtliche Kantone ausser Zürich, Schwyz, St. Gallen, Aargau und Tessin diesbezüglich nach den «Richtlinien für die Berechnung des betreibungsrechtlichen Existenzminimums (Notbedarf) nach Art. 93 SchKG» der Konferenz der Betreibungs- und Konkursbeamten der Schweiz vom 24. November 2000 (vgl. Dokumentation auf der ZEK-Homepage [zek.info]). Auch die erw. fünf «Ausnahmekantone» weichen nur unbedeutend von diesen Richtlinien ab. Vgl. ebenfalls Dokumentation auf der ZEK-Homepage (zek.info)
[84] Für die Einkommenssteuer von Schweizern mit Wohnsitz in der Schweiz existieren keine Quellensteuertabellen. Um hier dennoch **annäherungsweise** die Steuerbelastung zu ermitteln, sind im Rahmen der Kreditfähigkeitsprüfung auch für Schweizer die für ausländische Arbeitnehmer in der Schweiz massgeblichen Quellensteuertabellen heranzuziehen. Diese variieren von Kanton zu Kanton erheblich.

sumenten[85] voll ausgeschöpft werden, ist aber im Rahmen der Gewährung eines neuen Konsumkredites eine Aufstockung eines Alt-Kredites mit nur noch kurzer Laufzeit bzw. auch eine Ablösung desselben möglich, mit dem Effekt, dass die diesbezügliche monatliche Belastung durch Umrechnung auf eine längere Vertragsdauer gesenkt werden kann.

- Als zweite Komponente der Kreditfähigkeitsrechnung muss in Nachachtung von Art. 28 Abs. 4 KKG geprüft werden, ob die gesamte Konsumkreditbelastung eines Konsumenten – bereits laufende Konsumkreditschulden und der neu beantragte Kredit – aus dem zur Verfügung stehenden Freibetrag innerhalb von 36 Monaten amortisiert werden kann. Zu berücksichtigen sind bei dieser theoretischen 36-Monate-Rechnung sämtliche bei der Informationsstelle für Konsumkredit gemeldeten Konsumkreditengagements (inklusive der meldepflichtigen Sollsaldi aus Kreditkartenengagements und Überziehungslimiten), nach Sinn und Zweck des Gesetzes in analoger Anwendung von Art. 29 Abs. 2 aber nicht die bereits laufenden (gemäss Art. 17 Abs. 3 KKG kurzfristig kündbaren) Leasingverpflichtungen. Die theoretische Amortisierbarkeit innert 36 Monaten ist auch dann zu beachten, wenn vertraglich eine längere Laufzeit als 36 Monate vereinbart wird. Die Beschränkung des maximalen Kreditbetrages auf diejenige Summe, welche innert 36 Monaten zurückbezahlt werden kann, gilt im übrigen auch für Kredite ohne vertraglich vereinbarte Rückzahlungsraten, d.h. also für Festkredite und Rahmenkredite.

In den ursprünglichen Entwürfen zu Art. 28 KKG fand sich der Satz, dass das Vermögen bei der Beurteilung der Kreditfähigkeit nicht berücksichtigt werden dürfe[86]. In den Beratungen der Kommission Wirtschaft und Abgaben des Nationalrates[87] ist diese Bestimmung nach eingehender Debatte des Für und Wider gestrichen worden, allerdings ohne Einfügung eines positiven Hinweises für den Barkredit, dass auch Vermögenswerte ein Element der Kreditfähigkeitsprüfung darstellen (im Gegensatz zu Art. 29 KKG beim Leasingvertrag). Aber auch ohne solchen ausdrücklichen positiven Hinweis ergibt sich aus der soeben dargelegten Entstehungsgeschichte der Norm, dass nach dem Willen des Gesetzgebers auch beim Barkredit vorhandene (realisierbare) Vermögenswerte bei der Kreditfähigkeitsprüfung mitberück-

---

[85] Vgl. dazu gleich nachstehend.
[86] Art. 15 c Abs. 2 des bundesrätlichen Entwurfs.
[87] Sitzung der Kommission WAK/N vom 17./18. Mai 1999, vgl. auch Sitzung NR vom 29. September 1999.

sichtigt werden können, insbesondere wenn es darum geht, gestützt auf Art. 28 Abs. 4 den innert 36 Monaten amortisierbaren Kreditbetrag zu errechnen[88]. Bei der Bewertung anrechenbarer Vermögenswerte und bei der Beurteilung ihrer Realisierbarkeit wird der Kreditprüfer aber mit der entsprechenden Vorsicht vorgehen müssen.

Abgesehen von der Einholung einer Auskunft bei der Informationsstelle für Konsumkredit[89] zwecks Eruierung der dort gemeldeten Verpflichtungen[90] beruht die Kreditfähigkeitsprüfung insbesondere auf den entsprechenden Angaben des Konsumenten. Um diese zu erhalten, müssen seitens des Kreditgebers im Rahmen eines Fragebogens oder auch mündlich (mit entsprechender Protokollierung) Fragen zu sämtlichen für die Budget- bzw. die Existenzminimaberechnung erforderlichen Elementen gestellt werden:

- Netto-Arbeitsverdienst pro Monat?
- Nebeneinkommen pro Monat?
- Nettoeinkommen des Ehepartners?
- tatsächlich geschuldeter Monatsmietzins oder monatliche Aufwendungen für selbstgenutztes Wohneigentum?
- monatliche Nebenkosten der Wohnung?
- Zahl und Alter der Kinder, für deren Unterhalt der Konsument aufkommen muss?
- Alimentenverpflichtungen?
- Kredit- und Leasingverpflichtungen?

Nicht notwendig sind Fragen zum Zweck des beantragten Kredits[91]: Der Kreditzweck hat mit der Kreditfähigkeit des betreffenden Konsumenten nichts zu tun.

---

[88] Nota bene: Hält der Kreditnehmer beim Kreditgeber ausreichende Vermögenswerte, welche die Kreditschuld decken, ist gemäss Art. 7 Abs. 1 lit. b das KKG gar nicht anwendbar.
[89] Vgl. zur Informationsstelle für Konsumkredit eingehend hinten ROBERT SIMMEN, Neue Informationstelle für Konsumkredit (IKO) und Zentralstelle für Kreditinformation (ZEK) 157 ff.
[90] Art. 28 Abs. 3 lit. c KKG.
[91] Immerhin zweckmässig ist die Frage, ob der beantragte Kredit beruflichen oder gewerblichen Zwecken dient und – wenn ja – welchen: Bei stichhaltiger Bejahung dieser Frage fällt der Kredit gemäss Art. 3 ja gar nicht in den Anwendungsbereich des KKG. Weitergehende Fragen nach dem Kreditzweck sind allenfalls sogar «kontraproduktiv», indem sie zu einer Anwendung von Art. 10 KKG führen könnten. Vgl. dazu vorne 49.

Art. 31 KKG hält ausdrücklich fest, dass die Kreditgeberin sich auf die Angaben des Konsumenten zu dessen finanziellen Verhältnissen verlassen darf, ausser wenn sie offensichtlich unrichtig sind oder der Auskunft der Informationsstelle für Konsumkredit widersprechen. Eine zusätzliche Überprüfung «anhand einschlägiger amtlicher oder privater Dokumente»[92] ist nur dann notwendig, wenn die Kreditgeberin an der Richtigkeit der Angaben des Konsumenten zweifelt. Der Gesetzeswortlaut ist diesbezüglich klar: Es muss ein effektiver Zweifel und nicht bloss Anlass zu Zweifeln gegeben sein[93], um eine zusätzliche Überprüfungspflicht seitens der Kreditgeberin auszulösen. Allerdings wird die Kreditgeberin bei offensichtlicher Inkonsistenz der Angaben des Konsumenten aber nachträglich kaum glaubhaft behaupten können, keine Zweifel gehabt zu haben, und sie wird sich ihren diesbezüglichen Wissensstand anrechnen lassen müssen. So wären bspw. Zweifel offensichtlich dann indiziert, wenn sich aufgrund einer zusätzlich zur Auskunft der Informationsstelle für Konsumkredit bei der Zentralstelle für Kreditinformation (ZEK) eingeholten Auskunft ein negatives Bild über die Bonität des betreffenden Konsumenten ergibt. Weiter wird die Kreditgeberin auch gehalten sein, zusätzlich zu den oben aufgeführten unerlässlichen Fragen zu den Elementen der Existenzminimaberechnung noch Ergänzungsfragen zu stellen, welche das Bild der finanziellen Leistungsfähigkeit des Konsumenten abrunden. Zweckmässig sind in diesem Zusammenhang Fragen nach Beruf, Arbeitgeber, Dauer der Anstellung und nach Betreibungen. Die Antworten auf diese Zusatzfragen können Inkonsistenzen in den Antworten zu den Hauptfragen aufzeigen: So kann bspw. die vom Konsumenten behauptete Lohnhöhe angesichts seines Berufes, seines Alters oder der Anstellungsdauer unplausibel erscheinen, was dann die Kreditgeberin – da in diesem Falle Zweifel an der Richtigkeit der Angaben des Konsumenten bestehen – zu den in Art. 31 Abs. 3 KKG erwähnten zusätzlichen Abklärungen veranlassen muss.

Verstösst die Kreditgeberin in schwerwiegender Weise gegen die in Art. 28 KKG statuierten Vorschriften über die Kreditfähigkeitsprüfung, so verliert sie in Nachachtung von Art. 32 Abs. 1 KKG nicht nur den Anspruch auf Zinsen und Kosten, sondern auch denjenigen auf Rückerstattung der gewähr-

---

[92] Art. 31 Abs. 3 KKG. Das Gesetz erwähnt als Beispiele Auszüge aus dem Betreibungsregister oder Lohnausweise. Zu denken wäre auch an Steuerauskünfte, Steuererklärungen etc.

[93] Art. 31 Abs. 3 KKG lautet: «Zweifelt die Kreditgeberin an der Richtigkeit der Angaben ...» und nicht «Bestehen für die Kreditgeberin Gründe zum Zweifel an der Richtigkeit der Angaben ...».

ten Kreditsumme; bereits erbrachte Rückzahlungen könnte der Konsument nach den Regeln über die ungerechtfertigte Bereicherung wieder zurückfordern. «Geringfügige» Verstösse gegen Art. 28 KKG führen gemäss Art. 32 Abs. 2 demgegenüber lediglich zum Verlust des Anspruches auf Zinsen und Kosten, d.h. zu einem «Gratiskredit».

Die Abgrenzung zwischen «schwerwiegenden» und «geringfügigen» Verstössen stellt eine Ermessensfrage dar. Immerhin zeigt die drastische Sanktionierung der ersteren, dass es sich hier wirklich um grobe Verstösse gegen elementare Elemente der durch Art. 28 KKG normierten Kreditfähigkeitsprüfung handeln muss, so bspw., wenn die Kreditgeberin es unterlässt, eine Anfrage bei der Informationsstelle für Konsumkredit zu tätigen oder den Inhalt der dort erhaltenen Auskunft zu berücksichtigen und dadurch eine bei der Informationsstelle gemeldete Verpflichtung bei der Berechnung des monatlichen Freibetrages unberücksichtigt bleibt. Unterlaufen demgegenüber bloss Kalkulationsirrtümer oder untergeordnete Fehler, indem z.B. die nicht in allen Teilen leicht verständlichen kantonalen Vorschriften über die Existenzminimaberechnung falsch ausgelegt bzw. angewandt werden, so liegt ein «geringfügiger» Verstoss vor, der mit Sicherheit nicht zu einem Verlust des Anspruchs auf Rückzahlung der Kreditsumme führen kann. Generell gilt, dass im Zweifel zugunsten der Anwendung der geringfügigeren Sanktion entschieden werden muss.

V. Meldung an die Informationsstelle für Konsumkredit

Damit bei der Informationsstelle für Konsumkredit in Nachachtung von Art. 28 KKG als Grundlage der Kreditfähigkeitsprüfung die bereits laufenden Konsumkreditverpflichtungen des betreffenden Konsumenten abgefragt werden können, müssen der Informationsstelle auch die entsprechenden Daten geliefert werden. Zu diesem Zweck statuiert Art. 25 KKG eine Meldepflicht für gewährte Konsumkredite und für qualifizierte Verzugstatbestände[94]. Verstösst die Kreditgeberin gegen diese Meldepflicht, so verliert sie gemäss Art. 32 Abs. 2 KKG den Anspruch auf Zinsen und Kosten («Gratiskredit»).

---

[94] Vgl. dazu im Einzelnen hinten SIMMEN, Informationsstelle für Konsumkredit 162 ff.

VI. Höchstzinssatz

Gemäss Art. 14 KKG ist es Sache des Bundesrates, auf dem Verordnungswege den für Konsumkredite zulässigen Höchstzinssatz festzusetzen. Er hat dabei die von der Nationalbank ermittelten, für die Refinanzierung des Konsumkreditgeschäftes massgeblichen Zinssätze zu berücksichtigen. Art. 14 hält weiter fest, dass der Höchstzinssatz «in der Regel» 15% p.a. nicht überschreiten soll.

In Nachachtung dieser Leitlinie wird der massgebliche Höchstzinssatz im Verordnungsentwurf[95] auf 15% p.a. festgesetzt. Die zur Zeit (Juli 2002) anwendbaren Refinanzierungssätze der Kreditgeberinnen lassen auch unter Berücksichtigung des beträchtlichen Detail-Arbeitsaufwandes, der im Konsumkreditgeschäft anfällt[96], für die Kreditgeberinnen bei einem Höchstzinssatz von 15% eine angemessene Marge zu; die meisten in der Schweiz tätigen Konsumkreditanbieter verrechnen zur Zeit sogar Zinssätze unter 15%. Bei einer deutlichen Erhöhung der Refinanzierungssätze müsste aber auch der Konsumkredit-Höchstzinssatz heraufgesetzt werden; der Bundesrat wird diesbezüglich sein pflichtgemässes Ermessen anwenden müssen: Ein Höchstzinssatz, der mit Rücksicht auf das Niveau der Refinanzierungskosten eine gewinnbringende Ausübung des Konsumkreditgewerbes ausschliesst, wäre verfassungswidrig[97].

Art. 14 KKG verweist zur näheren Bestimmung des Begriffs «Zinssatz» auf Art. 9 Abs. 2 lit. b, wo – soweit möglich – die Angabe des «effektiven

---

[95] Art. 1 E VKKG.
[96] Im Zusammenhang mit Kreditprüfung, Abwicklung und Überwachung von betragsmässig meist «kleinen» Krediten.
Im Begleitbericht zum Entwurf der VKKG (S. 3) wird diesbezüglich auf eine Studie von Prof. Henner Schierenbeck, «Konsumentenschutz und gesetzliche Zinshöchstgrenzen für Konsumentenkredite» hingewiesen. In dieser sind die Effekte eines gesetzlichen Höchstzinssatzes von 15% näher untersucht worden. Prof. Schierenbeck gelangte dabei zum Schluss, dass eine vollkostenorientierte Mindestmarge einen Zins von 7.65% in Anspruch nimmt, so dass der Spielraum für den Refinanzierungszins maximal 7.35% beträgt.
[97] Verstoss gegen die Wirtschaftsfreiheit, Art. 94 BV. Vgl. betreffend möglicher Verfassungswidrigkeit von Höchstzinssätzen im Konsumkreditgewerbe (ergangen zu der vom Kanton Zürich erlassenen Höchstzinsvorschrift für Konsumkredite noch unter Berücksichtigung von Art. 31 aBV) BGE 119 Ia 69: «Nicht auszuschliessen ist freilich, dass der Höchstsatz von 15% verfassungsrechtliche Probleme aufwerfen könnte, wenn das allgemeine Zinsniveau steigen würde und die Refinanzierungskosten deshalb erheblich höher veranschlagt werden müssten, als dies bisher der Fall war...».

Jahreszinses» vorgeschrieben wird. Damit ist klar, dass der zulässige Höchstzinssatz nach der Methode des «effektiven Jahreszinses»[98] berechnet werden muss, soweit ein solcher bei der betreffenden Kreditart überhaupt kalkuliert werden kann[99]. Die massgebliche Kalkulationsformel findet sich im Anhang 1 zum KKG.

Für die Berechnung des effektiven Jahreszinses sind die Gesamtkosten des Kredits massgebend, welche in Art. 5 KKG als «sämtliche Kosten, einschliesslich der Zinsen und sonstigen Kosten», welche der Konsument für den Kredit zu bezahlen hat, definiert werden. Nicht zu berücksichtigen sind die in Art. 34 Abs. 2 bis 4 aufgeführten Kostenelemente. Für die Geschäftsbereiche Barkredit und Teilzahlungsvertrag fallen in diesem Zusammenhang insbesondere die Versicherungskosten ins Gewicht:

- Die Kosten von Restschuldversicherungen (auf Tod, Invalidität, Krankheit oder Arbeitslosigkeit) müssen nur berücksichtigt werden, wenn die betreffende Versicherung durch die Kreditgeberin zwingend vorgeschrieben wird. Oder mit anderen Worten: Die Kosten einer freiwilligen Restschuldversicherung sind in die Zinsberechnung nicht miteinzubeziehen.
- Kaskoversicherungen – auch wenn sie vom Kreditgeber zwingend vorgeschrieben sind[100] – müssen bei der Zinsberechnung nicht berücksichtigt werden[101].

Eine Überschreitung des zulässigen Höchstzinssatzes führt in Anwendung von Art. 15 Abs. 1 KKG zur Nichtigkeit des Konsumkreditvertrages und damit zu einem «Gratiskredit»: Gemäss Art. 15 Abs. 2 und 3 muss der Konsument zwar die bereits empfangene oder beanspruchte Kreditsumme zurückzahlen, schuldet aber weder Zinsen noch Kosten. Dabei hat die Rückzahlung bis zum Ablauf der vereinbarten Kreditdauer in gleich hohen Teilzahlungen zu erfolgen, welche – sofern der Vertrag keine längeren Zahlungsin-

---

[98] Vgl. dazu auch Art. 33 KKG.
[99] Vgl. dazu vorne 46. Das Ergebnis eines Berechnung nach der Methode des «effektiven Jahreszinses» kann nahezu bis zu 1% vom Ergebnis einer Zinssatzberechnung nach der früher gebräuchlichen «78-Methode» abweichen; gegenüber der früher teilweise ebenfalls verwendeten «Annuitätenmethode» sind die Unterschiede geringer. Für die Beantwortung der Frage, ob der gemäss Art. 14 KKG geltende Höchstzinssatz überschritten wird, ist allein der «effektive Jahreszins» massgebend, auch wenn die Berechnung nach der «78-Methode» oder der «Annuitätenmethode» Resultate unter der Höchstzinsgrenze ergäbe.
[100] So meist im Bereich der Teilzahlungsverträge für Motorfahrzeuge.
[101] Das ergibt sich klar aus Art. 34 Abs. 4 lit. b KKG: Kaskoversicherungen finden sich in der dort figurierenden Aufzählung der Versicherungsbereiche nicht.

tervalle vorsieht – jeweils monatlich zu leisten sind. Das gilt insbesondere auch bei Festkrediten ohne vertraglich vereinbarte Zahlungsintervalle.

VII. Zustimmungserfordernis: nur bei Minderjährigkeit des Konsumenten

Gemäss Art. 13 KKG bedarf der Konsumkreditvertrag zu seiner Gültigkeit der schriftlichen Zustimmung des gesetzlichen Vertreters, wenn der betreffende Konsument minderjährig ist. Diese Zustimmungserklärung hat spätestens bei Unterzeichnung des Konsumkreditvertrages durch den Konsumenten vorzuliegen; eine nachträglich abgegebene Zustimmung ist gemäss Art. 13 Abs. 2 KKG wirkungslos[102].

Andere Zustimmungserfordernisse bestehen nicht: Insbesondere ist das bisher für Abzahlungsverträge[103] geltende und ursprünglich auch im bundesrätlichen KKG-Revisionsentwurf vorgesehene[104] Zustimmungserfordernis des Ehegatten gestrichen worden.

Eine Missachtung des Zustimmungserfordernisses des gesetzlichen Vertreters bzw. von Art. 13 KKG führt gemäss Art. 15 Abs. 1 zur Nichtigkeit des betreffenden Konsumkreditvertrages bzw. in Nachachtung von Art. 15 Abs. 2 und 3 KKG[105] zu einem «Gratiskredit».

---

[102] Damit weicht Art. 13 KKG wesentlich von den Regeln ab, die allgemein für das rechtswirksame Handeln urteilsfähiger unmündiger Personen gelten: Gemäss Art. 19 Abs. 1 ZGB ist auch eine mündliche Zustimmungserklärung des gesetzlichen Vertreters wirksam; diese kann auch nachträglich erteilt werden. – Als Spezialnorm geht Art. 13 KKG dem soeben erwähnten Art. 19 ZGB vor.
[103] Art. 226b Abs. 1 OR.
[104] Art. 10a E KKG.
[105] Vgl. im Detail die Ausführungen zur Nichtigkeit bei Überschreitung des zulässigen Höchstzinssatzes, oben 57 f.

VIII. Widerrufsrecht

In grundsätzlicher Anlehnung an die für Haustürgeschäfte[106] geltenden Regelung statuiert Art. 16 KKG neu ein Widerrufsrecht des Konsumenten: Dieser hat das Recht, den Antrag zum Abschluss eines Konsumkreditvertrages oder auch seine Annahmeerklärung zu einem entsprechenden Antrag der Kreditgeberin innerhalb von sieben Tagen schriftlich zu widerrufen. Der Widerruf bewirkt die Aufhebung des gültig abgeschlossenen, bisher gültigen Vertrages (Resolutivbedingung)[107]. Eine Auszahlung der Kreditsumme vor Ablauf der Widerrufsfrist ist zwar nicht verboten, führt aber in Nachachtung von Art. 16 Abs. 3 KKG dann zu einem «Gratiskredit»[108], wenn der Konsument – nach Erhalt der Darlehensvaluta – tatsächlich fristgerecht den Widerruf erklärt[109]. Wird der Vertrag nicht widerrufen, so bleibt er auch bei vorzeitiger Auszahlung gültig; für die Kreditgeberin entstehen diesfalls keine negativen Folgen. Für Teilzahlungsverträge gilt Art. 40f OR: Bereits empfangene Leistungen sind bei einem Widerruf beidseits zurückzuerstatten; hat der Konsument den ihm übergebenen Vertragsgegenstand bereits gebraucht, so schuldet er der Kreditgeberin einen angemessenen Mietzins[110].

Art. 16 Abs. 2 OR knüpft den Beginn der Widerrufsfrist an den Erhalt der in Art. 9 Abs. 1[111] erwähnten Vertragskopie durch den Konsumenten. Es liegt im Interesse der Kreditgeberin, sich diesen Beginn des Fristenlaufs durch entsprechende Gestaltung des Geschäftsablaufs zu sichern. Am Einfachsten ist diesbezüglich die Zustellung des durch die Kreditgeberin bereits unterzeichneten Vertrages an den Kunden zur Gegenzeichnung und Rücksendung des beigelegten Vertragsdoppels: Vorsichtigerweise wird diesfalls die Frist bei Rücksendung per Post ab Datum des Poststempels und bei

---

[106] Art. 40b ff. OR. Vgl. auch den nun aufgehobenen Art. 226c Abs. 1 OR für den Abzahlungsvertrag.
[107] Juristisch ist damit das in Art. 16 KKG (und auch in Art. 40a ff. OR für Haustürgeschäfte) umschriebene Widerrufsrecht anders konstruiert, als dasjenige des bisherigen Art. 226c OR für den Abzahlungsvertrag: Gemäss Art. 226c Abs. 1 OR tritt nämlich der Abzahlungsvertrag für den Ratenschuldner erst nach Ablauf der Widerrufsfrist in Kraft. Vgl. GIGER, Berner Kommentar Art. 226c OR N. 13.
[108] Verlust des Anspruchs auf Zinsen und Kosten, vgl. Art. 15 Abs. 2 und 3 KKG.
[109] Der Wortlaut von Art. 16 Abs. 3 KKG ist absolut klar: Art. 16 Abs. 3 KKG sanktioniert die Auszahlung «vor dem Widerruf» des Vertrages und nicht diejenige «vor Ablauf der Widerrufsfrist».
[110] Art. 40f Abs. 2 OR.
[111] Vgl. dazu vorne 46.

persönlicher Rückgabe des gegengezeichneten Vertragsdoppels am Bankschalter ab Rückgabedatum berechnet werden.

Zur Frage der Modalitäten der Fristberechnung äussert sich Art. 16 KKG nicht. Es gelten diesbezüglich also die allgemeinen Regeln gemäss Art. 77f OR: Der Tag des Erhalts der Vertragskopie ist bei der Fristberechnung nicht mitzurechnen bzw. als erster Tag der 7-tägigen Frist gilt der auf den Erhalt der Vertragskopie folgende Tag[112].

Fällt der letzte Tag der Frist auf einen Samstag oder einen Sonntag oder auf einen anderen am Wohnort des Konsumenten anerkannten Feiertag[113], so endigt sie am nächstfolgenden Werktag.

Gemäss Art. 16 Abs. 1 hat ein Widerruf schriftlich zu erfolgen. Widerrufserklärungen, welche der Schriftform nicht genügen[114], bleiben wirkungslos. Bezüglich Einhaltung der Widerrufsfrist bestimmt Art. 16 Abs. 2 KKG zudem, dass die Frist gewahrt ist, wenn die Widerrufserklärung am siebten Tag der Post übergeben wird[115]. Verwendet der Konsument dabei die langsame B-Post, so kann der Rücklauf bis zur Kreditgeberin vier bis fünf Tage dauern. Das führt dazu, dass die Auszahlung der Kreditvaluta ohne Risiko[116] grundsätzlich nicht vor zwölf Tagen ab Zustellung der Vertragskopie an den Konsumenten möglich ist. Der Auszahlungsablauf könnte aber dann beschleunigt werden, wenn der Kreditgeberin unmittelbar nach Ablauf von sieben Tagen ab Zustellung der Vertragskopie eine Erklärung des Konsumenten zugeht, er habe das Widerrufsrecht nicht ausgeübt[117].

---

[112] Art. 77 Abs. 1 Ziff. 1 i.V.m. Abs. 2 OR.
[113] Art. 78 OR und BG über den Fristenlauf an Samstagen (SR 173.110.3). Für die Qualifikation als «Feiertag» ist die staatliche Anerkennung ausschlaggebend. Vgl. dazu die Liste bei ROLF H. WEBER, Berner Kommentar (Bern 1982) Art. 78 OR N. 20.
[114] Mündliche Widerrufserklärungen oder – nach derzeitiger Rechtslage – solche per EMail. Zur Schriftform gehört auch die Unterzeichnung der Widerrufserklärung, vgl. Art. 13 OR.
[115] Gestützt auf Art. 8 ZGB ist der Konsument für die Fristeinhaltung beweispflichtig. Die rechtzeitige Übergabe an die Post kann nicht nur durch Lettre signature, sondern auch durch andere geeignete Beweismittel – z.B. durch Zeugen – bewiesen werden.
[116] Bezüglich «Gratiskredit».
[117] Ein vorzeitiger Verzicht auf das Widerrufsrecht ist demgegenüber nicht möglich.

IX. Recht zur vorzeitigen Rückzahlung

Wie bereits nach altem KKG ist der Kreditnehmer gemäss Art. 17 KKG berechtigt, trotz Vereinbarung einer fixen Vertragslaufzeit den Kredit samt Zinsen und Kosten vorzeitig zurückzahlen. In diesem Fall hat er Anspruch auf Erlass der Zinsen und auf eine angemessene Ermässigung der Kosten, die auf die nicht beanspruchte Kreditdauer entfallen. Dabei gilt für die Reduktion der Zinsbelastung pro rata temporis der im Vertrag angegebene effektive Jahreszins.

X. Verzugsregelung

Art. 18 KKG schränkt die Gläubigerrechtsbehelfe der Kreditgeberin bei Verzug des Kreditnehmers ein: Ein Rücktritt vom Vertrag und damit eine Fälligstellung des gesamten ausstehenden Kredits ist erst möglich, wenn Teilzahlungen ausstehend sind, die mindestens 10% des Nettobetrags des Kredits bzw. des Barzahlungspreises ausmachen[118]. Der Verzugszins darf den für den Konsumkredit vereinbarten Zinssatz nicht übersteigen.

XI. Einredendurchgriff

Gemäss Art. 19 KKG hat der Konsument das Recht, die Einreden aus dem Konsumkreditvertrag gegenüber jedem Abtretungsgläubiger geltend zu machen; auf dieses Recht kann er nicht verzichten.

Wird der Konsumkreditvertrag im Hinblick auf den Erwerb von Waren oder Dienstleistungen bei einem Dritten abgeschlossen, kann der Kreditnehmer alle diejenigen Rechte[119], die ihm bei Nicht-, nicht gehöriger oder verspäte-

---

[118] Art. 18 Abs. 1 KKG. Im Konkursfall gilt diese Einschränkung nicht: Die Konkurseröffnung bewirkt grundsätzlich die Fälligkeit sämtlicher Schuldverpflichtungen des konkursiten Schuldners (Art. 208 SchKG). Art. 18 KKG schliesst im übrigen die vertragliche Vereinbarung einer Kündigungsmöglichkeit nicht aus.

[119] Einreden, Gestaltungsrechte wie z.B. Rücktritt vom Vertrag bei Verzug, Sachgewährleistungsansprüche etc.

ter Lieferung gegenüber dem Lieferanten zustehen, auch gegenüber der Kreditgeberin geltend machen, sofern der Kredit im Rahmen einer Exklusiv-Zusammenarbeitsvereinbarung zwischen Kreditgeberin und Lieferant[120] gewährt wird, der Vertragswert[121] über CHF 500.– liegt und der Konsument nicht durch den Lieferanten befriedigt wird.

XII. Verbot der Annahme von Zahlungen in Form von Wechseln sowie von Sicherheiten in Form von Wechseln und Checks

Art. 20 KKG untersagt es der Kreditgeberin, vom Kreditnehmer Sicherheiten in Form von Wechseln oder Checks entgegenzunehmen. Allfällig trotzdem ausgehändigte Wechsel oder Checks können vom Konsumenten jederzeit zurückverlangt werden; die Kreditgeberin haftet zudem für allfälligen Schaden, der dem Kreditnehmer aus der Begebung des Wechsels oder Checks entstanden ist.

Für Zahlungen sind lediglich Wechsel verboten; Checkzahlungen bleiben zulässig.

XIII. Kreditvermittlung

Art. 35 KKG schreibt vor, dass der Konsument der Kreditvermittlerin für die Vermittlung eines Konsumkredites keine Entschädigung schuldet; die Vermittlungsprovision ist vollumfänglich von der Konsumkreditgeberin zu bezahlen. Um auch eine Belastung des Konsumenten auf indirektem Wege zu verhindern, müssen die Aufwendungen der Kreditgeberin für die Kreditvermittlung in die bei der Berechnung des effektiven Jahreszinses und damit durch die Maximalzinssatzvorschrift nach oben begrenzten Gesamtkos-

---

[120] Art. 21 Abs. 1 lit. a KKG: «Abmachung, wonach Kredite an Kunden dieses Lieferanten ausschliesslich von der Kreditgeberin gewährt werden.
[121] Art. 21 Abs. 1 lit. e KKG: «Betrag des betreffenden Einzelgeschäfts».

ten des Kredits miteinbezogen werden; eine gesonderte Rechnungsstellung derselben ist unzulässig[122].

Vorschriften über die Höhe der Vermittlungsprovision enthält das KKG nicht. Entsprechende kantonale Normen[123] werden mit dem Inkrafttreten des neuen KKG hinfällig.

XIV. Werbung

Gemäss Art. 36 richtet sich die Werbung für Konsumkredite nach den Vorschriften des UWG. Dieses ist im Rahmen des Erlasses des neuen KKG mit neuen Vorschriften ergänzt worden[124].

XV. Bewilligungspflicht

Laut Art. 39 KKG müssen die Kantone die Gewährung und die Vermittlung von Konsumkrediten einer Bewilligungspflicht unterstellen. Die Einzelheiten ergeben sich aus Art. 3 ff. VKKG.

Keine Bewilligung ist dann erforderlich, wenn die Kreditgeberin als Bank konstituiert ist oder wenn sie lediglich Konsumkredite zur Finanzierung des Erwerbs ihrer Waren oder der Beanspruchung ihrer Dienstleistungen gewährt oder vermittelt.

---

[122] Art. 35 Abs. 2 KKG.
[123] Z.B. Kanton Zürich: § 213a EG ZGB. Vgl. dazu vorne 38.
[124] Art. 3 lit. k bis n und Art. 4 lit. d UWG. Von Bedeutung ist insbesondere die Verpflichtung der Kreditgeberin, bei öffentlichen Auskündigungen über Konsumkredite darauf hinzuweisen, dass die Kreditvergabe verboten ist, falls sie zur Überschuldung des Konsumenten führt (Art. 3 lit. n UWG). Vgl. dazu eingehend hinten LUCAS DAVID, Werbung für Konsumkredite 171 ff.

XVI. Schlussbemerkung

Das neue Konsumkreditgesetz befreit die in den Geschäftsbereichen Barkredit und Teilzahlungsvertrag tätigen Kreditgeberinnen zwar vom «Wildwuchs» der diversen kantonalen Konsumkreditregelungen und von den teils komplizierten Abgrenzungsfragen des bisherigen Abzahlungsrechts. Andererseits stellt es aber für die Branche eine grosse Herausforderung dar, indem nicht nur die Vertragsformulare, sondern auch die innerbetrieblichen Abläufe sorgfältig und rechtzeitig an das neue KKG angepasst werden müssen. Insbesondere der Beachtung der Vorschriften über die Kreditfähigkeitsprüfung kommt zentrale Bedeutung zu. Diesbezüglich muss nicht nur für grosse, sondern auch für kleine Kreditbeträge mit aller Sorgfalt vorgegangen werden. Das Personal ist entsprechend zu schulen. Auch die Kreditvermittler müssen in die Anpassungen der Abläufe miteinbezogen werden.

Leasing unter dem Bundesgesetz über den Konsumkredit

Eckdaten für die Vertragsgestaltung und Geschäftsabwicklung

MARKUS HESS

I.	Vorbemerkung	66
II.	**Anwendungsbereich des KKG für Leasingverträge**	66
	1. Kriterien der Unterstellung	66
	2. Ausmass der Unterstellung	69
III.	**Eckdaten zur Vertragsgestaltung und Geschäftsabwicklung**	70
	1. Formvorschriften	70
	1.1. Vorbehalt der Schriftlichkeit (Art. 11 nKKG)	70
	1.2. Vertragskopie an Leasingnehmer (Art. 11 nKKG)	70
	1.3. Elemente der Kreditfähigkeitsprüfung (Art. 11 nKKG)	71
	1.4. Zustimmung des gesetzlichen Vertreters	71
	2. Vorschriften zum Vertragsinhalt	72
	2.1. Mindestinhalt (Art. 11 nKKG)	72
	2.2. Effektiver Jahreszins und Höchstzinssatz (Art. 6 und 14 und 33 f. nKKG)	74
	2.3. Widerrufsrecht (Art. 16 nKKG)	75
	2.4. Vorzeitige Rückzahlung (Art. 17 nKKG)	76
	2.5. Verzug des Leasingnehmers (Art. 18 nKKG)	77
	2.6. Einreden (Art. 19 nKKG)	77
	2.7. Verbot von Zahlung und Sicherheit in Form von Wechseln (Art. 20 nKKG)	77
	2.8. Mangelhafte Erfüllung des Erwerbsvertrages (Art. 21 nKKG)	78
	2.9. Kreditvermittlung (Art. 35 nKKG)	79
	3. Gesetzliche Pflichten des Leasinggebers	80
	3.1. Meldepflicht (Art. 26 nKKG)	80
	3.2. Kreditfähigkeitsprüfung (Art. 29 nKKG)	80
	3.3. Werbung (Art. 36 nKKG i.V.m. Art. 3 Bst. l und n UWG)	83
	3.4. Bewilligungspflicht (Art. 39 f. nKKG)	83
	3.5. Unlauterer Wettbewerb im Zusammenhang mit Leasingverträgen (Art. 3 Bst. m sowie Art. 4 Bst. d UWG)	84
	4. Gesetzliche Sanktionen aus dem KKG	85
	4.1. Nichtigkeit des Leasingvertrages (Art. 15 nKKG)	85

	4.2. Sanktionen bei Verstössen gegen Kreditfähigkeitsprüfungen (Art. 32 nKKG)	85
IV.	**Handlungsbedarf/Check-Liste**	86
	1. Bewilligungspflicht	86
	2. Werbevorschriften	86
	3. Überarbeitung der Verträge	87
	4. Prüfung der Geschäftsabläufe	87
	5. Personalschulung	87

I. Vorbemerkung

Der nachfolgende Beitrag befasst sich ausschliesslich mit der Auswirkung des neuen Konsumkreditgesetzes (nKKG) auf Leasingverträge. Es werden Eckdaten für die Vertragsgestaltung und Umsetzung in der Praxis aufgezeigt. Dabei wird nur derjenige Leasingvertrag behandelt, der nach den gesetzlichen Bestimmungen als Leasingvertrag unter das nKKG fällt. Nicht behandelt werden weitere denkbare Vertragsformen, wie ein miet- oder abzahlungsähnlicher Leasingvertrag. Der Erstere unterstünde wohl mietrechtlichen Bestimmungen, der Letztere zufolge der Aufhebung des Abzahlungsrechtes[1] dem nKKG integral analog eines Konsumkredites[2].

II. Anwendungsbereich des KKG für Leasingverträge

1. Kriterien der Unterstellung

Dem nKKG unterstehen Leasingverträge

---

[1] Vgl. Art. 41 i.V.m. Anhang 2 Ziff. II.1. nKKG.
[2] Bei der Frage der Abgrenzung solcher Verträge ist unter dem neuen KKG rein sachenrechtlich darauf abzustellen, ob Eigentum am finanzierten Gegenstand erworben wird oder nicht und ob dies bei Vertragsabschluss für den Kreditnehmer verpflichtend vereinbart wurde. Bezüglich der sachenrechtlichen Betrachtungsweise gleicher Meinung Schöbi vorn S. 12, Simmen vorne S. 40 f.

a) zwischen einem **gewerbsmässig**[3] **tätigen Leasinggeber** und einer **Privatperson**, die den Leasingvertrag zu einem **Zweck** abschliesst, der **nicht ihrer beruflichen oder gewerblichen Tätigkeit**[4] zugerechnet werden kann,

b) die eine **bewegliche, dem privaten Gebrauch**[5] des Leasingnehmers dienende **Sache** betrifft und

c) die im Falle ihrer vorzeitigen Auflösung eine **Erhöhung der vereinbarten Leasingraten** vorsehen.

Solche Leasinggeschäfte sind vernünftigerweise heute als **Konsumentenleasing** zu bezeichnen. Die bisherige Terminologie «Konsumgüterleasing» vermag deshalb nicht mehr vollständig zu überzeugen, weil die Abgrenzung nunmehr über die Person des Konsumenten und seine Verwendung des Leasinggegenstandes erfolgt[6] und nicht mehr über die Beschaffenheit des Gegenstandes[7]. Der Gesetzgeber hat sich sodann zu folgender Terminologie entschlossen:

– Leasinggeber

– Leasingnehmer

– Leasingsache

– Leasingrate

Im vorliegenden Beitrag wird der Versuch unternommen, sich strikte an diese neue Terminologie zu halten.

Nicht dem nKKG unterstehen also definitionsgemäss Leasingverträge, die

a) mit **juristischen Personen und Handelsgesellschaften** abgeschlossen werden, oder

---

[3] Im geltenden Recht (Art. 2 KKG) gilt als Kreditgeber jede natürliche oder juristische Person, die in Ausübung ihrer gewerblichen oder beruflichen Tätigkeit einen Kredit gewährt. Mit dem neuen Begriff «gewerbsmässig» wollte der Gesetzgeber verhindern, dass auch bereits eine einmalige Tätigkeit als Kreditgeber in Ausübung einer anderweitigen gewerblichen oder beruflichen Tätigkeit ausreicht, um ihn als Kreditgeber i.S. des nKKG zu qualifizieren (vgl. dazu AB S 2000, S. 569); vgl. zum geltenden Recht MARLIES KOLLER-TUMLER, Basler Komm., 1996 N 4–6 zu Art. 2 KKG).

[4] Diese Abgrenzung ergibt sich aus der Definition des Begriffes der Konsumentin oder des Konsumenten in Art. 3 KKG. Hier wurde am Gesetzestext keine Änderung vorgenommen.

[5] Diese positive Umschreibung ist das Korelat zur Definition der Konsumentin oder des Konsumten in Art. 3 KKG. Sie hat keine eigenständige Bedeutung.

[6] Sogenannte subjektive Abgrenzung.

[7] Wie noch im Abzahlungsrecht; sog. objektive Abgrenzung.

b) von **nicht gewerbsmässig** tätigen Kreditgebern angeboten werden (z.B. Leasingvertrag als Einzelfall-Ereignis[8]), oder

c) mit natürlichen Personen abgeschlossen werden, welche die Leasingsache **für berufliche oder gewerbliche Zwecke** brauchen, oder

d) einen Gegenstand betreffen, der **nicht dem privaten Gebrauch** des Leasingnehmers dient, oder

e) im Falle der vorzeitigen Auflösung **keine Erhöhung der Leasingraten** vorsehen.

Und ferner

f) Leasingverträge über Leasingsachen von **weniger als CHF 500.00.–** oder **mehr als CHF 80'000.00.–** Wert (Art. 7 lit. e nKKG)[9] und

g) wenn **weitere Ausschlussgründe** gemäss Art. 7 nKKG vorliegen.

Die Abgrenzung eines Gebrauchs der Leasingsache für **berufliche oder gewerbliche Zwecke** von jenem für konsumtive Zwecke wird in der Lehre danach gezogen, ob die berufliche oder gewerbliche Tätigkeit in **selbständiger oder unselbständiger Tätigkeit** ausgeübt wird[10]. Der klare Wortlaut von Art. 3 nKKG stützt eine solche einschränkende Interpretation allerdings in keiner Art und Weise. Ganz im Gegenteil ist nicht nur eine gewerbliche und damit selbständig ausgeübte Tätigkeit, sondern auch die berufliche Verwendung (auch im Angestelltenverhältnis) dem Anwendungsbereich des nKKG entzogen. Bei Mischnutzung ist darauf abzustellen, ob die Leasingsache überwiegend dem privaten oder dem beruflichen resp. gewerblichen Gebrauch des Leasingnehmers dient. So wird ein als Taxi eingesetzter Personenwagen regelmässig der beruflichen oder gewerblichen Tätigkeit des Leasingnehmers zuzurechnen und der entsprechende Vertrag deshalb vom nKKG auszunehmen sein. Ebenso der Personenwagen eines Handelsagenten.

Koller-Tumler[11] bedauert aus konsumentenpolitischer Sicht, dass nicht auch gleich der sog. small business man, also der Landwirt, der Freiberufler (wie

---

[8] Vgl. dazu die Ausführungen S. 83 f. unten.
[9] Dieser Wert entspricht dem Barkaufpreis, der im Leasingvertrag angegeben wird. Liegt dieser unter CHF 500.00 oder über CHF 80'000.00.–, so ist der Leasingvertrag vom KKG ganz ausgenommen.
[10] KOLLER-TUMLER, a.a.O., N 3 zu Art. 3 KKG; HEINZ HAUSHEER, Anwendungsbereich und Abgrenzungsprobleme des KKG, in Berner Bankrechtstag, Band 1, Bern 1994, S. 57.
[11] a.a.O, N 6 zu 3 KKG.

z.B. ein Anwalt, Arzt und Notar?) sowie Kleingewerbetreibende dem KKG unterstellt seien. Denn auch diese bedürften des Schutzes. Der Gesetzgeber hat aber bei der Revision des KKG auf eine solche Ausweitung des Anwendungsbereiches des nKKG verzichtet.

2. Ausmass der Unterstellung

Das KKG wurde seinerzeit im Rahmen des sogenannten Swiss-Lex-Programmes nach der verlorenen EWR-Abstimmung im Sinne eines autonomen Nachvollzuges von EU-Recht analog der EG-Verbraucherkreditrichtlinie ausgestaltet[12]. Es enthält deshalb Begriffsdefinitionen und gleichzeitig in gutschweizerischer Gesetzgebungstradition auch Legaldefinitionen. In Art. 7 nKKG (im geltenden Recht Art. 6 KKG) sind deshalb sogenannte **Bereichsausnahmen** definiert, neu nun als «Ausschluss» bezeichnet. Gemeint ist ein Ausschluss des Anwendungsbereiches des nKKG. In Art. 8 nKKG wurden sodann für die Kredit- und Kundenkarten einerseits, aber auch für das Leasing andererseits **Einschränkungen des Anwendungsbereiches** des KKG definiert (sogenannte **Einschränkungen**). Der Gesetzgeber hat damit den Besonderheiten der genannten Vertrags- und Geschäftsarten gegenüber dem Konsumkredit klassischer Ausprägung Rechnung getragen.

Für die dem nKKG unterstellten Leasingverträge gelten demnach nur **einzeln aufgeführte Gesetzesbestimmungen**, nämlich die Art. 11, 13–16, 17 Abs. 3, 18 Abs. 2 und 3, 19–21, 26, 29, 31–35, 37 und 38 nKKG[13]. Klar ist, dass auch alle Begriffbestimmungen in den Art. 1–6 nKKG zu beachten sind und insofern auch für Leasingverträge Gültigkeit haben.

Die Kombination einer Legaldefinition, welche nur Privat-Leasingverträge mit nachträglicher Erhöhung der Leasingrate dem KKG unterstellt, mit einer Aufzählung von einzelnen anwendbaren Bestimmungen (sog. positive Enumeration) scheint den Bedürfnissen nach Rechtssicherheit entgegenzukommen.

---

[12] FELIX SCHÖBI, Das Bundesgesetz vom 8. Oktober 1993 über den Konsumkredit – Entstehungsgeschichte sowie Verhältnis zum Obligationenrecht und zur kantonalen Gesetzgebung. Berner Bankrechttag, Band 1, Bern 1994, S. 25.
[13] Vgl. die Aufzählung in Art. 8 Abs. 1 nKKG.

III. Eckdaten zur Vertragsgestaltung und Geschäftsabwicklung

1. Formvorschriften

1.1. Vorbehalt der Schriftlichkeit (Art. 11 nKKG)

Gemäss Art. 11 nKKG sind Leasingverträge **schriftlich** abzuschliessen. Dies bedeutet, dass die Verträge zwar vorgedruckt werden dürfen, aber von den Vertragsparteien **eigenschriftlich zu unterzeichnen** sind[14]. Die bisher von den Parteien gewählte Form der Schriftlichkeit wird nun durch eine gesetzlich vorgeschriebene ersetzt. Dies ändert allerdings nichts Grundsätzliches an der bisherigen Vertragspraxis, wurden doch schon bisher in der Leasingbranche ausschliesslich schriftliche Verträge verwendet.

1.2. Vertragskopie an Leasingnehmer (Art. 11 nKKG)

Gemäss ausdrücklicher Gesetzvorschrift (Art. 11 Abs. 1, 2. Halbsatz nKKG) muss der Leasingnehmer eine Kopie des Vertrages erhalten. Dem Leasingnehmer steht gemäss Art. 16 nKKG ein Widerrufsrecht innerhalb von 7 Tagen nach Erhalt der Vertragskopie zu. Es dürfte von Vorteil sein, wenn sich der Leasinggeber die **Zustellung der Vertragskopie quittieren** lässt oder diese per **Einschreiben** vornimmt. Zwar hat der Leasingnehmer die Einhaltung der Widerrufsfrist zu beweisen (wobei das Datum des Poststempels gemäss Gesetzestext genügt), der Leasinggeber hat aber die Einhaltung der Formvorschrift zu dokumentieren, dass nämlich der Leasingnehmer eine Kopie des Vertrages erhalten hat.

Der Gesetzeswortlaut hält ferner fest, dass der Leasingnehmer lediglich eine **Kopie des Vertrages** zu erhalten hat. Auf dieser müssen somit keine Originalunterschriften der Vertragsparteien enthalten sein, wohl aber müssen die Unterschriften auf dem Originalvertrag mit kopiert sein. Der Gesetzgeber hätte sonst die Aushändigung eines unterzeichneten Vertragsdoppels vorbehalten müssen. Dies erlaubt die Zusendung lediglich einer Kopie des beidseitig unterzeichneten Leasingvertrages.

---

[14] Es gilt Art. 11 OR und die dazu bekannte Judikatur und Literatur. Vgl. SIMMEN vorne S. 45 ff. mit Hinweisen.

1.3. Elemente der Kreditfähigkeitsprüfung (Art. 11 nKKG)

Gemäss Art. 11 Abs. 2 lit. h nKKG hat der Leasingvertrag die Elemente zu enthalten, die der Kreditfähigkeitsprüfung zugrunde gelegt worden sind. Einzelheiten können dabei in einem **vom Leasingvertrag getrennten Schriftstück** festgehalten werden, welches einen integrierenden Bestandteil des Vertrages bildet. Daraus sind folgende **formellen Anforderungen** abzuleiten:

- Es sind die **Elemente** der Kreditfähigkeitsprüfung **im Leasingvertrag** selbst festzuhalten;

- Die **Einzelheiten** können in einem **separaten Schriftstück** gefasst werden; die Kann-Vorschrift bezieht sich lediglich auf ein separates Schriftstück, die Einzelheiten müssen entweder im Vertrag oder im separaten Schriftstück (nicht nur elektronisch) erfasst werden; unter Einzelheiten sind die **konkreten Angaben des Leasingnehmers** zu seinen persönlichen Verhältnissen zu verstehen;

- Das Schriftstück ist **integrierender Bestandteil** des Leasingvertrages und kann dem Leasingnehmer **separat ausgehändigt** werden.

Das Schriftstück kann deshalb identisch sein mit einem vom Leasingnehmer vorteilhafterweise **unterzeichneten Antragsformular**, in welchem seine konkreten Angaben über Wohnsitz, Beruf, Einkommen etc. enthalten sind. Obwohl nicht notwendig, empfiehlt es sich, dieses Formular vom Leasingnehmer unterschreiben zu lassen. Nur so hat der Leasinggeber eindeutig Angaben des Leasingnehmers über vertragsrelevante Daten zur Kreditfähigkeitsprüfung in der Hand, auf welche er sich gemäss ausdrücklicher Gesetzesvorschrift (Art. 31 nKKG) verlassen darf[15].

1.4. Zustimmung des gesetzlichen Vertreters (Art. 13 nKKG)

Gemäss Art. 13 nKKG bedarf der Vertrag zu seiner Gültigkeit der **schriftlichen Zustimmung** des gesetzlichen Vertreters, wenn der Konsument **minderjährig** ist. Die Zustimmung ist spätestens **bei Vertragsunterzeichnung** durch den Leasingnehmer abzugeben.

Nicht notwendig ist die Zustimmung des Ehegatten zum Vertragsabschluss. Dieses Postulat wurde nach einlässlichen Diskussionen abgelehnt[16].

---

[15] Vgl. dazu die Ausführungen unten S. 82.
[16] Vgl. dazu AB N 1999, 1891 ff.; AB S 2000, S. 571 f.; AB N 2000, S. 1559 ff.; anders noch Art. 226b Abs. 1 OR für das Abzahlungsrecht, das aber durch das nKKG aufgehoben wird.

2. Vorschriften zum Vertragsinhalt

2.1. Mindestinhalt (Art. 11 nKKG)

Gemäss Art. 11 nKKG hat der Leasingvertrag folgenden Inhalt aufzuweisen:

a) die **Beschreibung der Leasingsache** und ihren **Barkaufpreis** im Zeitpunkt des Vertragsabschlusses[17];

b) die Anzahl, Höhe und Fälligkeit der **Leasingrate**[18];

c) die Höhe einer allfälligen **Kaution**;

d) den Hinweis auf verlangte **Versicherungen** und, falls die Wahl des Versicherers nicht dem Leasingnehmer zusteht, die Versicherungskosten;

e) den **effektiven Jahreszins**;

f) den Hinweis auf das **Widerrufsrecht** und die **Widerrufsfrist**;

g) eine nach anerkannten Grundsätzen erstellte **Tabelle**, aus der hervorgeht, was der Leasingnehmer bei einer vorzeitigen Beendigung des Leasingvertrages zusätzlich zu den bereits entrichteten Leasingraten zu bezahlen hat und welchen Restwert die Leasingsache zu diesem Zeitpunkt aufweist.

h) die **Elemente**, die **der Kreditfähigkeitsprüfung** zu Grunde gelegt worden sind, wobei Einzelheiten in einem separaten Schriftstück enthalten sein können (z.B. in einem Antragsformular); dieses bildet dann integrierenden Bestandteil des Vertrages.

---

[17] Für die Beschreibung der Leasingsache und die Angabe des Barkaufpreises wird im Gesetz explizit auf den Zeitpunkt des Vertragsabschlusses abgestellt. Sinngemäss muss dies aber auch für die weiteren Angaben gemäss den folgenden Buchstaben b) bis h) gelten, insbesondere Leasingrate und effektiver Jahreszins. Denn Inhaltsvorschriften können sich nur auf bekannte Tatsachen beziehen und diese müssen in einem bestimmten Zeitpunkt, nämlich beim Vertragsabschluss, bekannt sein (im Resultat für die Frage der Deckung des Kredites im Sinne von Art. 7 Abs. 1 Bst. a und b nKKG gleicher Meinung SCHÖBI vorne S. 15 und SIMMEN vorne S. 52 f.).

[18] Vorbehalte bezüglich Preisänderungen und dementsprechende Anpassungen von Leasingraten und effektivem Jahreszins sind auch bei Leasingverträgen zulässig, wenn sie transparent sind und klar aufzeigen, wie diesfalls der Barkaufpreis, die Leasingrate und der effektive Jahreszins ändern. Dies in sinngemässer Anwendung von Art. 9 Abs. 2 Bst. d nKKG.

Von besonderem Interesse ist, was unter den «**nach anerkannten Grundsätzen erstellten Tabelle**» gem. Art 11 lit. g nKKG zu verstehen ist. Hier ist der Schweizerische Leasingverband (SLV) in Zusammenarbeit mit Automobilverbänden gefordert, Standards zu setzen. Der Bundesrat wird dazu kaum eine Verordnung erlassen, sondern die Definition der anerkannten Grundsätze richtigerweise der Praxis überlassen[19].

Solche Grundsätze müssen möglichst praxisnah definiert werden. In Frage kommt eine **Festlegung von Kriterien**, nach denen eine solche Tabelle erstellt werden kann. Beim Autoleasing sind je nach Fahrzeugmarke und -typ recht verschiedene Amortisationsverläufe denkbar. Sodann gibt es Leasinggeber, die eine eher beschränkte Modellpalette verleasen, und andere, die eigentlich alle Fahrzeugmarken berücksichtigen. Die Grundsätze müssen sodann nicht nur für Autoleasing, sondern auch für andere Konsumgüter tauglich sein. Es wird also notwendig sein, in erster Linie **allgemeine Kriterien** zu nennen, nach welchen die Tabellen aufgebaut sein sollten, nämlich mindestens folgende:

– **Wertverlust** der Leasingsache gemessen an der Benützungsdauer,

– **Preiskategorie** der Leasingsache,

– **Ausstattung** der Leasingsache,

– und (bei Fahrzeugen) **Kilometerleistung** resp. (bei Maschinen) **Betriebsstunden**.

Soweit es technisch möglich ist, wäre es der Transparenz dienlich, wenn eine Mustertabelle mit festen Werten erstellt werden könnte. Eine solche verbindliche Zahlentabelle könnte allerdings nur Durchschnittswerte enthalten und müsste notwendigerweise eine sehr vorsichtige, also grosse Amortisation vorsehen. Dies könnte das Leasing gegebenenfalls unnötig verteuern. Immerhin ist es denkbar, dass wenigstens für Automobile in Zusammenarbeit mit spezialisierten Bewertungsunternehmen eine Durchschnittsprognose für die künftige Wertentwicklung der Leasingfahrzeuge ermittelt werden kann. Klar ist aber, dass **in den Verträgen transparente Tabellen** enthalten sein müssen, die direkt Auskunft über die nachträgliche Erhöhung der Leasingraten zu geben hat. Eine textliche Berechnungsformel, welche in

---

[19] Der SLV ist derzeit (Sommer 2002) daran, solche Grundsätze zu erarbeiten. Sie werden zu gegebener Zeit auf der Homepage des Verbandes abrufbar sein unter www.leasingverband.ch. Im Entwurf der bundesrätlichen Verordnung sind tatsächlich keinerlei Hinweise auf Kriterien für die Erstellung von Tabellen enthalten.

einer Vertragsklausel enthalten ist, kann vor der klaren Gesetzesvorschrift nicht mehr bestehen.

2.2. Effektiver Jahreszins und Höchstzinssatz (Art. 6, 14 und 33 f. nKKG)

Auch für unterstellte Leasingverträge gilt neu, dass der im Anhang zum KKG als mathematische Formel definierte **effektive Jahreszins im Vertrag angegeben** werden muss. Dieser darf den vom Bundesrat festgesetzten Höchstzinssatz[20] nicht übersteigen.

Welche Elemente der Berechnung des effektiven Jahreszinses bei Leasingverträgen zu Grunde zu legen sind, bestimmt Art. 33 Abs. 4 nKKG, nämlich:

– Barkaufpreis der Leasingsache bei Vertragsabschluss (**Kalkulationsbasis**),

– Barkaufpreis der Leasingsache bei Vertragsende (**Restwert**) sowie

– die einzelnen Tilgungszahlungen (**Leasingraten**).

Dies entspricht den bisherigen Empfehlungen des Schweizerischen Leasingverbandes, nämlich im Leasingvertrag immer auch den Restwert am Ende der vorgesehenen Leasingdauer anzugeben.

Die **massgeblichen Kosten** für die Berechnung des effektiven Jahreszinses sind in Art. 34 nKKG aufgeführt. Für das Leasing ist speziell auf Art. 34 Abs. 4 nKKG zu verweisen: es wurde dort klargestellt, dass als solche in die Berechnung des effektiven Jahreszinses einzubeziehenden Versicherungskosten nur sog. **Restschuldversicherungen, nicht aber Sachversicherungen (z.B. Vollkasko)** gelten. Denn die Voraussetzungen, unter denen eine Versicherung in die Kosten einzuberechnen ist, müssen laut ausdrücklicher Gesetzesvorschrift kumulativ erfüllt sein. Im übrigen darf auf die einzelnen Bestimmungen verwiesen werden.

Zu betonen ist, dass der **effektive Jahreszins** als Formel dem KKG angefügt ist. Dies war für Konsumkredite heute schon so. Die Berechnungsformel setzt voraus, dass der im Vertrag verlangte Zins schon bekannt ist. Die Leasinggeber können also nach der von ihnen bisher angewendeten Metho-

---

[20] Laut dem Entwurf der bundesrätlichen Verordnung zum nKKG beträgt der Höchstzinssatz 15%.

de[21] den Zins berechnen, haben aber den effektiven Jahreszins, der sich bei dieser Berechnungsart ergibt, auszurechnen und im Vertrag anzugeben. Nur so ist für den Leasingnehmer ein Vergleich verschiedener Angebote möglich[22].

2.3. Widerrufsrecht (Art. 16 nKKG)

Der Leasingnehmer kann den Leasingvertrag innert einer Frist von **7 Tagen nach Erhalt des Vertragsdoppels** widerrufen. Die Frist ist eingehalten, wenn die Erklärung des Widerrufs am letzten Tag der Frist der Post abgegeben wird[23]. Damit wird die Frist faktisch noch einmal um 2–3 Tage verlängert. Anzugeben ist im Leasingvertrag selbst auch die Widerrufsfrist, wohl aber nicht die Art und Weise, wie diese eingehalten werden kann. Immerhin liessen sich hier vertragliche Bestimmungen aufstellen, soweit sie die Rechte des Leasingnehmers nicht einschränken.

Der Widerruf hat gemäss ausdrücklicher Gesetzesbestimmung **schriftlich** zu erfolgen. Ein mündlicher Widerruf oder ein solcher per E-Mail wäre in Anbetracht der Lehre und Praxis zu Art. 11 OR zumindest im heutigen Zeitpunkt (Juli 2002) nicht genügend, es sei denn, dass eine solche Erleichterung im Leasingvertrag zugunsten des Leasingnehmers ausdrücklich vorbehalten wäre[24].

Leider hat es der Gesetzgeber abgelehnt, eine im Abzahlungsvertragsrecht enthaltene Regelung zu übernehmen: Benutzte der Abzahlungskäufer die ihm schon während laufender Widerrufsfrist übergebene Kaufsache zu mehr als der üblichen Prüfung, so konnte er das Widerrufsrecht nicht mehr ausüben[25]. Dies erlaubte einem Abzahlungskäufer, selbst ausdrücklich oder durch sein Handeln auf das Widerrufsrecht zu verzichten. Neu wird gelten, dass auch eine intensive Nutzung der Leasingsache das Widerrufsrecht nicht tangiert. Dies ergibt folgende **Schlussfolgerungen** für den vorsichtigen Leasinggeber:

– **Abschluss** des Leasingvertrages **vor Auslieferung** der Leasingsache und

---

[21] Zum Beispiel annuitätisch.
[22] So auch KOLLER-TUMLER, a.a.O., N 11 zu Art. 8 KKG.
[23] Datum des Poststempels.
[24] Vgl. SIMMEN vorne S. 59 f. insbesondere mit weiteren Hinweisen zur Fristberechnung.
[25] Vgl. Art. 226c Abs. 2 OR.

– Zustellung des Vertragsdoppels so früh an den Leasingnehmer, dass dieser mindestens **10 Tage vor Übernahme** der Leasingsache im **Besitz der Vertragskopie** ist.

Die bisher geübte Praxis, den Leasingvertrag vom Leasingnehmer bei Übernahme des Fahrzeuges beim Garagisten unterzeichnen zu lassen, beinhaltet immer das Risiko, dass der Leasingnehmer später sein Widerrufsrecht ausübt. Diesfalls hat eine Rückabwicklung stattzufinden, wobei **für Leasingverträge Art. 40f OR anwendbar** ist. Der Leasingnehmer schuldet einen «angemessenen Mietzins», falls er die Leasingsache während der Widerrufsfrist bereits benützt hat. Ob dies der ganze Wertverlust des Fahrzeuges sein kann, hängt davon ab, ob der Leasingnehmer die Leasingsache zeitgleich mit der Widerrufserklärung an den Leasinggeber zurückgibt. In diesem Falle wird eine angemessene Miete wohl am Tarif einer Vermietungsunternehmung (bei einem Auto also eines Autovermieters) gemessen werden müssen. Benutzt der Leasingnehmer die Leasingsache aber trotz Widerrufs weiter, so verliert er seinen guten Glauben, der für eine Forderung aus ungerechtfertigter Bereicherung erforderlich ist und haftet von da an gemäss Art. 97 ff. OR für die volle Wertverminderung oder den Untergang der Leasingsache[26].

2.4. Vorzeitige Rückzahlung (Art. 17 nKKG)

Gem. Art. 17 Abs. 3 nKKG kann der Leasingnehmer den Vertrag unter Einhaltung einer Frist von **30 Tagen auf das Ende einer dreimonatigen Leasingdauer kündigen**[27]. Der Leasingnehmer hat Anspruch auf Erlass der Zinsen und eine angemessene Ermässigung der Kosten, die auf die nicht beanspruchte Leasingdauer entfallen. Der Leasinggeber hat Anspruch auf Entschädigung gemäss der im Vertrag integrierten Tabelle.

Damit wird eine Regelung getroffen, die der (falschen) Auslegung von Art. 266k OR durch nicht publizierte Entscheide eines Einzelrichters am Bezirksgericht Zürich diametral widerspricht[28]. Dies ist mit der Definition der

---

[26] So insbesondere RAINER GONZENBACH, Basler Komm., 2. Auflage, N 3 zu Art. 40f OR.
[27] Der Wortlaut stimmt mit Art. 266k OR überein. Es ist somit auch hier anzunehmen, dass es sich bei der Frist um eine Maximalfrist und beim Termin um einen Mindesttermin handelt. Vgl. HIGI, Berner Komm., N 19 ff. zu Art. 266k OR und ROGER WEBER/PETER ZIELMANN, Basler Komm., 2. Auflage, N 3 zu Art. 266k OR.
[28] Der Einzelrichter war der Auffassung, dass Art. 266k OR eine Erhöhung der Leasingraten bei vorzeitiger Kündigung des Leasingvertrages verbiete. Er verkannte dabei, dass die Erhöhung der Leasingzinsen nicht eine Entschädigung der Leasinggesellschaft darstellt, sondern den Eintritt eines Verlustes bei der Leasinggesellschaft verhindert.

dem KKG unterstellten Leasingverträge kongruent: Es unterstehen dem KKG nur jene Verträge, die eine solche nachträgliche Erhöhung der Leasingraten kennen; alle übrigen Verträge kennen eine solche Entschädigung nicht und können von vorneherein Art. 266k OR nicht verletzen. Die unfruchtbare Diskussion rund um Art. 266k OR findet damit quasi automatisch ein Ende.

2.5. Verzug des Leasingnehmers (Art. 18 nKKG)

Der Leasinggeber kann gem. Art. 18 Abs. 2 nKKG vom Vertrag zurücktreten, wenn Teilzahlungen ausstehend sind, die **mehr als drei monatliche Leasingraten** ausmachen. Diese Regelung ist sinnvoller, als eine Kombination von ausstehenden Raten mit einem bestimmten Prozentsatz des Barkaufpreises, wie dies das Abzahlungsvertragsrecht[29] noch vorgesehen hat. Es ist davon auszugehen, dass für eine effiziente Inkasso-Praxis keine unüberwindlichen Schwierigkeiten entstehen werden. Es ist klar zu betonen, dass ein früherer Vertragsrücktritt vor Ausstand von vier monatlichen Leasingraten («mehr als drei monatliche Leasingraten») nicht zulässig ist. Entsprechende Vertragsbestimmungen wären also nichtig.

2.6. Einreden (Art. 19 nKKG)

Der Leasingnehmer hat neu das unabdingbare Recht, Einreden aus dem Leasingvertrag **gegenüber jedem Abtretungsgläubiger** selbst geltend zu machen. Dies ist insbesondere beim sogenannten **Vertriebsleasing** von Bedeutung. Es wird also nicht mehr möglich sein, einen Einredenausschluss zugunsten des Zessionars zu vereinbaren. Der Leasinggeber im Rahmen von Vertriebsleasing mit Konsumenten wird sich dessen bewusst sein müssen.

2.7. Verbot von Zahlung und Sicherheit in Form von Wechseln und Checks (Art. 20 nKKG)

Auch für Leasingverträge gilt inskünftig das Verbot, Zahlungen in Form von Wechseln (inkl. Eigenwechsel) oder Sicherheiten in Form von Wech-

---

[ ] Ein solcher Verlust entsteht dadurch, dass die von den Parteien vereinbarte maximale Vertragslaufzeit durch die Ausübung der Kündigung unterschritten wird. Dies bewirkt aufgrund der degressiv verlaufenden Wertminderung der Leasingsache, namentlich bei Automobilen, einen Ausfall bei der Leasinggesellschaft zufolge früherer Wiederverwertung der Leasingsache, als ursprünglich angenommen. Bezüglich des Anwendungsbereiches von Art. 266k OR.

[29] In Art. 266h OR.

seln und Checks anzunehmen. Solche Papiere sind insofern für den Leasinggeber nicht nur wertlos, als sie vom Leasingnehmer jederzeit zurückverlangt werden können. Der Leasinggeber haftet ferner für den Schaden, welcher dem Leasingnehmer aus der Begebung des Wechsels oder Checks entstanden ist. Diese bereits geltendes Recht bildende Bestimmung[30] wird kaum von grösserer Relevanz sein und wird hier der Vollständigkeit halber erwähnt. Die Regelung gilt selbstverständlich unabhängig davon, ob entsprechende Bestimmungen im Leasingvertrag aufgeführt sind oder nicht.

2.8. Mangelhafte Erfüllung des Erwerbsvertrages (Art. 21 nKKG)

Neu gilt auch im Konsumentenleasing der sogenannte **Einrede-Durchgriff**. Der Leasingnehmer kann also unter bestimmten restriktiven Bedingungen dem Leasinggeber gegenüber die gesetzlichen Rechte geltend machen, wie ein Barkäufer gegenüber dem Lieferanten. Dies wird vor allen Dingen Gewährleistungsansprüche betreffen.

Der Wortlaut von Art. 21 Abs. 1 nKKG[31] **passt nicht zum Leasinggeschäft**. Denn der Leasingnehmer schliesst keinen Vertrag im Hinblick auf den Erwerb der Leasingsache ab. Nachdem aber Art. 8 Abs. 1 klar auch auf Art. 21 nKKG verweist, ist jedoch eine mindestens **sinngemässe Anwendung** vom Gesetzgeber direkt angeordnet worden.

Die **Voraussetzungen**, die für einen solchen Durchgriff **kumulativ** erfüllt sein müssen, sind die folgenden:

– Leasinggeber und Lieferant treffen eine **Abmachung**, wonach Leasingverträge mit Kunden dieses Lieferanten **ausschliesslich** vom Leasinggeber gewährt werden;
– Leasinggeber und Leasingnehmer schliessen den Leasingvertrag **im Rahmen dieser Abmachung** ab;
– die Sache wird nicht oder nur **teilweise geliefert** oder **entspricht nicht dem Liefervertrag** (sogenannte Leistungsstörungen);
– der Leasingnehmer hat seine **Rechte** gegenüber dem Lieferanten **erfolglos geltend gemacht**;
– der **Betrag** des betreffenden Einzelgeschäftes liegt **über CHF 500.00**.

---

[30] Vgl. Art. 14 KKG.
[31] Der dem geltenden Recht entspricht; vgl. Art. 15 KKG.

Eine grosse Hürde ist schon die erste Voraussetzung der **Ausschliesslichkeit** der Abmachung zwischen Lieferant und Leasinggeber. Laut Koller-Tumler[32] soll bereits ein überwiegendes oder häufiges Zusammenwirken zwischen Lieferant und Leasinggeber diese Voraussetzung eintreten lassen. Die Autorin bezeichnet das Ausschliesslichkeitserfordernis als eigentliche Nagelprobe von Art. 15 KKG. Sie stösst sich daran, dass der klare und eindeutige Gesetzeswortlaut ein ausschliessliches Zusammenwirken als Voraussetzung stipuliert und versucht sich in einer Auslegung contra legem, welche sich nicht stützen lässt. Nur bei einem ausschliesslichen Zusammenwirken (nicht nur einer diesbezüglichen Abmachung) zwischen Lieferant und Leasinggeber kann der Einredendurchgriff greifen.

Der Leasingnehmer kann sodann nur **Rechte gegenüber dem Leasinggeber** geltend machen, die ihm **aufgrund von Leistungsstörungen** aus nicht erfolgten, nicht rechtzeitigen, nicht vollständigen oder mangelhaften Vertragserfüllung zustehen. Soweit ersichtlich, ist der in Kraft stehende Art. 15 KKG in der Praxis noch kaum genügend präzisiert. Koller-Tumler[33] ist der Auffassung, es genüge, wenn ein Vorgehen gegen den Lieferanten unzumutbar sei, es müsse nicht erfolglos der Prozessweg beschritten sein. Im Autoleasing dürfte diese Gesetzesbestimmung zusammen mit dem Erfordernis, dass der Leasingnehmer die Rechte gegenüber dem Lieferanten erfolglos geltend gemacht haben muss, von Relevanz sein: Die vom Lieferanten sowohl dem Barkäufer als auch dem Leasingnehmer gewährte **Herstellergarantie** ist mit dem Fahrzeug verbunden und kann vom Leasingnehmer direkt gegenüber dem Lieferanten resp. dem Hersteller geltend gemacht werden. In der Praxis ist es heute schon so, dass in solchen Fällen der Leasinggeber Hilfestellung leistet und seinen Beitrag dazu erbringt, die Situation so schnell als möglich zu lösen. Immerhin wird Art. 21 nKKG im Falle von Leistungsstörungen dem Leasingnehmer eine Rechtfertigung bieten, sowohl Leasingraten nicht mehr zu bezahlen, als auch zu versuchen, weitere Ansprüche geltend zu machen. Die Leasinggeber sind deshalb gut beraten, sich intensiv mit dieser Thematik auseinander zu setzen. Insbesondere eine **Absicherung gegenüber dem Lieferanten** zur Entlastung für allfällige Inanspruchnahme seitens des Leasingnehmers ist unabdingbar.

2.9. Kreditvermittlung (Art. 35 nKKG)

Aufgrund ausdrücklicher Gesetzesbestimmung schuldet der Leasingnehmer dem Kreditvermittler **für die Vermittlung des Leasingvertrages kei-**

---

[32] a.a.O., N 9 zu Art. 15 KKG.
[33] a.a.O., N 13 zu Art. 15 KKG.

ne Entschädigung. Die Aufwendungen der Leasinggeberin für die Vertragsvermittlung bilden **Teil der Gesamtkosten** im Sinne von Art. 5 und 34 Abs. 1 nKKG und fliessen demnach in den Zins ein, der maximal den effektiven Jahreszins betragen darf. Solche Kosten dürfen dem Leasinggeber nicht gesondert in Rechnung gestellt werden.

3. Gesetzliche Pflichten des Leasinggebers

3.1. Meldepflicht (Art. 26 nKKG)

Bei der Informationsstelle, die von den Kreditgeberinnen einzurichten ist, haben die Leasinggeber alle Verträge zu melden und zwar gemäss Art. 26 nKKG die **Höhe der Leasingverpflichtung**, die **Vertragsdauer** und den **Betrag der monatlichen Leasingraten**. Ebenfalls zu melden sind **Ausstände mit drei Leasingraten**. Dies ist erheblich weniger, als heute von der bestehenden Kreditinformationsstelle ZEK in ihren Reglementen vorgeschrieben wird. Die gesetzlichen Vorschriften sind aber als Mindeststandard zu betrachten.

3.2. Kreditfähigkeitsprüfung (Art. 29 nKKG)

Für Leasingverträge gilt gem. Art. 29 nKKG eine **erleichterte Kreditfähigkeitsprüfung**. Der Gesetzgeber hat damit dem Umstand Rechnung getragen, dass ein Leasingnehmer maximal die vereinbarten Leasingraten bis zur ersten Kündigungsmöglichkeit zuzüglich einer Entschädigung zu zahlen hat, die sich nach der im Vertrag integrierten Tabelle richtet. Es besteht also eine Art Realsicherheit für den überwiegenden Teil des Gesamtengagements. Der Leasingnehmer muss nicht wie ein Darlehensnehmer den ganzen geliehenen Betrag zuzüglich Zinsen und Kosten zurückzahlen. Es rechtfertigt sich deshalb gemessen am deutlich reduzierten Überschuldungsrisiko, eine gegenüber Privatkrediten erleichterte Kreditfähigkeitsprüfung für Leasingverträge einzuführen. Das Gleiche gilt im übrigen aus anderen Gründen für Kredit- und Kundenkarten[34].

Die **Kreditfähigkeit ist bei Leasingnehmern** zu bejahen, wenn diese die Leasingraten **ohne Beanspruchung des nicht pfändbaren Teils des Ein-

---

[34] Vgl. dazu Art. 30 nKKG.

kommens nach Art. 28 Abs. 2 und 3 finanzieren können oder wenn **Vermögenswerte**, die dem Leasingnehmer gehören, die Zahlung der **Leasingraten sicherstellen**. Dabei ist nicht etwa eine Verpfändung oder eine Hinterlegung von solchen Vermögenswerten erforderlich, sondern nur (aber immerhin) das Vorhandensein von Vermögen[35], welches ein solches Engagement erlaubt. Die Kreditfähigkeit ist für jede einzelne natürliche Person zu prüfen, die sich als Kreditnehmer verpflichten will. Bei Solidarschuldnerschaft, die grundsätzlich möglich ist, muss demzufolge das Engagement auch vom schwächeren Vertragspartner alleine erfüllt werden können. Dies bedeutet, dass keine Kumulation der Kreditfähigkeit der beiden Personen stattfinden kann[36].

Dies bedeutet, dass der Leasinggeber dann ein **Budget zu erstellen** hat, wenn das Vermögens des Leasingnehmers nicht von vornherein die Summe aller Leasingraten abdeckt. Dieses Budget muss etwa wie folgt aussehen[37]:

– **betreibungsrechtliches Existenzminimum** nach den Grundsätzen des Wohnsitzkantons des Leasingnehmers,

– zuzüglich die **effektiven Wohnungskosten**, soweit sie nicht schon im Existenzminimum enthalten sind,

– zuzüglich die nach **Quellensteuertabelle** am Wohnsitz des Leasingnehmers **geschuldeten Steuern** (gilt auch für Schweizer oder Niedergelassene) und

– zuzüglich die bei der Informations-Stelle **gemeldeten Kreditraten**.

Die Leasingrate muss in der Differenz zum monatlichen Einkommen Platz haben oder durch Vermögenswerte des Leasingnehmers gedeckt sein. Das

---

[35] Das Vermögen muss nicht in Form von sofort liquiden Mitteln vorhanden sein. Es kann auch in zuerst zu verwertenden Wertschriften oder gar Immobilien bestehen.

[36] Währenddem beim Barkredit durch Ausgabe von zwei Darlehen eine gewisse Kumulation der Kreditfähigkeit stattfinden kann, ist dies beim Leasingvertrag kaum möglich, weil sich die Leasingsache nicht teilen lässt. Damit entstünde das Resultat, dass beim (ungesicherten) Barkredit eine höhere Verschuldung zulässig wäre, als bei dem mit Blick auf die Überschuldungsgefahr als weniger bedeutend angesehenen Leasingvertrag. Aus diesem Grunde führte der Gesetzgeber eine erleichterte Kreditfähigkeitsprüfung bei Leasingverträgen ein. Dies würde sich bei einer strikten Anwendung der eben erwähnten Grundsätze bei der Solidarschuldnerschaft allerdings ins Gegenteil verkehren, was nicht der ratio legis entspräche.

[37] Vgl. zum Nachstehenden vertieft SIMMEN vorne S. 51 ff. insbesondere mit Angaben betreffend die kantonalen betreibungsrechtlichen Existenzminima und die Anwendung der Quellensteuertabellen.

Vermögen muss dabei den nicht durch das monatliche Einkommen abgedeckten Teil der monatlichen Leasingraten in ihrer Gesamtheit decken. Das Vermögen ist nicht beim Leasinggeber zu halten[38].

Diese Erfordernisse der Kreditfähigkeitsprüfung bedeuten, dass der Leasinggeber alle Angaben zu den **persönlichen Verhältnissen des Leasingnehmers** haben muss, namentlich Zivilstand, Anzahl Kinder, Rechtsfolgen aus Scheidungs- und Trennungsurteilen, Höhe der Krankenkassenprämien, Mietzinsen etc. Nachdem jeder Kanton seine eigene Berechnungsart für das Existenzminimum hat, sind ganz erhebliche Zusatzbelastungen im Rahmen der Vertragsabwicklungen gegeben. Kommt hinzu, dass jeder Kanton auch einen eigenen **Quellensteuertarif** kennt. Dieser umfasst als integrierter Tarif sowohl die direkten Bundessteuern, als auch das kantonale Mittel der jeweiligen Steuertarife. Er ist sodann nach Zivilstand und Anzahl Kindern, für die der Steuerpflichtige aufkommen muss, abgestuft. Auch hier besteht ein erheblicher Aufwand im Zusammenhang mit einer sauberen Abklärung der Kreditfähigkeit der Leasingnehmer.

Der Leasinggeber darf sich gemäss Art. 31 nKKG auf die **Angaben des Leasingnehmers** zu diesen Einzelpositionen verlassen, sofern sie nicht offensichtlich unrichtig sind oder denjenigen der Info-Stelle widersprechen. Im Zweifelsfalle[39] muss eine Überprüfung an Hand von einschlägigen amtlichen oder privaten Dokumenten erfolgen[40].

---

[38] Ist dies jedoch der Fall, so würde der Leasingvertrag ganz aus dem Geltungsbereich des KKG herausfallen, falls das Vermögen das gesamte Leasingengagement decken würde. Denn dann greift der generelle Ausschluss in Art. 7 Abs. 1 lit. b nKKG, wonach das Gesetz namentlich nicht gilt für Kreditverträge, die durch hinterlegte bankübliche Sicherheiten oder durch ausreichende Vermögenswerte, welche die Konsumentin oder der Konsument bei der Kreditgeberin hält, gedeckt sind. Vgl. den geltenden Art. 6 Bst. b KKG, welcher das Erfordernis des Haltens von Vermögenswerten beim Kreditgeber nicht kennt.

[39] Ein solcher Zweifelsfall liegt nur dann vor, wenn der Leasinggeber im Zeitpunkt des Vertragsabschlusses tatsächlich Zweifel hat. Dies kann dann der Fall sein, wenn die Angaben des Leasingnehmers nicht mit jenen bei der zentralen Kreditinformationsstelle übereinstimmen. Nicht genügend sind blosse Anhaltspunkte, welche gegebenenfalls einen Zweifel rechtfertigen könnten. Jedenfalls ist in einem Zweifelsfalle zugunsten des Leasinggebers zu entscheiden und dabei zur berücksichtigen, dass ein Richter seine Beurteilung erst dann vornimmt, wenn die Angaben sich als ganz oder teilweise falsch herausgestellt haben. Eine solche Beurteilung ex post hat sich strikte danach zu richten, ob der Leasinggeber im Zeitpunkt des Vertragsabschlusses wirklich einen (effektiven) Zweifel an der Richtigkeit der Angaben hatte oder nicht.

[40] z.B. Betreibungsregisterauszug oder Lohnabrechnung.

Für Leasingverträge gelten insbesondere die Regeln betreffend fiktiver Vertragslaufzeit des Art. 28 nKKG nicht. Diese verlangen, dass das vom Kreditnehmer eingegangene Engagement unabhängig von der effektiv vereinbarten Vertragslaufzeit innert 36 Monaten zurückgeführt werden kann.

3.3. Werbung (Art. 36 nKKG i.V.m. Art. 3 Bst. l und n UWG)

Für Werbevorschriften verweist Art. 36 nKKG direkt auf das Bundesgesetz gegen den unlauteren Wettbewerb (UWG). Dort wird in Art. 3 Bst. l als unlauter bezeichnet, wer bei **öffentlichen Auskündigungen** über einen Konsumkredit zur Finanzierung von Waren oder Dienstleistungen unterlässt, seine **Firma** eindeutig zu bezeichnen oder den **Barzahlungspreis**, den **Preis**, der **im Rahmen des Kreditvertrages** zu bezahlen ist, und den **effektiven Jahreszins** deutlich anzugeben.

Art. 8 Abs. 1 nKKG, der die auf Leasingverträge anwendbaren Bestimmungen des nKKG aufführt, verweist **nicht** auf Art. 36 nKKG. Daraus lässt sich der Schluss ziehen, dass für Leasingverträge demnach auch die Art. 3 Bst. l und n UWG nicht anwendbar sind[41].

Bei öffentlichen Auskündigungen über einen Leasingvertrag ist sodann darauf hinzuweisen, dass die **Kreditvergabe verboten ist, falls sie zur Überschuldung des Konsumenten führt**.

3.4. Bewilligungspflicht (Art. 39 f. nKKG)

Neu ist eine **Tätigkeit als Leasinggeber im Bereich des Konsumentenleasing** im Sinne des revidierten KKG und der Vermittlung von solchen Verträgen in der Schweiz **bewilligungspflichtig**, es sei denn, der Leasinggeber unterstehe dem Bankengesetz oder es würden Konsumkredite zur Finanzierung des Erwerbs eigener Waren oder der Beanspruchung eigener Dienst-

---

[41] Art. 3 Bst. l und n UWG knüpfen am Begriff des Konsumkredites an, der dem nKKG zu entnehmen ist. Dies nur schon aus der Überlegung, dass die Revision der Bestimmungen im UWG im Zusammenhang mit der Revision des KKG erfolgten und offensichtlich gleiche Begriffe verwendet wurden. Wenn nun für den Leasingvertrag der Artikel für die Verweisung auf Werbevorschriften nicht als anwendbar erklärt wird, so können die UWG-Bestimmungen für Leasingverträge auch nicht anwendbar sein. Dagegen liesse sich immerhin einwenden, die Begriffsbestimmung eines bestimmten Art von Leasingverträgen als Konsumkredit reiche allein aus, um die UWG-Bestimmungen anwendbar zu erklären. Der besonnene Leasinggeber wird deshalb bis zur höchstrichterlichen Klärung dieser Rechtsfrage die UWG-Bestimmungen bezüglich der öffentlichen Auskündigungen von Konsumkrediten auch für Leasingverträge anwenden.

leistungen gewährt oder vermittelt. Autohändler müssen demnach für die Vermittlung von Leasingverträgen keine Bewilligung einholen und Autoverkäufer, welche das sogenannte Direkt-Leasing betreiben, ebenfalls nicht.

Alle übrigen Leasinggeber bedürfen einer **Bewilligung des Sitzkantons** oder (im Falle des Sitzes im Ausland) vom Kanton, auf dessen Gebiet der Leasinggeber hauptsächlich tätig zu werden gedenkt. Die von einem Kanton erteilte Bewilligung gilt gemäss ausdrücklicher Gesetzesbestimmung für die ganze Schweiz[42].

Die **Bewilligung muss erteilt werden**, wenn der Gesuchsteller

– **zuverlässig** ist und in **geordneten Vermögensverhältnissen** lebt;
– die allgemeinen **kaufmännischen und fachlichen Kenntnisse und Fertigkeiten** besitzt, die zur Ausübung der Tätigkeit erforderlich sind;
– über eine **ausreichende Berufshaftpflichtversicherung** verfügt.

Bei Gesellschaften und juristischen Personen müssen die Mitglieder der Geschäftsleitungen die persönlichen Voraussetzungen über Kenntnisse und Fertigkeiten zur Berufsausübung besitzen. Der Bundesrat wird in einer Verordnung das Nähere zu den Bewilligungsvoraussetzungen regeln.

3.5. Unlauterer Wettbewerb im Zusammenhang mit Leasingverträgen (Art. 3 Bst. m sowie Art. 4 Bst. d UWG)

Das UWG enthält weitere Vorschriften darüber, wann sich ein **Leasinggeber oder ein Dritter** unlauter verhält. So handelt unlauter, wer im Rahmen einer geschäftlichen Tätigkeit einen Leasingvertrag anbietet oder abschliesst und dabei **Vertragsformulare** verwendet, die **unvollständige oder unrichtige Angaben** über den Gegenstand des Vertrages, den Preis, die Zahlungsbedingungen, die Vertragsdauer, das Widerrufs- oder Kündigungsrecht des Kunden oder über sein Recht zur vorzeitigen Bezahlung der Restschuld enthalten.

Unlauter handelt aber auch, wer einen **Leasingnehmer veranlasst**, den abgeschlossenen **Leasingvertrag zu widerrufen**, um selber mit ihm einen solchen Vertrag abzuschliessen. Ein gegenseitiges Abjagen von Kunden wird also pönalisiert.

---

[42] Vgl. Art. 39 Abs. 2 letzter Satz nKKG.

4. Gesetzliche Sanktionen aus dem nKKG

4.1. Nichtigkeit des Leasingvertrages (Art. 15 nKKG)

Eine Verletzung wesentlicher Vorschriften führt zur Nichtigkeit des Leasingvertrages[43]. Diese Vorschriften sind in Art. 15 Abs. 1 nKKG einzeln aufgeführt, nämlich folgende:

– Vorschriften über den **Mindestinhalt des Leasingvertrages** gemäss Art. 11 nKKG;
– fehlende **Zustimmung des gesetzlichen Vertreters** gemäss Art. 13 nKKG;
– **Überschreitung des Höchstzinssatzes** gemäss Art. 14 nKKG.

Die übrigen in Art. 15 Abs. 1 nKKG aufgeführten Bestimmungen betreffen den Leasingvertrag nicht.

Gem. Art. 15 Abs. 4 nKKG gilt für **Leasingverträge speziell**, dass im Falle einer Nichtigkeit der Leasingnehmer die Leasingsache sofort zurückzugeben und diejenigen Leasingraten zu bezahlen hat, die bis zu diesem Zeitpunkt geschuldet sind. Ein Wertverlust, der durch diese Zahlungen nicht abgedeckt ist, kann der Leasinggeber nicht nachfordern. Die **Pönale zu Lasten des Leasinggebers** ist mit anderen Worten die Tragung eines durch die vereinbarte Leasingrate nicht gedeckten **Wertverlustes auf dem Leasingfahrzeug**.

4.2. Sanktionen bei Verstössen gegen Kreditfähigkeitsprüfungen (Art. 32 nKKG)

Leasinggeber, welche in **schwerwiegender Weise** gegen die Vorschriften in Art. 29 nKKG verstossen, verlieren ihre Ansprüche. Die Leasingsache ist vom Leasingnehmer zwar zurückzugeben[44], doch schuldet er nichts und

---

[43] Dabei handelt es sich nicht um eine Nichtigkeit i.S. von Art. 20 OR, sondern um eine Nichtigkeit eigener Art. Denn das nKKG regelt auch die Rechtsfolgen der eingetretenen Nichtigkeit. Vgl. dazu die Regelung im geltenden Recht Art. 11 KKG und insbesondere KOLLER-TUMLER, a.a.O., N 4 zu Art. 11 KKG mit Hinweisen.

[44] Der Hinweis auf die Möglichkeit der Rückforderung aus ungerechtfertigter Bereicherung zugunsten des Konsumenten in Art. 32 Abs. 1 nKKG kann sich nicht nur einseitig auf den Konsumenten beziehen. Vielmehr ist dies ein Hinweis auf die Rechtsfolge der Nichtigkeit des Leasingvertrages. Auch der Leasinggeber kann demzufolge Ansprüche aus ungerechtfertigter Bereicherung stellen und jedenfalls die Leasingsache vindizieren.

kann über die Regeln der ungerechtfertigten Bereicherung ggf. Rückforderungen stellen.

Bei **leichten Verstössen** verliert der Leasinggeber immerhin noch den Anspruch auf Zinsen und Kosten. Der Leasingnehmer hat also eine auf den Amortisationsanteil gekürzte Leasingrate zu zahlen.

Diese Sanktionen sind wesentlich härter, als diejenigen bei Nichtigkeit des Vertrages, weil die Kreditfähigkeitsprüfung als zentraler Teil des nKKG gilt. In diesem Bereich gibt es keine Sonderregelungen für Leasingverträge.

IV. Handlungsbedarf/Check-Liste

Im Sinne einer Check-Liste wird nachstehend der folgende wesentliche Handlungsbedarf für Leasinggeber aufgeführt, wobei selbstverständlich keine Vollständigkeit garantiert werden kann.

1. Bewilligungspflicht

→ Besteht eine **Bewilligungspflicht**?
→ Wenn Ja: Welche **Behörde** ist zuständig?
→ Welches **Verfahren** muss beschritten werden?
→ Welche **Termine** sind zu beachten?

2. Werbevorschriften

→ Welche **Elemente** muss der Werbeauftritt ab Inkrafttreten des nKKG enthalten?
→ Wie kann der Hinweis auf das **Verbot der Überschuldung** umgesetzt werden?
→ Sind wir in der Lage, den **effektiven Jahreszins** werbemässig zu kommunizieren?

→ Genügen unsere Verlautbarungen den Anforderungen der revidierten **UWG-Bestimmungen?**

3. Überarbeitung der Verträge

→ Genügen unsere Leasingverträge den **formellen Anforderungen**?

→ Wie ist ein **separates Schriftstück** zu den Einzelheiten der Kreditfähigkeitsprüfung auszufertigen?

→ Genügen die **Verträge mit dem Lieferanten** den neuen Anforderungen (v.a. betreffend den **Einredendurchgriff**)?

→ Weisen die Verträge den **notwendigen Mindestinhalt** auf?

4. Prüfung der Geschäftsabläufe

→ Installation der **Kreditfähigkeitsprüfung** mit Berechnung der Existenzminima und Quellensteueranteilen.

→ Erstellen einer **Tabelle** nach anerkannten Grundsätzen.

→ Implantierung der Berechnung des **effektiven Jahreszinses** im EDV-System

→ Vertragsabschluss unter Berücksichtigung des **Widerrufsrechtes**

→ Bereitstellen der **Meldung** an die Informationsstelle inkl. der Ausstände von drei Leasingraten.

→ Prüfung des Verfahrens **bei Beendigung des Leasingvertrages** (Verzug und Kündigung durch Leasingnehmer).

5. Personalschulung

→ Stufengerechte Schulung des Personals für **Werbung, Vertragsabschluss und Workout**, insbesondere Kreditfähigkeitsprüfung.

Kredit- und Kundenkarten

Fredi Küng

I.	Geltendes Gesetz	89
II.	Generelle Auswirkungen des neuen Gesetzes auf Kartenherausgeber	90
III.	Ausführungen zu den für Kredit- und Kundenkarten relevanten Gesetzesartikeln	91
	1. Abschnitt: Begriffe	91
	2. Abschnitt: Geltungsbereich	92
	3. Abschnitt: Form und Inhalt des Vertrages	93
	4. Abschnitt: Rechte und Pflichten der Parteien	98
	5. Abschnitt: Kreditfähigkeit	101
	6. Abschnitt: Berechnung des effektiven Jahreszinses ...	106
	7. Abschnitt: Kreditvermittlung	108
	8. Abschnitt: Werbung	108
	9. Abschnitt: Zwingendes Recht	109
	10. Abschnitt: Zuständigkeiten	109
IV.	Bundesgesetz vom 19. Dezember 1986 gegen den unlauteren Wettbewerb	109
Anhang Zinsmethoden		111

I. Geltendes Gesetz

Die Herausgeber von Kredit- und Kundenkarten sind dem seit 1. April 1994 geltenden Konsumkreditgesetz vom 8. Oktober 1993 unterstellt; das heisst, dass sie bei Angebot einer Kreditoption an Privatpersonen verschiedene Rahmenbedingungen zu erfüllen haben. Insbesondere ist gemäss geltendem Gesetz die Erstellung eines Konsumkreditvertrages erforderlich, sofern die Karteninhaber (Konsumentinnen oder Konsumenten) die Möglichkeit haben, den Rechnungssaldo in mehr als 3 monatlichen Raten bei Verrechnung eines Sollzinses zu begleichen.

Ergänzend zum Konsumkreditgesetz vom 8. Oktober 1993 sind die Herausgeber von Kredit- und Kundenkarten lediglich von einer kantonalen

Sonderregelung im Zusammenhang mit Konsumkrediten betroffen, nämlich von der seit dem 1. November 1993 im Kanton Zürich geltenden Regelung des Höchstzinssatzes von 15,0%. Bei den in verschiedenen anderen Kantonen erlassenen Regelungen sind bis anhin die Kartenprodukte immer ausgenommen worden.

II. Generelle Auswirkungen des neuen Gesetzes auf Kartenherausgeber

Ganz allgemein muss festgehalten werden, dass das neue Gesetz für Herausgeber von Kunden- und Kreditkarten keinerlei Vereinfachungen oder Erleichterungen bringt; vielmehr sind teilweise erhebliche Erschwerungen und Verteuerungen verschiedener Arbeitsabläufe die Folge des neuen Gesetzes. Mehr zu dieser Thematik folgt detailliert in den weiteren Kapiteln.

Als einziger erwähnenswerter Vorteil gegenüber der alten Gesetzgebung kann erwartet werden, dass durch die Einrichtung einer zentralen Informationsstelle und die generelle Meldepflicht das **Gesamt-Kreditengagement** einer Konsumentin oder eines Konsumenten **bekannt** wird und bei Durchführung der Kreditfähigkeitsprüfung berücksichtigt werden kann. So wäre es etwa unter der geltenden Gesetzgebung theoretisch möglich gewesen, dass eine Konsumentin oder ein Konsument bei mehreren Kartenherausgebern von der Kreditoption Gebrauch gemacht und zudem sein Salärkonto als Kredit genutzt hätte, ohne dass dies bei der Kreditprüfung für ein Leasing oder einen Ratenkredit ersichtlich geworden wäre. Von dieser neuen Regelung werden somit auch die Kartenherausgeber profitieren und damit bei sorgfältiger Prüfung ihre ohnehin schon recht bescheidenen Delkredererisiken voraussichtlich weiter einschränken können.

Zudem fällt für die Kartenherausgeber die Gefahr dahin, dass einzelne Kantone in ihren Verordnungen für Kartenherausgeber restriktive Vorgaben machen: Das neue Gesetz regelt die Konsumkreditverträge **abschliessend** (Art. 38).

Das Gesetz sieht für die Herausgabe von Kredit- und Kundenkarten mit Kreditoption gewisse Erleichterungen gegenüber anderen Kreditarten vor; es ist nur teilweise anwendbar. Damit diese Anwendbarkeit gegeben ist, kann nicht das Vorhandensein einer Karte alleiniges Kriterium sein. Vielmehr muss die Absicht des Kartenherausgebers, primär ein sicheres und praktisches Zahlungsmittel zur Verfügung zu stellen, im Vordergrund stehen. Der Bargeldbezug stellt die Ausnahme dar und darf nicht zur Umgehung der strengeren Vorschriften für den Barkredit missbraucht werden.

III. Ausführungen zu den für Kredit- und Kundenkarten relevanten Gesetzesartikeln

1. Abschnitt: Begriffe

Art. 1 Konsumkreditvertrag
    Abs. 2 Als Konsumkreditverträge gelten auch:
        b. Kredit- und Kundenkarten sowie Überziehungskredite, wenn sie mit einer Kreditoption verbunden sind; als Kreditoption gilt die Möglichkeit, den Saldo einer Kredit- oder Kundenkarte in Raten zu begleichen.

Für die Kartenherausgeber bedeutet dies, dass ein schriftlicher Konsumkreditvertrag benötigt wird, welcher vom Karteninhaber zu unterzeichnen ist, sofern konkret eine Kreditoption zur Verfügung gestellt wird. Gleichfalls bedeutet dies aber auch, dass für Karteninhaber, welche ein Direktbelastungsverfahren eingerichtet haben (wie z.B. LSV oder BAD), unter Umständen kein entsprechender Vertrag vorgeschrieben ist.

Das Übergangsrecht (Regel der Nichtrückwirkung nach ZGB Art. 1 SchlT) sagt aus, dass das Gesetz grundsätzlich für neu aufgenommene Kundenbeziehungen bzw. neu ausgesetzte Kreditlimiten Anwendung findet.

Art. 3 Konsumentin oder Konsument
    Als Konsumentin oder Konsument gilt jede natürliche Person, die einen Konsumkreditvertrag zu einem Zweck abschliesst, der nicht ihrer beruflichen oder gewerblichen Tätigkeit zugerechnet werden kann.

Damit ist hinreichend klar definiert, dass die Kartenherausgabe an Firmen oder für berufliche Zwecke dem Gesetz nicht unterstellt ist. Vergleiche dazu auch die detaillierteren Ausführungen bei Simmen im Kapitel «Barkredit und Teilzahlungsverträge».

2. Abschnitt: Geltungsbereich

Art. 7 Ausschluss
    Abs. 1 Dieses Gesetz gilt nicht für
        b. Die Kreditverträge oder Kreditversprechen, die durch hinterlegte banktübliche Sicherheiten oder durch ausreichende Vermögenswerte, welche die Konsumentin oder der Konsument bei der Kreditgeberin hält, gedeckt sind;

Verfügt der Kartenherausgeber über eine Bankgarantie oder eine vergleichbare Sicherheit des Karteninhabers, so untersteht ein Kredit nicht dem Gesetz und benötigt folglich auch nicht zwingend einen Kreditvertrag.

Ist die Kartenherausgeberin eine Bank und verwaltet sie Vermögenswerte der Konsumentin oder des Konsumenten, so besteht auch hier die Möglichkeit des Ausschlusses. Hierbei ist aber zu berücksichtigen, dass die Kundin oder der Kunde jederzeit die Möglichkeit hat, die Vermögenswerte zu transferieren und somit dem Institut diese Sicherheiten zu entziehen. Dies hat zur Folge, dass der Kredit wiederum dem Gesetz unterstehen könnte. Ist also beispielsweise bei Herausgabe einer Karte aufgrund der vorhandenen Vermögenswerte keine gesetzeskonforme Kreditfähigkeitsprüfung vorgenommen worden (da nicht erforderlich), so empfiehlt es sich, bei Teil- oder Vollabzug der Vermögenswerte eine solche Prüfung durchzuführen und einen Kreditvertrag zu erstellen. Allerdings dürfte die Situation *zum Zeitpunkt der Kartenherausgabe* für das Unterstellungskriterium primär von Bedeutung sein. Da die Fragen betreffend Sicherheiten häufiger bei den Überziehungskrediten auf laufendem Konto zu behandeln sind, verweise ich auf die Ausführungen bei Haselbach im Kapitel «Überziehungskredite».

Bietet die Kartenherausgeberin eine Teilzahlungsmöglichkeit an, in der die Rückzahlbarkeit des offenen Betrages beispielsweise auf 90 Tage beschränkt ist, so untersteht der Kredit nicht dem Gesetz und benötigt folglich auch nicht zwingend einen Kreditvertrag.

Die übrigen Ausschlusskriterien (lit. a, c–e und g) fallen wohl für Kartenherausgeber kaum oder lediglich in seltenen Ausnahmefällen in Betracht (wie beispielsweise eine Kreditlimite von mehr als CHF 80'000.–).

Art. 8 Einschränkung
    Abs. 2 Konti für Kredit- und Kundenkarten mit Kreditoption sowie Überziehungskredite auf laufendem Konto unterstehen nur den Artikeln 12–16, 17 Absätze 1 und 2, 18 Absätze 1 und 3, 19–21, 27, 30–35, 37 und 38.

Obwohl die für Karten mit Kreditoption geltenden Gesetzesartikel abschliessend aufgezählt sind, treffen faktisch auch einzelne weitere Artikel für diese Produkte zu wie die Artikel 22–24.

3. Abschnitt: Form und Inhalt des Vertrags

Art. 12 Überziehungskredit auf laufendem Konto oder Kredit- und Kundenkartenkonto mit Kreditoption
    Abs. 1 Verträge, mit denen eine Kreditgeberin einen Kredit in Form eines Überziehungskredits auf laufendem Konto oder auf einem Kredit- und Kundenkartenkonto mit Kreditoption gewährt, sind schriftlich abzuschliessen; die Konsumentin oder der Konsument erhält eine Kopie des Vertrages.
    Abs. 2 Der Vertrag muss angeben:
        a. Die Höchstgrenze des Kreditbetrags;

Der Grossteil aller Kredit- und Kundenkarten ist mit einer Kreditlimite versehen; sie bildet die Höchstgrenze des Kreditbetrags.

Im Gegensatz zu einem ausbezahlten Darlehen oder einem Leasinggeschäft ist es bei Kredit- und Kundenkarten je nach Geschäftspolitik des Kartenherausgebers oder technischer Abwicklung der Transaktionen möglich, dass die ausgesetzte Kreditlimite überzogen werden kann; so macht es beispielsweise für internationale Kreditkarten wenig Sinn, für jeden Bagatelleinkauf eine entsprechende Autorisierung beim Kartenherausgeber einzuholen. Dadurch ergibt sich zwar nicht ein Zwang, die ausgesetzte Limite anzupassen; die Kartenherausgeber haben aber solche Fälle speziell unter Kontrolle zu halten, damit ihnen nicht mangelhafte Sorgfalt unterstellt werden kann.

        b. Den Jahreszins und die bei Vertragsabschluss in Rechnung gestellten Kosten sowie die Bedingungen, unter denen diese geändert werden können;

Bei Vertragsabschluss werden üblicherweise keine Kosten in Rechnung gestellt (in Zusammenhang mit einer allfälligen Kreditoption).

Für allfällige Anpassungen des Zinssatzes sind die entsprechenden Bedingungen anzugeben, beispielsweise: «Allfällige Anpassungen des Zinssatzes werden dem Karteninhaber mindestens einen Monat zum voraus angezeigt.»

c. die Modalitäten einer Beendigung des Vertrages;

Angaben gemäss Allgemeinen Geschäftsbedingungen. Speziell ist durch die Kartenherausgeber auf ihr Recht hinzuweisen, vom Vertrag zurückzutreten (beispielsweise im Falle eines Zahlungsverzugs durch den Karteninhaber und die Karte zurückverlangen zu können).

d. die Elemente, die der Kreditfähigkeitsprüfung zu Grunde gelegt worden sind (Art. 30 Abs. 1); Einzelheiten können in einem vom Kredit- oder Kundenkartenvertrag getrennten Schriftstück festgehalten werden; dieses bildet einen integrierenden Bestandteil des Vertrags.

Um die Anforderungen von lit. d) dieses Artikels zu erfüllen, ist im Kreditvertrag oder einem separaten Schriftstück eine Präzisierung durch den Kartenherausgeber erforderlich. Ein Teil der Juristen geht davon aus, dass zumindest die Angaben des Konsumenten über seine Einkommens- und/oder Vermögensverhältnisse sowie das Resultat der Anfrage des Kartenherausgebers bei der Informationsstelle für Konsumkredit (IKO) schriftlich festzuhalten und dem Konsumenten abzugeben sind (wie z.B. Haselbach in seinem Beitrag zum Überziehungskredit unter III, Punkt 3.1, lit. b) dd).

Andere Juristen vertreten die Auffassung, dass eine allgemein gehaltene Formulierung diese Anforderung hinreichend abdeckt. Diese könnte beispielsweise folgenden Wortlaut haben: «Die Kreditfähigkeitsprüfung wurde auf Grund der Angaben des Antragstellers durchgeführt; zudem haben wir diese Angaben sowie die Bonität per Anfrage bei der Informationsstelle für Konsumkredit, gegebenenfalls bei öffentlichen Ämtern oder der Bank des Antragstellers überprüft.»

Da bei den meisten Kartenherausgebern die Prüfschritte sehr stark standardisiert sind, können die entsprechenden Angaben hinreichend exakt formuliert werden.

Bei der Umsetzung des konkreten Ablaufes ergeben sich Unsicherheiten, da der Gesetzestext betreffend Widerrufsrecht (Art. 16) einerseits in Abs. 1 erwähnt, der **Antrag** könne innerhalb von sieben Tagen schriftlich widerrufen werden. Anderseits beginnt nach Abs. 2 die Widerrufsfrist zu laufen, wenn die Konsumentin oder der Konsument eine Kopie des **Vertrags** erhalten hat.

Um dem Gesetz, den Bedürfnissen der Kunden sowie des Konsumentenschutzes Rechnung zu tragen, hat eine Arbeitsgruppe der KARTAC drei praktikable Varianten diskutiert. Für die Kartenherausgeber empfiehlt sie eine der folgenden Formen:

Als einfachste Form empfiehlt sich für die Kartenherausgeber folgender konkreter Ablauf:

- Antrag enthält AGB; die gemäss Art. 12 Abs. 2 erforderlichen Elemente sind darin vollständig angegeben
- Antragsteller füllt Antrag aus, unterzeichnet und sendet diesen an Kartenherausgeber
- Der Kartenherausgeber bestätigt dem Antragsteller den Antragseingang und stellt ihm zusammen mit der Kopie des Antrages ein Schreiben mit folgendem Inhalt zu:
  - Verweis auf die Antragskopie mit den vom Antragsteller akzeptierten Bedingungen
  - Hinweis auf die Widerrufsmöglichkeit innert sieben Tagen
  - Bestätigung, dass der Vertrag beidseitig definitiv gültig ist, sofern kein Widerruf innert sieben Tagen erfolgt und wenn kein Vertragsrücktritt seitens des Kartenherausgebers aufgrund allfällig negativer Resultate anlässlich der noch vorzunehmenden Kreditfähigkeitsprüfung erfolgen muss.
- Der Kartenherausgeber prüft die Kreditfähigkeit des Antragstellers
- Bei positivem Resultat erfolgt (nach Ablauf der siebentägigen Widerrufsfrist) die Zustellung der Karte inklusive Information über die erteilte Limite und Geschäftsbedingungen
- Bei negativem Resultat der Kreditfähigkeitsprüfung wird ein Ablehnungsschreiben an den Antragsteller versandt.

Als alternative Form, welche dem ersten Vorschlag sehr ähnlich ist, bietet sich folgende Möglichkeit an:

- Antrag enthält AGB; die gemäss Art. 12 Abs. 2 erforderlichen Elemente sind darin vollständig angegeben
- Antragsteller füllt Antrag aus, unterzeichnet und sendet diesen an Kartenherausgeber
- Bestätigung des Empfangs durch den Kartenherausgeber mit Zustellung einer Antragskopie an den Antragsteller
- Prüfung des Antrages durch den Kartenherausgeber

- Bei positivem Entscheid Zustellung der Karte mit Meldung/Bestätigung der erteilten Limite (inkl. AGB); ab diesem Datum läuft die Widerrufsfrist.

Als dritte Form bietet sich für Kartenherausgeber folgender Ablauf an:

- Antrag enthält AGB oder zumindest einen Auszug sowie den Hinweis auf die vollständigen AGB
- Antragsteller füllt Antrag aus, unterzeichnet und sendet diesen an Kartenherausgeber
- Kartenherausgeber prüft Antrag
- Bei positivem Entscheid Zustellung der Karte (inkl. AGB) mit einer separaten Kreditoptionsvereinbarung im Doppel und Mitteilung der erteilten Limite; ab diesem Datum läuft die Widerrufsfrist.
- Karteninhaber unterzeichnet die Kreditoptionsvereinbarung und retourniert ein Exemplar an die Kartenherausgeberin; der zweite Vertrag verbleibt beim Kunden.

> Abs. 3 Während der Vertragsdauer ist die Konsumentin oder der Konsument über jede Änderung des Jahreszinses oder der in Rechnung gestellten Kosten unverzüglich zu informieren; diese Information kann in Form eines Kontoauszugs erfolgen.

Es ist sicher sinnvoll, die vom Gesetzgeber vorgesehene Möglichkeit zu nutzen, den Kontoauszug bzw. die Monatsrechnung für diese Information zu verwenden. Dabei kann diese Mitteilung entweder in den Rechnungstext integriert, oder aber mittels der Rechnung beigelegtem Flyer erfolgen.

Bei Kommunikation mittels Rechnung oder Kontoauszug ist sicherzustellen, dass auch inaktive Karteninhaber mit der Anpassungs-Mitteilung bedient werden.

Art. 13 Zustimmung des gesetzlichen Vertreters

> Abs. 1 Ist die Konsumentin oder der Konsument minderjährig, so bedarf der Konsumkreditvertrag zu seiner Gültigkeit der schriftlichen Zustimmung der gesetzlichen Vertreterin oder des gesetzlichen Vertreters.
>
> Abs. 2 Die Zustimmung ist spätestens abzugeben, wenn die Konsumentin oder der Konsument den Vertrag unterzeichnet.

Dieser Gesetzesartikel ist klar und benötigt kaum weitere Erläuterungen.

Art. 14 Höchstzinssatz
Der Bundesrat legt den höchstens zulässigen Zinssatz nach Artikel 9 Absatz 2 Buchstabe b fest. Er berücksichtigt dabei die von der Nationalbank ermittelten, für die Refinanzierung des Konsumkreditgeschäftes massgeblichen Zinssätze. Der Höchstzinssatz soll in der Regel 15 Prozent nicht überschreiten.

Bei Kunden- und Kreditkarten kann der «effektive Jahreszins» nicht angewendet werden. Üblicherweise wenden die Kartenherausgeber folgende Zinsmethoden an:

– Kontokorrent-Verzinsung

– Restsaldo-Verzinsung

Beispiele zu diesen beiden Berechnungsmethoden finden sich im Anhang.

Bei der Restsaldo-Methode ist zu berücksichtigen, dass die gesetzlich zulässige Höchstgrenze auch nach Belastung von Zinseszinsen nicht überschritten werden darf.

Die Chancen der Kreditgeber auf eine Anhebung des Höchstzinssatzes bei massiver Verteuerung der Refinanzierung sind schwierig abzuschätzen; vermutlich wäre ein erheblicher politischer Druck zu mobilisieren.

Art. 15 Nichtigkeit
Abs. 1 Die Nichteinhaltung der Artikel 9–11, 12 Absätze 1, 2 und 4 Buchstabe a, 13 und 14 bewirkt die Nichtigkeit des Konsumkreditvertrags.
Abs. 2 Ist der Konsumkreditvertrag nichtig, so hat die Konsumentin oder der Konsument die bereits empfangene oder beanspruchte Kreditsumme bis zum Ablauf der Kreditdauer zurückzuzahlen, schuldet aber weder Zinsen noch Kosten.

Formfehler im Vertrag oder beim Ablauf können für die Kartenherausgeber schwerwiegende Folgen haben, denn dadurch könnten sich die Konsumentinnen und Konsumenten einen Gratiskredit beschaffen.

Zudem drohen den Kartenherausgebern allfällige Klagen aufgrund eines Verstosses gegen das UWG; dazu weiter unten mehr.

Art 16 Widerrufsrecht
Abs. 1 Die Konsumentin oder der Konsument kann den Antrag zum Vertragsabschluss oder die Annahmeerklärung innerhalb von sieben Tagen schriftlich widerrufen. Kein Widerrufsrecht besteht im Falle von Artikel 12 Absatz 4.

> Abs. 2 Die Widerrufsfrist beginnt zu laufen, sobald die Konsumentin oder der Konsument nach den Artikeln 9 Absatz 1, 11 Absatz 1 oder 12 Absatz 1 eine Kopie des Vertrags erhalten hat. Die Frist ist eingehalten, wenn die Widerrufserklärung am siebenten Tag der Post übergeben wird.

Theoretisch könnten Kartenherausgeber so vorgehen, dass sie ein Konto erst 7 Tage nach Vertragsabschluss eröffnen würden. In der Praxis ist es aber in aller Regel so, dass der Konsument oder die Konsumentin die Karte raschmöglichst erhalten und einsetzen möchte. Die Kartenherausgeber werden voraussichtlich auf diese Kundenwünsche eingehen. Dazu empfiehlt sich folgendes Vorgehen:

Beim Kartenversand ist der Karteninhaber (z.B. mittels Kartenträger) darauf aufmerksam zu machen, dass er die Möglichkeit hat, innerhalb von sieben Tagen die Annahme-Erklärung schriftlich zu widerrufen.

Zudem ist (z.B. in den AGB bei der Kreditoption oder Zinsklausel) ein Passus einzufügen, dass vor Ablauf der siebentägigen Frist keine Kreditoption gewährt wird. Hat ein Konsument die Karte bereits eingesetzt und macht vom Widerrufsrecht Gebrauch, so darf ihm die Kreditoption nicht angeboten werden.

> Abs. 3 Ist das Darlehen bereits vor dem Widerruf des Vertrags ausbezahlt worden, so gilt Artikel 15 Absätze 2 und 3. Im Falle eines Abzahlungskaufs, einer auf Kredit beanspruchten Dienstleistung oder eines Leasingvertrags gilt Artikel 40f des Obligationenrechts (SR 220).

Mit dieser Formulierung wird klar, dass die Kunden- und Kreditkarten nicht in erster Linie gemeint sein können: Bei ihren Produkten wird keine Darlehensvaluta ausbezahlt. Im Vordergrund steht für die Konsumentin oder den Konsumenten ein praktisches und sicheres Zahlungsmittel, das er häufig vor allem auch international einsetzen möchte. Die Kreditoption ist in aller Regel nicht vordergründig.

4. Abschnitt: Rechte und Pflichten der Parteien

Art. 17 Vorzeitige Rückzahlung
> Abs. 1 Die Konsumentin oder der Konsument kann die Pflichten aus dem Konsumkreditvertrag vorzeitig erfüllen.

Abs. 2 In diesem Fall besteht ein Anspruch auf Erlass der Zinsen und auf eine angemessene Ermässigung der Kosten, die auf die nicht beanspruchte Kreditdauer entfallen.

Dieser Artikel ist für die Kunden- und Kreditkarten kaum von Belang: Bis heute gibt es kein Kartenprodukt, bei welchem die Konsumentin oder der Konsument nicht das Recht hätte, den Sollsaldo jederzeit zu begleichen. Dass dann keine Zinsen mehr belastet werden, versteht sich von selbst.

Art. 18 Verzug
    Abs. 1 Die Kreditgeberin kann vom Vertrag zurücktreten, wenn Teilzahlungen ausstehend sind, die mindestens 10 Prozent des Nettobetrags des Kredits beziehungsweise des Barzahlungspreises ausmachen.

Wie oft die Kartenherausgeber von diesem Recht Gebrauch machen werden, ist offen; es ist aber kaum anzunehmen, dass dies sehr häufig zutreffen wird.

    Abs. 3 Der Verzugszins darf den für den Konsumkredit oder Leasingvertrag vereinbarten Zinssatz (Art. 9 Abs. 2 Bst. B) nicht übersteigen.

Der Maximalzinssatz im Falle des Verzugs ist somit festgelegt. Das bedeutet aber nicht, dass dem in Verzug geratenen Konsumenten nicht Mahngebühren oder Inkassospesen belastet werden dürfen; um diesbezüglich keine unnötigen Diskussionen zu generieren ist es sinnvoll, solche Themen in den Allgemeinen Geschäftsbedingungen festzuhalten.

Art. 19 Einreden
    Die Konsumentin oder der Konsument hat das unabdingbare Recht, die Einreden aus dem Konsumkreditvertrag gegenüber jedem Abtretungsgläubiger geltend zu machen.

Dieser Artikel bedarf kaum einer weiteren Interpretation.

Art. 20 Zahlung und Sicherheit in Form von Wechseln
    Abs. 1 Die Kreditgeberin darf weder Zahlungen in Form von Wechseln, einschliesslich Eigenwechseln, noch Sicherheiten in Form von Wechseln, einschliesslich Eigenwechseln und Checks, annehmen.
    Abs. 2 Ist ein Wechsel oder ein Check entgegen Absatz 1 angenommen worden, so kann ihn die Konsumentin oder der Konsument jederzeit von der Kreditgeberin zurückverlangen.

Abs. 3 Die Kreditgeberin haftet für den Schaden, welcher der Konsumentin oder dem Konsumenten aus der Begebung des Wechsels oder Checks entstanden ist.

Der Artikel ist unverändert vom bisherigen Gesetz übernommen worden.

Zahlungen oder Sicherheiten in dieser Form sind bei den Kredit- und Kundenkarten äusserst selten. Die Kartenherausgeber müssen sich der entsprechenden Risiken bewusst sein.

Art. 21 Mangelhafte Erfüllung des Erwerbsvertrags
Abs. 1 Wer im Hinblick auf den Erwerb von Waren oder Dienstleistungen einen Konsumkreditvertrag mit einer anderen Person als dem Lieferanten abschliesst, kann gegenüber der Kreditgeberin alle Rechte geltend machen, die ihm gegenüber dem Lieferanten zustehen, wenn folgende Bedingungen erfüllt sind:
a. Zwischen der Kreditgeberin und dem Lieferanten besteht eine Abmachung, wonach Kredite an Kunden dieses Lieferanten ausschliesslich von der Kreditgeberin gewährt werden.
b. Die Konsumentin oder der Konsument erhält den Kredit im Rahmen dieser Abmachung.
c. Die unter den Konsumkreditvertrag fallenden Waren oder Dienstleistungen werden nicht oder nur teilweise geliefert oder entsprechen nicht dem Liefervertrag.
d. Die Konsumentin oder der Konsument hat die Rechte gegenüber dem Lieferanten erfolglos geltend gemacht.
e. Der Betrag des betreffenden Einzelgeschäfts liegt über 500 Franken.
Abs. 2 Der Bundesrat kann den Betrag gemäss Absatz 1 Buchstabe e den veränderten Verhältnissen anpassen.

Auch dieser Artikel wurde praktisch unverändert vom bestehenden Gesetz übernommen. Er trifft auf die Herausgeber der internationalen Kreditkarten kaum zu, da sie in der Regel mit dem Lieferanten nicht identisch sind. Anders dürfte es sich hingegen bei den Kundenkarten verhalten (wie beispielsweise Warenhauskarten), wo meistens Lieferant und Kreditgeber identisch sind.

5. Abschnitt: Kreditfähigkeit

Art. 22 Grundsatz
Die Kreditfähigkeitsprüfung bezweckt die Vermeidung einer Überschuldung der Konsumentin oder des Konsumenten infolge eines Konsumkreditvertrags.

Obwohl dieser Artikel – wie die beiden folgenden – nicht unter Art. 8 Abs. 2 aufgeführt ist, versteht es sich von selbst, dass er auch für die Kredit- und Kundenkartenherausgeber gilt.

Art. 23 Informationsstelle für Konsumkredit
Abs. 1 Die Kreditgeberinnen gründen eine Informationsstelle für Konsumkredit (Informationsstelle). Diese gemeinsame Einrichtung bearbeitet die Daten, die im Rahmen der Artikel 25–27 anfallen.
Abs. 2 Die Statuten der Informationsstelle müssen vom zuständigen Departement (zurzeit Eidg. Justiz- und Polizeidepartement) genehmigt werden. Sie regeln insbesondere:
  a. die Verantwortung für die Datenbearbeitung;
  b. die Kategorien der zu erfassenden Daten sowie deren Aufbewahrungsdauer, Archivierung und Löschung;
  c. die Zugriffs- und Bearbeitungsberechtigungen;
  d. die Zusammenarbeit mit beteiligten Dritten;
  e. die Datensicherheit.
Abs. 3 Die Informationsstelle gilt als Bundesorgan im Sinne von Artikel 3 Buchstabe h des Bundesgesetzes vom 19. Juni 1992 (SR 235.1) über den Datenschutz. Der Bundesrat erlässt die Vollzugsbestimmungen.
Abs. 4 Vorbehältlich der Zuständigkeit gemäss Bundesgesetz vom 19. Juni 1992 über den Datenschutz untersteht die Informationsstelle der Aufsicht des Departements.
Abs. 5 Der Bundesrat kann den Kreditgeberinnen eine Frist setzen, binnen der die gemeinsame Einrichtung errichtet sein muss. Kommt die Gründung der gemeinsamen Einrichtung nicht zustande oder wird diese später aufgelöst, so richtet der Bundesrat die Informationsstelle ein.

Die Informationsstelle ist inzwischen gegründet worden. Die involvierten Kreditgeber und Verbände profitieren dabei von den langjährigen Erfahrungen mit dem Betrieb des Vereins einer Zentralstelle für Kreditinformationen (ZEK).

Art. 24 Datenzugang
: Abs. 1 Zugang zu den von der Informationsstelle gesammelten Daten haben ausschliesslich die diesem Gesetz unterstellten Kreditgeberinnen, soweit sie die Daten zur Erfüllung ihrer Pflichten nach diesem Gesetz benötigen.
: Abs. 2 Im Einzelfall haben auch die von den Kantonen bezeichneten und unterstützten Institutionen der Schuldensanierung Zugang, sofern der Schuldner zustimmt.

Ein Problem könnte sich ergeben für die Prüfung einer Karte, bei welcher LSV oder BAD vorgesehen ist, wenn und soweit das konkrete vertragliche Verhältnis unter Umständen nicht als Konsumkreditverhältnis ausgelegt werden sollte. Nach Gesetzestext wäre für diesen Fall kein Zugang zur Informationsstelle zulässig. Ob ein Kartenherausgeber im Rahmen seiner Pflicht zur Bonitätsprüfung trotzdem die Informationsstelle anfragen soll oder sogar muss, könnte unter Umständen im Reglement der Informationsstelle geklärt werden. Der aktuelle Reglementsentwurf hält sich konsequent an den Gesetzestext und schliesst die Abfrage bei der Informationsstelle aus; selbstverständlich ist aber eine ZEK-Abfrage möglich bzw. zu empfehlen, falls die Kartenherausgeberin ZEK-Mitglied ist.

Art. 27 Meldepflicht bei Kredit- und Kundenkartenkonti
: Abs. 1 Hat die Konsumentin oder der Konsument dreimal hintereinander von der Kreditoption Gebrauch gemacht, so ist der ausstehende Betrag der Informationsstelle zu melden. Keine Pflicht zur Meldung besteht, wenn der ausstehende Betrag unter 3000.– Franken liegt.
: Abs. 2 Der Bundesrat wird ermächtigt, die in Absatz 1 genannte Meldelimite von 3000.– Franken mittels Verordnung periodisch der Entwicklung des schweizerischen Indexes der Konsumentenpreise anzupassen.

Aufgrund des Gesetzestextes ist die Pflicht zur erstmaligen Meldung an die Informationsstelle wie folgt definiert: Kumuliert erfüllt sein müssen

– drei aufeinanderfolgende Nutzungen der Kreditoption, sowie

– ein Mindestsaldo von CHF 3'000.–.

Der Entwurf für das Reglement stellt klar, dass eine Meldung dann zu erstatten ist, wenn der Saldo zum Zeitpunkt der Fakturierung jeweils zugunsten der Kreditgeberin mindestens CHF 3'000.– betragen hat. Sobald diese Kriterien erfüllt sind, kann auch wirklich von einem echten Kreditengagement ausgegangen werden.

Folgende Punkte sind aber im Gesetz nicht definiert und Gegenstand des detaillierten Reglementes sowie der technischen Detailkonzepte für die Informationsstelle:

– Was ist genau zu melden?
 Dabei kann man sich auf die langjährigen Erfahrungen der ZEK abstützen: Nebst definierten Stammdaten ist der exakte Kreditbetrag zu melden.

– Ist eine weitere Meldung zu machen, wenn sich der Kreditbetrag verändert hat?
 Der aktuelle Reglementsentwurf für die Informationsstelle sieht vor, dass die Herausgeber von Kredit- und Kundenkarten eine monatliche Meldung machen, solange der Sollsaldo zumindest CHF 3'000.– beträgt. Erfolgt keine Nachmeldung, so wird die betreffende Saldomeldung per übernächstfolgendes Monatsende aus der Datenbank der Informationsstelle gelöscht. Diese Systematik orientiert sich an der aktuellen Praxis aller Kredit- und Kundenkartenherausgeber, einmal monatlich ihre Forderungen zu fakturieren.

– Innert welcher Frist ist zu melden, wenn die Kriterien nicht mehr erfüllt sind?
 Aufgrund der im Reglementsentwurf definierten Systematik ist dafür im Normalfall keine aktive Meldung erforderlich; die monatliche Meldung (bzw. für diesen Fall Nicht-Meldung) genügt.

Für spezielle Fälle muss selbstverständlich die Möglichkeit gegeben sein, auch kurzfristiger die Löschung einer Meldung aus der Datenbank der Informationsstelle zu erlauben oder allfällige Falschmeldungen zu berichtigen.

Art. 30 Prüfung der Kreditfähigkeit bei Kredit- und Kundenkartenkonti
 Abs. 1 Räumt die Kreditgeberin oder das Kreditkartenunternehmen im Rahmen eines Kredit- oder Kundenkartenkontos mit Kreditoption oder eines Überziehungskredits auf laufendem Konto eine Kreditlimite ein, so prüfen sie zuvor summarisch die Kreditfähigkeit der Antragsstellerin oder des Antragstellers. Sie stützen sich dabei auf deren oder dessen Angaben über die Vermögens- und Einkommensverhältnisse. Die Kreditlimite muss den Einkommens- und Vermögensverhältnissen der Konsumentin oder des Konsumenten Rechnung tragen. Dabei sind die bei der Informationsstelle vermeldeten Konsumkredite zu berücksichtigen.

Der Gesetzestext lässt den Kartenherausgebern den nötigen Freiraum, um die nach eigenen Erfahrungen zweckmässigen, summarischen Prüfungen durchzuführen. Die durch den Antragsteller eingereichten Angaben dürfen aber nicht offensichtlich unrichtig sein; eine kritische Hinterfragung der Informationen ist mit Sicherheit angebracht. Dadurch, dass die einzelnen Prüfschritte nicht zwingend vorgegeben werden und keine Anhaltspunkte bestehen, welche Kreditlimite bei welchen Einkommens- oder Vermögensverhältnissen als angebracht erachtet wird, besteht eine gewisse Unsicherheit. Ebenfalls unklar ist, welche Schlüsse aus den bei der Informationsstelle vorhandenen Informationen zu ziehen sind.

Solange nicht einzelne Gerichtsurteile zu Fällen unrichtiger Angaben, unadäquater Limiten oder mangelhafter Prüfungssorgfalt vorliegen, ist die Auslegung dieses Artikels schwierig. Einerseits könnten die offen Formulierungen für die Kartenherausgeber von Vorteil sein, indem nicht leicht bewiesen werden kann, dass die Prüfung der Kreditfähigkeit nicht sorgfältig erfolgt sei. Anderseits könnte aber ebensogut bei vielen Kundenfällen, die ins Inkasso übergehen, argumentiert werden, der Kartenherausgeber sei seiner Sorgfaltspflicht nicht nachgekommen.

Um zu diesem Thema mehr Anhaltspunkte und Sicherheit zu erhalten, prüft die Interessengemeinschaft der Schweizer Zahlkartenindustrie (KARTAC), entsprechende Konkretisierungen und Empfehlungen an ihre Mitglieder abzugeben.

In jedem Fall ist die Auskunft bei der Informationsstelle für Konsumkredit einzuholen.

Die Einkommensangabe durch den Antragsteller dürfte die zwingende Regel sein. Ist das Einkommen gering, erscheint eine Vermögensinformation obligatorisch. Verfügt der Antragsteller oder die Antragstellerin nicht über eigenes Einkommen, so kann auch das Haushaltseinkommen angegeben werden.

Der sorgfältigen Kreditfähigkeitsprüfung durch die Kartenherausgeber kommt eine sehr grosse Bedeutung zu, ist doch im Falle des Verstosses mit möglicherweise drastischen Sanktionen zu rechnen (Art. 32).

> Abs. 2 Die Kreditfähigkeitsprüfung nach Absatz 1 ist zu wiederholen, wenn der Kreditgeber oder das Kreditkartenunternehmen über Informationen verfügt, wonach sich die wirtschaftlichen Verhältnisse der Konsumentin oder des Konsumenten verschlechtert haben.

Gleich wie bei der erstmaligen Kreditprüfung überlässt der Gesetzgeber den Herausgebern von Kredit- und Kundenkarten sinnvollerweise den nötigen Freiraum, um Zeitpunkt und exakten Umfang der zweckmässigen Prüfungen aufgrund der eigenen Erfahrungen selbst zu definieren.

Der Gesetzestext lässt einen sehr grossen Interpretationsspielraum offen. Dies muss nicht unbedingt ein Vorteil für die Kreditgeber sein; bei gravierenden Fällen können die allfälligen Sanktionen bis zum Verlust des Kreditbetrages gehen. In diesem Punkt fehlen ebenfalls betreffend gerichtlicher Beurteilung jegliche Erfahrungen.

Auch zu diesem Artikel prüft die Interessengemeinschaft der Schweizer Zahlkartenindustrie (KARTAC), ihre Mitglieder mit konkreteren Empfehlungen zu unterstützen.

Art. 31 Bedeutung der Angaben der Konsumentin oder des Konsumenten
    Abs. 1 Die Kreditgeberin darf sich auf die Angaben der Konsumentin oder des Konsumenten zu den finanziellen Verhältnissen (Art. 28 Abs. 2 und 3) oder zu den wirtschaftlichen Verhältnissen (Art. 29 Abs. 2 und 30 Abs. 1) verlassen.

Die Formulierung dieses Absatzes klingt zwar sehr eindeutig, wäre da nicht

    Abs. 2 Vorbehalten bleiben Angaben, die offensichtlich unrichtig sind oder denjenigen der Informationsstelle widersprechen.

Darüber, welche Angaben als offensichtlich unrichtig gelten oder aber denjenigen der Informationsstelle widersprechen, wird wohl erst mehr Klarheit bestehen, wenn Gerichtsurteile vorliegen.

    Abs. 3 Zweifelt die Kreditgeberin an der Richtigkeit der Angaben der Konsumentin oder des Konsumenten, so muss sie deren Richtigkeit anhand einschlägiger amtlicher oder privater Dokumente wie des Auszugs aus dem Betreibungsregister oder eines Lohnausweises überprüfen.

Sind dem Kartenherausgeber bei der Durchführung der Kreditfähigkeitsprüfung Zweifel gekommen, so sind die zusätzlich einzufordernden Unterlagen und weiteren Prüfschritte hinreichend klar formuliert. Knackpunkt für die Beurteilung eines Falles dürfte demnach eher sein, ob in einem speziellen Fall dem Prüfer hätten Zweifel kommen müssen.

Art. 32 Sanktion
    Abs. 1 Verstösst die Kreditgeberin in schwerwiegender Weise gegen die Artikel 28, 29 oder 30, so verliert sie die von ihr gewährte Kreditsumme samt Zinsen und Kosten. Die Kon-

sumentin oder der Konsument kann bereits erbrachte Leistungen nach den Regeln über die ungerechtfertigte Bereicherung zurückfordern.

Abs. 2 Verstösst die Kreditgeberin gegen Artikel 25, 26 oder 27 Absatz 1 oder in geringfügiger Weise gegen die Artikel 28, 29 oder 30, so verliert sie nur die Zinsen und die Kosten.

Einen konkreten Anhaltspunkt für eine Abgrenzung zwischen «schwerwiegend» und «geringfügig» gibt es nicht: Der Richter hat zu entscheiden.

Die angedrohten Sanktionen sind derart massiv, dass es im Interesse der Herausgeber von Kredit- und Kundenkarten liegt, alles daran zu setzen, sich keine Verstösse zu Schulden kommen zu lassen.

Nebst den hier angedrohten Sanktionen ist nicht auszuschliessen, dass sich zudem Klagen aufgrund von Verstössen gegen allgemeine Sorgfaltspflichten und das UWG anschliessen könnten; mehr dazu weiter unten.

6. Abschnitt: Berechnung des effektiven Jahreszinses

Art. 33 Zeitpunkt und Berechnungsmethode

Abs. 1 Der effektive Jahreszins ist beim Abschluss des Konsumkreditvertrags nach der im Anhang 1 aufgeführten mathematischen Formel zu berechnen.

Abs. 2 Die Berechnung beruht auf der Annahme, dass der Kreditvertrag für die vereinbarte Dauer gültig bleibt und dass die Parteien ihren Verpflichtungen zu den vereinbarten Terminen nachkommen.

Abs. 3 Lässt der Kreditvertrag eine Anpassung der Zinsen oder anderer Kosten zu, die in die Berechnung einzubeziehen sind, jedoch zu deren Zeitpunkt nicht beziffert werden können, so beruht die Berechnung auf der Annahme, dass der ursprüngliche Zinssatz und die ursprünglichen anderen Kosten bis zum Ende des Kreditvertrags unverändert bleiben.

Abs. 4 Bei Leasingverträgen wird der effektive Jahreszins auf der Grundlage des Barkaufpreises der Leasingsache bei Vertragsabschluss (Kalkulationsbasis) und bei Vertragsende (Restwert) sowie der einzelnen Tilgungszahlungen (Leasingraten) berechnet.

Art. 34 Massgebende Kosten
  Abs. 1 Für die Berechnung des effektiven Jahreszinses sind die Gesamtkosten des Kredits für die Konsumentin oder den Konsumenten im Sinne von Artikel 5, einschliesslich des Kaufpreises, massgebend.
  Abs. 2 Nicht zu berücksichtigen sind:
   a. die Kosten, welche die Konsumentin oder der Konsument bei Nichterfüllung einer im Vertrag aufgeführten Verpflichtung bezahlen muss;
   b. die Kosten, welche die Konsumentin oder der Konsument durch den Erwerb von Waren oder Dienstleistungen unabhängig davon zu tragen hat, ob es sich um ein Bar- oder um ein Kreditgeschäft handelt;
   c. die Mitgliederbeiträge für Vereine oder Gruppen, die aus anderen als den im Kreditvertrag vereinbarten Gründen entstehen.
  Abs. 3 Die Überweisungskosten sowie Kosten für die Führung eines Kontos, das für die Kreditrückzahlung sowie für die Zahlung der Zinsen oder anderer Kosten dienen soll, sind nur dann zu berücksichtigen, wenn die Konsumentin oder der Konsument nicht über eine angemessene Wahlfreiheit in diesem Bereich verfügt und sie ungewöhnlich hoch sind. In die Berechnung einzubeziehen sind jedoch die Inkassokosten dieser Rückzahlungen oder Zahlungen, unabhängig davon, ob sie in bar oder in anderer Weise erhoben werden.
  Abs. 4 Die Kosten für Versicherungen und Sicherheiten sind so weit zu berücksichtigen, als sie:
   a. die Kreditgeberin für die Kreditgewährung zwingend vorschreibt; und
   b. der Kreditgeberin bei Tod, Invalidität, Krankheit oder Arbeitslosigkeit der Konsumentin oder des Konsumenten die Rückzahlung eines Betrags sicherstellen soll, der gleich hoch oder geringer ist als der Gesamtbetrag des Kredits, einschliesslich Zinsen und anderer Kosten.

Die Methode des «effektiven Jahreszinses» ist für die herkömmlichen Konsumkredite mit festgelegten Ratenverpflichtungen praktikabel. Für Kredit- und Kundenkarten ist sie klarerweise nicht anwendbar, da der in Anspruch genommene Kreditbetrag im Voraus gar nicht bekannt sein kann; daher ist in Art. 12, Abs. 2, lit. b richtigerweise der «Jahreszins» erwähnt und nicht der «effektive Jahreszins». Was die massgebenden Kosten anbetrifft, so könnten die Kartenherausgeber davon per Analogieschluss auch betroffen sein; die entsprechenden Absätze sind kaum weitergehend zu erläutern.

7. Abschnitt: Kreditvermittlung

Art. 35 Abs. 1 Die Konsumentin oder der Konsument schuldet der Kreditvermittlerin für die Vermittlung eines Konsumkredits keine Entschädigung.
Abs. 2 Die Aufwendungen der Kreditgeberin für die Kreditvermittlung bilden Teil der Gesamtkosten (Art. 5 und 34 Abs. 1); sie dürfen dem Konsumenten oder der Konsumentin nicht gesondert in Rechnung gestellt werden.

Auch dieser Artikel ist primär ausgerichtet auf die Ratenkredite und Leasinggeschäfte. Im Falle der Kredit- und Kundenkarten werden nicht Kredite vermittelt; vielmehr handelt es sich um praktische und sichere Instrumente des Zahlungsverkehrs. Die Kreditfunktion steht in der Regel nicht im Vordergrund. So kann man auch kaum von einer Kreditvermittlung ausgehen.

Die von einzelnen Kartenherausgebern verlangten Kartengebühren haben mit der erwähnten Entschädigung für eine Kreditvermittlung nichts zu tun; sie sind vielmehr ein Preis für die praktischen und vielfältigen Leistungen der Kartenprodukte respektive der Kartenherausgeber.

8. Abschnitt: Werbung

Art. 36 Die Werbung für Konsumkredite richtet sich nach dem Bundesgesetz vom 19. Dezember 1986 gegen den unlauteren Wettbewerb.

Dieser Artikel ist in der abschliessenden Aufzählung für Kredit- und Kundenkarten unter Art. 8, Abs. 2 nicht aufgeführt. Trotzdem könnte nicht zwingend davon auszugehen sein, dass die Kredit- und Kundenkarten damit vom UWG entbunden wären. Dieser Punkt ist unter Juristen umstritten; persönlich halte ich das UWG auch auf Kredit- und Kundenkarten eher für anwendbar.

Andere Gesetze und Vorschriften wie etwa die Verordnung über die Bekanntgabe von Preisen (PBV) behalten selbstverständlich weiterhin ihre Gültigkeit.

9. Abschnitt: Zwingendes Recht

Art. 37 Von den Bestimmungen dieses Gesetz darf nicht zu Ungunsten der Konsumentin oder des Konsumenten abgewichen werden.

Dieser Artikel bedarf kaum weiterer Interpretation.

10. Abschnitt: Zuständigkeiten

Art. 38 Verhältnis zum kantonalen Recht
Der Bund regelt die Konsumkreditverträge abschliessend.

Diese klare Regelung verhindert die Vielfalt kantonaler Regelungen und ist einer der wichtigsten Fortschritte gegenüber der bestehenden (resp. alten) Gesetzgebung.

2. Bundesgesetz vom 19. Dezember 1986 gegen den unlauteren Wettbewerb

Art. 3 Bst. k–n
Unlauter handelt insbesondere, wer:
k. es bei öffentlichen Auskündigungen über einen Konsumkredit unterlässt, seine Firma eindeutig zu bezeichnen oder den Nettobetrag des Kredits, die Gesamtkosten des Kredits und den effektiven Jahreszins deutlich anzugeben;
l. es bei öffentlichen Auskündigungen über einen Konsumkredit zur Finanzierung von Waren oder Dienstleistungen unterlässt, seine Firma eindeutig zu bezeichnen oder den Barzahlungspreis, den Preis, der im Rahmen des Kreditvertrags zu bezahlen ist, und den effektiven Jahreszins deutlich anzugeben;
m. im Rahmen einer geschäftlichen Tätigkeit einen Konsumkreditvertrag oder einen Vorauszahlungskauf anbietet oder abschliesst und dabei Vertragsformulare verwendet, die unvollständige oder unrichtige Angaben über den Gegenstand des Vertrags, den Preis, die Zahlungsbedingungen, die Vertragsdauer, das Widerrufs- oder Kündigungsrecht des Kunden oder über sein Recht zu vorzeitiger Bezahlung der Restschuld enthalten;

n. es bei öffentlichen Auskündigungen über einen Konsumkredit (Bst. k) oder über einen Konsumkredit zur Finanzierung von Waren oder Dienstleistungen (Bst. 1) unterlässt, darauf hinzuweisen, dass die Kreditvergabe verboten ist, falls sie zur Überschuldung der Konsumentin oder des Konsumenten führt.

Art. 4 Bst. d
Unlauter handelt insbesondere, wer:
d. einen Käufer oder Kreditnehmer, der einen Vorauszahlungskauf oder einen Konsumkreditvertrag abgeschlossen hat, veranlasst, den Vertrag zu widerrufen, oder wer einen Käufer, der einen Vorauszahlungskauf abgeschlossen hat, veranlasst, diesen zu kündigen, um selber mit ihm einen solchen Vertrag abzuschliessen.

Obwohl – wie weiter oben erwähnt – Art. 36 KKG nicht explizit aufgeführt ist in der abschliessenden Auflistung für Kredit- und Kundenkarten (Art. 8, Abs. 2), könnte davon auszugehen sein, dass sich auch die Kartenherausgeber im Sinne dieser Regelungen verhalten sollten.

Das bedeutet, dass bei allgemeiner Werbung für Kredit- und Kundenkarten kaum ein spezieller Hinweis angebracht werden müsste. Würde aber in einem öffentlich aufgelegten, nicht persönlich adressierten Kartenprospekt die Kreditoption erwähnt, so wären die verlangten Hinweise in geeigneter Form anzubringen: Zumindest der Zinssatz bei Nutzung der Kreditoption sowie der Hinweis, dass eine Kreditvergabe verboten ist, falls sie zur Überschuldung der Konsumentin oder des Konsumenten führt (z.B. «nur für kreditfähige Konsumenten»).

Anhang: Zinsmethoden

1. Kontokorrent

Beispiel bei quartalsmässigem Abschluss

Transaktion	Betrag	Saldo	Datum	Anzahl Tage	Zins-Nr.
Saldo	1'000.00	1'000.00	31.12.01	13	130.00
Einkauf Warenhaus	320.00	1'320.00	13.01.02	15	198.00
Einkauf Warenhaus	550.00	1'870.00	28.01.02	5	93.50
Einzahlung auf Konto	-1'000.00	870.00	02.02.02	4	34.80
Einkauf Warenhaus	280.00	1'150.00	06.02.02	20	230.00
Einkauf Warenhaus	350.00	1'500.00	26.02.02	5	75.00
Einzahlung auf Konto	-1'000.00	500.00	03.03.02	12	60.00
Einkauf Warenhaus	380.00	880.00	15.03.02	16	140.80
Abschluss			31.03.02	90	962.10

Zinskomponenten:

K = Kapital siehe Beispiel
p = Zinsfuss 12% p.a.
t = Zeit 90 Tage

Formeln:

Basis-Zinsformel: $\dfrac{K * p * t}{100 * 360}$

Zins-Nummer: $\dfrac{K * t}{100}$ = 962.10

Zinsdivisor: $\dfrac{360}{p}$ = $\dfrac{360.0}{12.0}$ = 30.00

Zins: $\dfrac{\text{Zinsnummer}}{\text{Zinsdivisor}}$ = $\dfrac{962.1}{30}$ = **32.07**

2. Restsaldo

Transaktion	Betrag	Saldo	Datum	Zins
Saldo		0.00	31.12.01	
Einkauf Warenhaus	1'320.00	1'320.00	13.01.02	
Einkauf Warenhaus	550.00	1'870.00	28.01.02	
Faktura (kein Zins)		1'870.00	31.01.02	
Einzahlung auf Konto	-1'000.00	870.00	02.02.02	
Einkauf Warenhaus	280.00	1'150.00	06.02.02	
Einkauf Warenhaus	350.00	1'500.00	26.02.02	
Faktura (1% Zins)	8.70	1'508.70	28.02.02	8.70
(auf offenem Betrag Vormonat von 870.00)				
Einzahlung auf Konto	-1'000.00	508.70	03.03.02	
Einkauf Warenhaus	380.00	888.70	15.03.02	
Faktura (1% Zins)	5.05	893.75	31.03.02	5.05
(auf offenem Betrag Vormonat von 508.70)				
Total			31.03.02	13.75

Zinsmethode:

Jeweils mit der Faktura (Abschluss) wird auf dem von der vorausgegangenen Rechnung noch offenen Betrag ein Zins von beispielsweise 1,0% (pro Monat) erhoben.

Überziehungskredit auf laufendem Konto gemäss neuem Konsumkreditgesetz

ROLAND HASELBACH

I.	Vorbemerkungen	115
	1. Ausgangslage	115
	2. Entstehungsgeschichte	116
	3. Gesetzgebungsmethode	117
II.	Der Überziehungskredit im alten KKG	118
III.	Der Überziehungskredit im neuen KKG	119
	1. Allgemeines	119
	2. Geltungsbereich	120
	2.1 Persönlicher Geltungsbereich	120
	a) Kreditgeber	120
	b) Konsument	121
	2.2 Sachlicher Geltungsbereich	122
	a) Überziehungskredit auf laufendem Konto	122
	b) Ausschluss	124
	aa) Grundpfandgesicherte Kredite	124
	bb) Anderweitig sichergestellte Kredite	127
	cc) Bagatellkredite unter CHF 500.–	128
	dd) «Grosskredite» über CHF 80'000.–	129
	3. Vertragsform/obligatorischer Vertragsinhalt	130
	3.1 Vereinbarter Überziehungskredit	130
	a) Einfache Schriftlichkeit	130
	b) Zwingender Vertragsinhalt	131
	aa) Höchstgrenze des Kreditbetrages	131
	bb) Jahreszins, Kosten und deren Änderungsbedingungen	131
	cc) Vertragsbeendigung	132
	dd) Elemente der Kreditfähigkeitsprüfung	132
	3.2 Stillschweigend akzeptierter Überziehungskredit	133
IV.	Weitere auf den Überziehungskredit anwendbare Bestimmungen	134
	1. Kreditfähigkeitsprüfung	134
	1.1 Beim vereinbarten Überziehungskredit	134
	1.2 Beim stillschweigend akzeptierten Überziehungskredit	137
	2. Meldepflicht	138
	2.1 Allgemeines	138

		2.2	Bei Überziehungskrediten	139
		2.3	Übergangsrecht	141
	3.	Zustimmung: nur bei Minderjährigkeit des Konsumenten		142
	4.	Höchstzinssatz		143
	5.	Widerrufsrecht		144
	6.	Verzug		145
	7.	Wechsel- und Checkverbot		146
	8.	Werbung		147
	9.	Kreditvermittlung		147
	10.	Bewilligungspflicht und Bewilligungsvoraussetzungen		148
	11.	Sanktionen		148
		11.1 Allgemeines		148
		11.2 Sanktionen nach KKG		149
		a) Keine strafrechtlichen, sondern «nur» zivilrechtliche Sanktionen		149
		b) Sanktionen für Formfehler und Unterlassung vorgeschriebener Vertragsangaben		149
		aa) Beim vereinbarten Überziehungskredit		149
		bb) Beim stillschweigend akzeptierten Überziehungskredit		152
		c) Sanktion bei fehlender Zustimmung des gesetzlichen Vertreters		152
		d) Sanktion bei Verletzung des Höchstzinssatzes		152
		e) Sanktion bei Auszahlung des Konsumkredits vor dem Widerruf		153
		f) Sanktionen für Verletzung der Bestimmungen über die Kreditfähigkeitsprüfung und die Meldepflicht		153
		aa) Beim vereinbarten Überziehungskredit		153
		bb) Beim stillschweigend akzeptierten Überziehungskredit		155
		11.3 Sanktionen nach UWG		155
V.	**Fazit**			156

I. Vorbemerkungen

1. Ausgangslage

Das neue Bundesgesetz vom 23. März 2001 über den Konsumkredit (KKG)[1] wird voraussichtlich am 1. Januar 2003 in Kraft treten[2]. Ziel dieser Revision war ein Doppeltes[3]: Verbesserung des Sozialschutzes und Rechtsvereinheitlichung.

Primäres Anliegen war es, den Schutz der Konsumenten im Bereich des Konsumkredits zu verbessern. Der Gesetzgeber war dabei vom Gedanken getragen, dass eine genügende Information der Konsumenten vor dem Vertragsabschluss über Kredite, wovon das alte KKG vom 8. Oktober 1993 noch ausgegangen war[4], für die Prävention vor Überschuldung nicht genügend war. Er hat deshalb ein auf gesetzlicher Stufe in Europa völlig neues System der Prävention eingeführt, nämlich die Sorgfaltspflicht des Konsumkreditgebers[5]. Dieser ist ist nun im Hinblick auf die Vermeidung vor Überschuldung verpflichtet, vor der Kreditvergabe eine sorgfältige Kreditfähigkeitsprüfung durchzuführen[6].

---

[1] SR 221.214.1; BBl 2001, 1344 ff. Die Referendumsfrist ist am 12. Juli 2001 unbenutzt abgelaufen.

[2] So Ziff. V/3 des Begleitberichts zur Verordnung zum Bundesgesetz vom 23. März 2001 über den Konsumkredit (VKKG). Diese VO inkl. Begleitbericht wurde am 31. Mai 2002 in die Vernehmlassung geschickt (vgl. Pressemitteilung des Eidg. Justiz- und Polizeidepartements vom 31. Mai 2002).

[3] Botschaft betreffend die Änderung des Bundesgesetzes über den Konsumkredit vom 14. Dezember 1998, 11f. (Seitenzahlen werden nach einem Separatdruck zitiert; im Bundesblatt ist die Botschaft unter BBl 1999, 3155 ff. zu finden).

[4] Vgl. Protokoll der Sitzung der Komission WAK/NR vom 23. Februar 1999, Eintretensreferat, 2, BERND STAUDER, Konsumkredit – das Bundesgesetz über den Konsumkredit vom 8. Oktober 1993, AJP 1994, 689 bezeichnete das KKG denn auch als Konsumkredit-Informationsgesetz. Ein eigentliches Konsumkreditgesetz liege noch nicht vor.

[5] ALEXANDER BRUNNER, Neue Entwicklungen im Konsumrecht, SJZ 2001, 246.

[6] Art. 22 i.V.m. Art. 28–30 KKG. Selbstverständlich überprüft schon heute jeder (seriöse) Kreditgeber die Kreditfähigkeit seines Vertragspartners. Neu ist aber, dass der Gesetzgeber die Kreditfähigkeitsprüfung nicht der privaten Initiative des Kreditgebers überlässt, sondern sie gesetzlich vorschreibt und deren Umfang festlegt, vgl. dazu ausführlicher hinten IV Ziff. 1.

Damit trägt er erstmals eine rechtliche Mitverantwortung, dass ein Konsumkredit nicht zur Überschuldung der Kreditnehmenden (und ihren Familien) führt[7].

Nebst der Verbesserung des Sozialschutzes wollte der Gesetzgeber das Konsumkreditgeschäft landesweit wieder auf die gleiche rechtliche Grundlage stellen und damit der Rechtsunsicherheit, die sich durch das alte KKG und durch unterschiedliches kantonales Recht ergeben hatte, ein Ende bereiten[8]. Dieses insbesondere auch für die Konsumkreditgeber wichtige Anliegen ist nun erfüllt: Art. 38 KKG hält unmissverständlich fest, dass der Bund die Konsumkreditverträge abschliessend regelt, es also auch für kantonale Vorschriften, die nach bundesgerichtlicher Rechtsprechung öffentlich-rechtlichen Charakter aufweisen[9], keinen Platz mehr hat.

2. Entstehungsgeschichte

Der Gesetzgeber und die Öffentlichkeit beschäftigen sich seit Jahrzehnten mit dem Konsumkredit. Ging es Mitte des letzten Jahrhunderts vor allem um Fragen des Wuchers[10], wurden 1962 die Bestimmungen des Obligationenrechts über den Abzahlungs- und Vorauszahlungsvertrag revidiert. Nachher ging man daran, ein neues Konsumkreditgesetz zu schaffen. Ein erster Versuch[11] scheiterte am 4. Dezember 1986 in der Schlussabstimmung im Ständerat[12].

---

[7] FELIX SCHÖBI, Bundesgesetz vom 23. März 2001 über den Konsumkredit – ein erster Überblick, in: Jusletter 26. März 2001, Rz. 4.

[8] Botschaft (FN 3), 12. Zudem versteht sich das Konsumkreditgesetz auch als abschliessend, weshalb denn auch Art. 7 aKKG, der einen Vorbehalt strengerer gesetzlicher Bestimmungen enthielt, ersatzlos gestrichen worden ist, vgl. Botschaft (FN 3), 22.

[9] BGE 119 Ia 59 ff. (ZH), vgl. zu diesem Entscheid: JOHANNES KOENDGEN, Zur neuen Konsumkreditgesetzgebung, in: P. Nobel (Hrsg.), Aktuelle Rechtsprobleme des Finanz- und Börsenplatzes Schweiz, Bd. 2, Bern, 1994, 31 ff., 120 Ia 286 ff. (BE), 120 Ia 299 ff. (NE), ausführlich dazu vorne ROBERT SIMMEN, Barkredit und Teilzahlungsverträge unter dem neuen Konsumkreditgesetz, 37 ff.

[10] In diesem Zusammenhang kam es zum Abschluss des Interkantonalen Konkordats vom 8. Oktober 1957 über Massnahmen zur Bekämpfung von Missbräuchen im Zinswesen, SR 221.121.1.

[11] Entwurf und Botschaft über ein Konsumkreditgesetz vom 12. Juni 1978, BBl 1978 II 485 ff.

[12] ABl 1986, 700; vgl. dazu Botschaft (FN 3), 4, MARLIS KOLLER-TUMLER, Kommentar zum Schweizerischen Privatrecht, Sonderedition-OR, Basel, 1996, Vorbemerkungen zum KKG, Rz. 1.

Mit dem Abkommen über den Europäischen Wirtschaftsraum (EWR) verpflichtete sich die Schweiz zur Umsetzung der Richtlinie 87/102/EWG vom 22. Dezember 1986 zur Angleichung der Rechts- und Verwaltungsvorschriften der Mitgliedstaaten über den Verbraucherkredit (Verbraucherkreditrichtlinie)[13]. Im Rahmen der «Eurolex-Vorlage» kam der Bundesrat dieser Verpflichtung mit dem Entwurf und der Botschaft zu einem Bundesbeschluss über den Konsumkredit nach[14]. Nachdem Volk und Stände das EWR-Abkommen abgelehnt hatten, wurde die Vorlage zum «Swisslex-Erlass»[15]. In diesem Rahmen wurde das aKKG am 8.Oktober 1993 verabschiedet und am 1. April 1994 in Kraft gesetzt[16]. In diesem Verfahren ist die Ausrichtung des aKKG auf die Verbraucherkreditrichtlinie[17] unverändert geblieben, was sich in einer für uns ungewohnten Gesetzgebungsmethode mit ihrer Folge für die Auslegung und die Möglichkeiten bzw. Grenzen des Rechtsvergleichs zeigt[18].

3. Gesetzgebungsmethode

Die Entstehungsgeschichte erklärt die für uns ungewohnte Gesetzgebungsmethode und zeigt, dass sich auch der schweizerische Gesetzgeber der Globalisierung nicht entziehen kann. Ein kurzer Blick ins KKG genügt, um festzustellen, dass wir hier mit einem supranationalen Gesetzgebungsstil

---

[13] Im Rahmen der Übernahme des sog. acqius communautaire. VerbrKr-RL in ABl. L 42 vom 12. Februar 1987, 48, rev. durch die Richtlinie 90/88/EWG des Rates vom 22. Februar 1990, ABl. L 61, 14 vom 10. März 1990 und die Richtlinie 98/7/EG des Europäischen Parlaments und des Rates vom 16. Februar 1998, ABl. L 101, 17 vom 1. April 1998.

[14] Botschaft I vom 27. Mai 1992 über die Anpassung des Bundesrechts an das EWR-Recht; BBl 1992 V 1 ff., speziell 157 ff.

[15] Vgl. Botschaft vom 24. Februar 1993 über das Folgeprogramm nach der Ablehnung des EWR-Abkommens, BBl 1993 I 882 ff.

[16] AS 1994, 376 ff., SR 221. 214.1. Zur Gesetzgebungsgeschichte vgl. auch MARLIS KOLLER-TUMLER, Der Konsumentenvertrag im schweizerischen Recht, Diss. Bern, 1995, 189 ff.

[17] Vgl. FN 13.

[18] Vgl. HEINZ HAUSHEER, Anwendungsbereich und Abgrenzungsprobleme des KKG, insbesondere Leasing und Kreditkartengeschäft, in: Sammelband «Das neue Konsumkreditgesetz», BBT1, Bern, 1994, 53, WOLFGANG WIEGAND, Zur Anwendung von autonom nachvollzogenem EU-Privatrecht, Festschrift zum 60. Geburtstag von Roger Zäch, Zürich 1999, 171–189, auch erschienen in Jusletter 17. Juni 2002, insbes. Rz. 27 ff.

konfrontiert sind, welcher dem schweizerischen Recht bis anhin fremd war[19]. Diese Gesetzgebungsmethode folgt der aus dem anglo-amerikanischen Rechtskreis und dem internationalen Vertragsrecht bekannten[20], deren Markenzeichen u.a. Definitionen sind. Das führt dazu, dass z.B. der Anwendungsbereich des Art. 12 KKG, der den Überziehungskredit auf laufendem Konto regelt, nicht diesem Artikel entnommen werden kann. Vielmehr müssen dazu sowohl die Definitionen (Art. 1–3 KKG) als auch die Vorschriften über den Geltungsbereich (Art. 7 und 8 KKG) berücksichtigt werden, auch wenn der Art. 8 Abs. 2 KKG diese Bestimmungen nicht expressis verbis als für den Überziehungskredit auf laufendem Konto für anwendbar erklärt. Das ergibt sich aber aus dem Aufbau des Gesetzes und aus dem Zusammenspiel von persönlichem und sachlichem Anwendungsbereich und den zahlreichen Ausnahmen nach Art. 7 KKG[21].

II. Der Überziehungskredit im alten KKG

Die Entstehungsgeschichte erklärt, warum der Überziehungskredit im alten KKG durch eine Sondervorschrift geregelt wurde. Art. 2 Abs. 1 lit. e der Verbraucherkreditrichtlinie[22] nimmt nämlich Überziehungskredite auf laufendem Konto grundsätzlich von ihrem Anwendungsbereich aus, stellt in Art. 6 Abs. 1 aber doch bestimmte Grundsätze über die Information der Bankkunden auf, welche durch Art. 10 aKKG ins schweizerische Recht umgesetzt wurden[23]. Für diese Form des Konsumkredites gilt allein das Gebot der Kostentransparenz durch Information der Konsumenten, nicht hingegen das Schriftformerfordernis für den Vertragsabschluss[24]. Somit kann die Information formlos erteilt werden, hat aber spätestens beim Vertragsab-

---

[19] Vgl. HAUSHEER (FN 18), 51 f., KOENDGEN (FN 9), 32, KOLLER-TUMLER (FN 12), Vorbemerkungen zum KKG, N. 12, KOLLER-TUMLER (FN 16), 191 f., WOLFGANG WIEGAND, Europäisierung-Globalisierung-Amerikanisierung, in: Jusletter 11. Februar 2002, insbeso. Rz. 16.

[20] WOLFGANG WIEGAND, Die zentralen Elemente des Konsumkreditgesetzes, in: Sammelband «Das neue Konsumkreditgesetz», BBT1, Bern, 1994, 38.

[21] In Art. 8 Abs. 2 KKG sind nur diejenigen Artikel erwähnt, die eine gewisse Vertragsnähe haben. Botschaft (FN 3), 21, KOLLER-TUMLER (FN 12), Vorbemerkungen zum KKG, Rz. 12.

[22] Vgl. FN 13.

[23] KOLLER-TUMLER (FN 12), Art. 10 Rz. 1.

[24] KOLLER-TUMLER (FN 12), Art. 6 Rz. 13, STAUDER (FN 4), 680.

schluss[25] zu erfolgen. Beinhalten muss sie Angaben über die allfällige Höchstgrenze des Kreditbetrages, den Jahreszins, die bei Vertragsabschluss in Rechung gestellten Kosten, allfällige Zins- und Kostenanpassungsklauseln sowie die Modalitäten der Vertragsbeendigung[26]. Nach Vertragsabschluss hat das Kredit- oder Geldinstitut diese Informationen dem Konsumenten schriftlich zu bestätigen[27]. Zudem sieht das Gesetz vor, dass der Bankkunde während der Vertragsdauer über jede Änderung des Jahreszinses oder der in Rechnung gestellten Kosten unverzüglich zu informieren ist, wobei dies in Form eines Kontoauszuges erfolgen kann[28].

Nebst dem vertraglich vereinbarten Überziehungskredit auf laufendem Konto kennt das KKG auch noch die stillschweigend akzeptierten Kontoüberziehungen, die das Kredit- oder Geldinstitut ohne konkludente Vereinbarung, d.h. einseitig toleriert[29].

Die Informationspflicht beim stillschweigend akzeptierten Überziehungskredit richtet sich nach Art. 10 Abs. 4 aKKG und umfasst lediglich Angaben zum Jahreszins und zu den Kosten sowie den jeweiligen Änderungen. Zeitlich ist diese Information erst dann geschuldet, wenn das Konto länger als drei Monate überzogen war[30]. Für diese Information stellt das Gesetz keine Formvorschriften auf, so dass sie auch mündlich erfolgen kann.

III. Der Überziehungskredit im neuen KKG

1. Allgemeines

Auch das neue KKG unterscheidet zwischen vertraglich vereinbarten und stillschweigend akzeptierten Überziehungskrediten auf laufendem Konto. Bezüglich dem vertraglich vereinbarten Überziehungskredit sind die Schutz-

---

[25] Art. 10 Abs. 1 KKG, so auch § 5 Abs. 1 des deutschen VerbrKrG.
[26] Art. 10 Abs. 1 lit. a bis c KKG.
[27] Art. 10 Abs. 2 KKG, WIEGAND (FN 20), 45.
[28] Art. 10 Abs. 3 KKG.
[29] KOLLER-TUMLER (FN 12), Art. 10 Rz. 15, STAUDER (FN 4), 680.
[30] Insoweit übernimmt der Gesetzgeber die für die übrigen Konsumkredite geltende Bereichsausnahme des Art. 6 lit. g aKKG, wonach Kreditverträge, die den Schuldner verpflichten, den Kredit innert höchstens drei Monaten zurückzuzahlen, nicht als Konsumkredite im Sinne des KKG gelten.

bestimmungen erheblich verschärft worden. Insbesondere muss der Vertrag nun schriftlich abgeschlossen werden. Ferner ist dem Konsumenten eine Kopie des Vertrages auszuhändigen[31]. Neu hat die Kreditgeberin eine summarische Kreditfähigkeitsprüfung vorzunehmen[32] und die Elemente, die ihr zu Grunde gelegt worden sind, müssen im Vertrag angegeben werden[33]. Schliesslich ist der Schutz des Konsumenten durch die Anwendbarkeit verschiedener weiterer Bestimmungen des neuen KKG[34] erweitert worden. Dieser Verweis auf weitere Bestimmungen gilt auch für den stillschweigend eingeräumten Überziehungskredit, dessen Regelung sonst unverändert ins neue Gesetz überführt worden ist[35].

2. Geltungsbereich

Die Gesetzgebungsmethode des KKG weicht vom gewohnten Stil des OR ab[36]. Die Umschreibung des Überziehungskredites, der unter das KKG fällt, ist nicht einer einzigen Gesetzesbestimmung zu entnehmen, sondern sie ergibt sich im wesentlichen aus dem Zusammenspiel der Begriffsumschreibungen in den Art. 1–3 KKG, die sowohl den Vertragstypus als auch anhand persönlicher Kriterien die betroffenen Parteien definieren[37], mit den Artikeln 7 und 8 KKG, die den Abschnitt «Geltungsbereich» bilden und die den Anwendungsbereich des KKG einschränken.

2.1 Persönlicher Geltungsbereich

Art. 2 und 3 KKG definieren die beiden Parteien eines Konsumkreditvertrages als Kreditgeber und Konsument und regeln damit den persönlichen Anwendungsbereich des Gesetzes[38].

a) Kreditgeber

Als Kreditgeber i.S.v. Art. 2 KKG gilt jede natürliche oder juristische Person, die gewerbsmässig Konsumkredite gewährt.

---

[31] Art. 12 Abs. 1 KKG.
[32] Art. 30 Abs. 1 KKG.
[33] Art. 12 Abs. 2 lit. d KKG.
[34] Vgl. die Aufzählung im Art. 8 Abs. 2 KKG, die aber nicht abschliessend ist (vgl. dazu FN 21).
[35] Art.12 Abs. 4 KKG, vgl. Botschaft (FN 3), 22.
[36] HAUSHEER (FN 18), 51 f.
[37] KOLLER-TUMLER (FN 16), 193.
[38] KOLLER-TUMLER (FN 12), Art. 2 Rz. 1, STAUDER (FN 4) 677.

War unter dem alten KKG die Absicht zur Erziehlung eines Gewinns für die Unterstellung nicht erforderlich[39], ist nun mit dem vom Ständerat[40] eingeführten Begriff «gewerbsmässig»[41] klargestellt, dass nur noch solche Kreditgeber vom KKG erfasst werden, die Kredite systematisch vergeben, ihre Tätigkeit also auf einen regelmässigen Erwerb ausgerichtet ist. Neu fallen z.B. Handwerker, die für eine von ihnen erbrachte Leistung im nachhinein einen Zahlungsaufschub gewähren müssen, oder Zahnärzte, die dem Patienten ermöglichen, ihre Rechnung in Raten zu zahlen, nicht mehr in den Anwendungsbereich des KKG. Aber auch Darlehen von Arbeitgebern an ihre Arbeitnehmer unterstehen den Vorschriften des KKG nicht mehr[42].

Diese Beispiele zeigen, dass die nun erfolgte Einschränkung sinnvoll ist, insbesondere auch dann, wenn man die vom Gesetz vorgesehenen Sanktionen, die bis zum Verlust von Kreditsumme samt Zins und Kosten führen können[43], berücksichtigt.

Dieser Begriff der Kreditgeberin gilt nun auch uneingeschränkt für die Überziehungskredite. Das alte KKG sah hier noch eine Einschränkung vor, indem Art. 10 aKKG nur auf Überziehungskredite solcher Kreditgeberinnen anwendbar war, die als Kredit- oder Geldinstitut Konten von Konsumenten führten[44].

b) Konsument

Vertragspartner des Kreditgebers ist der Konsument, der in Art. 3 KKG, dessen Wortlaut unverändert geblieben ist, als natürliche Person bezeichnet wird, die einen Konsumkreditvertrag zu einem Zweck abschliesst, der nicht ihrer beruflichen oder gewerblichen Tätigkeit zugerechnet werden kann[45].

---

[39] HAUSHEER (FN 18), 57.
[40] Vgl. Protokoll der Sitzung der Kommission WAK/SR vom 17. August 2000, 3 ff.
[41] Im Art. 2 aKKG hiess es noch: «Als Kreditgeberin gilt jede natürliche oder juristische Person, die in Ausübung ihrer gewerblichen oder beruflichen Tätigkeit einen Kredit gewährt.»
[42] Vgl. die Materialien (FN 40) und ebenso das Protokoll der Sitzung der Kommission WAK/NR vom 31. Oktober 2000, 10 f. Zu Art. 2 aKKG vgl. KOLLER-TUMLER (FN 12), Art. 2 Rz. 2 ff. und (FN 16), 195, STAUDER (FN 4), 677.
[43] Ausführlicher hinten IV Ziff. 11.2 lit. e.
[44] Art. 10 aKKG: «Gewährt ein Kredit- oder Geldinstitut einen Kredit in Form eines Überziehungskredites...»; Art. 12 KKG: «Verträge, mit denen eine Kreditgeberin einen Kredit in Form eines Überziehungskredits auf laufendem Konto...». Vgl. KOLLER-TUMLER (FN 12), Art. 10 Rz. 4.
[45] Die Person des Konsumenten wird also nicht mit dem Kriterium der Schutzbedürftigkeit, sondern formell über die Zweckbestimmung der Kreditaufnahme definiert, so STAUDER (FN 4) 677.

Aus dieser Definition ergibt sich zweierlei: Erstens fallen Verträge mit juristischen Personen nicht in den Anwendungsbereich des KKG und zweitens gilt das auch für Verträge mit natürlichen Personen, sofern der Konsumkreditvertrag nicht zu einem privaten Zweck abgeschlossen worden ist, er also im Zusammenhang mit einer ausgeübten oder geplanten beruflichen oder gewerblichen Tätigkeit steht[46].

Im Gegensatz zum Deutschen Recht[47] und im Einklang mit der Verbraucherkreditrichtlinie[48] sind also auch sog. Existenzgründungsdarlehen[49], die sich erst auf eine geplante berufliche oder gewerbliche Tätigkeit beziehen, oder Ausbildungskredite nicht dem Geltungsbereich der Schutznorm unterstellt.

Auch für Überziehungskredite gilt, dass sie grundsätzlich einem privaten Zweck dienen müssen, ansonsten sie nicht in den Anwendungsbereich von Art. 12 KKG fallen. Die Abgrenzung zwischen beruflichem oder gewerblichem und privatem Zweck kann in Grenzfällen Schwierigkeiten bereiten[50]. Grundsätzlich gilt, dass die Zweckbestimmung weder ausdrücklich noch stillschweigend zwischen den Vertragsparteien vereinbart werden muss[51] und bei Überziehungskrediten auch nicht wird. Lässt sich somit der Verwendungszweck aus dem Kreditvertrag nicht ermitteln, so ist von der Konsumenteneigenschaft des Kreditnehmers auszugehen[52].

2.2 Sachlicher Geltungsbereich

Ausgangspunkt für den sachlichen Geltungsbereich ist die weitgefasste Definition des Konsumkreditvertrages in Art. 1 KKG.

a) Überziehungskredit auf laufendem Konto

Gemäss Art. 1 Abs. 2 lit. a KKG gelten auch Überziehungskredite[53] als Konsumkredite. Diese, auf laufendem Konto, also in Form eines Kontokorrents

---

[46] KOLLER-TUMLER (FN 12), Art. 3 Rz. 2.
[47] § 1 Abs. 1 VerbrKrG lautet: «... als Verbraucher gelten auch alle anderen natürlichen Personen, es sei denn, dass der Kredit nach dem Inhalt des Vertrags für ihre *bereits* ausgeübte gewerbliche oder selbständige berufliche Tätigkeit bestimmt ist.»
[48] Art. 1 Abs. 2 lit. a.
[49] JOHANNES KOENDGEN, Der Eurolex-Entwurf eines Konsumkreditgesetzes – auch ohne EWR ein gutes Gesetz für die Schweiz? AJP 1993, 285, STAUDER (FN 4) 677 FN 30.
[50] KOLLER-TUMLER (FN 12), Art. 3 Rz. 5.
[51] KOLLER-TUMLER (FN 16), 197, STAUDER (FN 4), 677.
[52] HAUSHEER (FN 18), 58, KOLLER-TUMLER (FN 12), Art. 10, Rz. 4.
[53] Der Wortlaut von Art. 1 Abs. 2 lit. b KKG ist ungenau. Überziehungskredite mit Kreditoption sind in der Kreditwirtschaft unbekannt. Gemeint sind Überziehungskredite

mit Giroabrede⁵⁴ geführten Kredite, gehören zum Standardprodukteangebot der Banken im Retailbereich.

Aufgrund vertraglicher Vereinbarung mit dem Kreditgeber darf der Konsument sein Konto bis zu einem bestimmten Limit gegen Entgelt[55] überziehen, sei es durch Abhebungen, Überweisungen oder mit der ec-Karte am point of sale. Diese Form des Kredites ist auf Kunden mit regelmässigem Einkommen zugeschnitten[56]. In der Regel sind dies Salärkonti, Gehaltskonti oder Privatkonti oder wie diese Produkte bei den verschiedenen Anbietern auch immer heissen mögen. Aus diesen Überlegungen folgt, dass es sich, wie die vom Gesetzgeber gewählte Bezeichnung bereits besagt, um ein bestehendes Konto handelt, auf dem regelmässig Eingänge zu verzeichnen sind und das grundsätzlich auf Habenbasis geführt wird.

Ferner kann als weiteres Unterscheidungsmerkmal zwischen dem laufenden Konto i.S. von Art. 12 KKG und den andern Konti auch die vereinbarte Benützungsart herangezogen werden: Salär-, Gehalts- oder Privatkonti dienen primär der Zahlungsabwicklung, während andere Konti der reinen Kreditabwicklung dienen. Selbst wenn Letztere in Form eines Kontokorrents mit laufender Rechnung geführt werden, fallen sie nicht in den Anwendungsbereich von Art. 12 KKG, sondern in denjenigen von Art. 9 oder 10 KKG und müssen damit deren weitergehende Form- und Schutzvorschriften erfüllen[57].

Schliesslich unterscheiden sich die Überziehungskredite vom typischen Konsumkredit auch durch die variable Höhe mit der Folge, dass sie jederzeit vom Soll ins Haben überführt werden können[58]. Dazu sind sie in der Regel auch jederzeit kündbar, was für beide Vertragsparteien gilt[59].

---

auf laufendem Konto, vgl. den Wortlaut von Art. 8 Abs. 2 und 12 Abs. 1 KKG. Die gegenteilige Meinung hätte zur Folge, dass der Gesetzgeber den Überziehungskredit faktisch vom Anwendungsbereich des KKG hätte ausnehmen wollen, wozu es weder in der Botschaft (FN 3), 21 noch in den Materialien noch im KKG selbst den geringsten Hinweis gibt.

54 Zum Kontokorrent vgl. BEAT KLEINER, Die allgemeinen Geschäftsbedingungen der Banken, Giro- und Kontokorrentvertrag, 2. Auflage, Zürich, 1964, 80 ff., insbeso. 86, derselbe, Bankkonto – Giro- und Kontokorrentvertrag, in: Festgabe Schluep, Zürich, 1988, 273 ff., derselbe, Bankkonto und elektronische Transaktionen, in: Festschrift für Max Keller zum 65. Geburtstag, Zürich, 1989, 715 ff., jeweils mit vielen Hinweisen.

55 HAUSHEER (FN 18), 66.
56 STAUDER (FN 4), 679 f.
57 KOLLER-TUMLER (FN 12), Art. 10 Rz. 5, vorne SIMMEN (FN 9) 45 ff.
58 Ohne dass es sich dabei um eine vorzeitige Rückzahlung im Sinne von Art. 17 KKG handelt. Vgl. auch KOENDGEN (FN 9), 43.
59 KOENDGEN (FN 49), 286.

b) Ausschluss

Nicht jeder Überziehungskredit, den eine natürliche oder juristische Person einem Konsumenten gewerbsmässig zu einem privaten Zweck einräumt, fällt in den Anwendungsbereich des KKG. Art. 7 KKG schliesst unentgeltliche sowie bestimmte entgeltliche Kredite aus dem Anwendungsbereich aus[60]. Damit wird das Gesetz auf einen gewissen Kernbestand eingeschränkt[61].

Für den Überziehungskredit auf laufendem Konto sind faktisch nur folgende Einschränkungen relevant:

aa) Grundpfandgesicherte Kredite

Überziehungskredite, die grundpfandgesichert sind, fallen nicht in den Anwendungsbereich des KKG[62]. Dabei unterscheidet das Gesetz nicht, ob der Kredit direkt oder indirekt grundpfandgesichert ist[63].

Das neue Gesetz verzichtet also auf die jetzige Ausnahme[64] für Konsumkredite, die hauptsächlich zum Erwerb oder zur Beibehaltung von Eigentumsrechten an einem Grundstück oder einem vorhandenen oder noch zu errich-

---

[60] Diese Einschränkung gilt nicht nur für Überziehungskredite, sondern für alle Konsumkredite, vgl. KOLLER-TUMLER (FN 12), Art. 6 Rz. 1.
[61] ALEXANDER BRUNNER, Zum neuen Konsumkreditgesetz, plädoyer 2/1994, 25.
[62] Art. 7 Abs. 1 lit. a KKG.
[63] Vgl. Botschaft (FN 3) 21. Eine Grundpfandsicherheit wird als Grundpfandverschreibung, Schuldbrief oder Gült (diese ist noch in der Innerschweiz und in beiden Appenzell verbreitet, wird aber heute kaum mehr neu errichtet) bestellt, wobei nur die letzteren beiden Wertpapier-Charakter haben. Bei der **direkten** Grundpfandsicherheit hat die Kreditgeberin als Sicherstellung ein Grundpfand (Grundpfandverschreibung oder Schuldbrief zu Eigentum). Bei der **indirekten** Grundpfandsicherheit wird der Kreditgeberin als Sicherstellung ein Faustpfandrecht an einem Pfandtitel (Schuldbrief, Gült) eingeräumt. Die Bestellung dieses Faustpfandes an einem Pfandtitel richtet sich nach Art. 901 ZGB. – In der Praxis werden Grundpfandtitel vielfach nicht mehr verpfändet, sondern sicherungsübereignet. Die Sicherungsübereignung ist dadurch gekennzeichnet, dass der Sicherungsgeber (= Fiduziant, Treugeber/Eigentümer des Grundpfandtitels) dem Sicherungsnehmer (= Fiduziar, Treunehmer/Kreditgeber) zur dinglichen Sicherstellung einer Forderung oder eines Forderungskreises (= Sicherungsforderungen) eine Sache (Grundpfandtitel) treuhänderisch zu Eigentum überträgt. Für die Sicherungsübereignung fallen nur Grundpfänder in Betracht, die in einem Wertpapier verkörpert sind, somit Schuldbriefe und Inhaberobligationen mit Grundpfandverschreibung. Kapital- und Maximal-Grundpfandverschreibungen können nicht sicherungsübereignet werden, da ihrer Verurkundung bloss die Eigenschaft eines Beweismittels zukommt.
[64] Art. 6 Abs. 1 lit. a aKKG.

tenden Gebäude, oder zur Renovation oder Verbesserung eines Gebäudes bestimmt sind.

Allerdings hat dieser Verzicht für Überziehungskredite praktisch keine Auswirkungen, sind doch Kredite mit einer solchen Zweckbestimmung, selbst wenn sie auf einem Kontokorrent ausgesetzt werden, keine Überziehungskredite im Sinne des KKG[65].

Ob diese Bereichsausnahme greift, entscheidet sich nicht nach formellen, sondern nach materiellen Gesichtspunkten. Aus der ratio legis folgt, dass es nicht genügt, dass formell eine Grundpfanddeckung besteht, diese aber nicht werthaltig ist. Werthaltig heisst, dass nach einer professionellen Schätzung die Kreditgeberin davon ausgehen kann, dass der oder die grundpfandgesicherten Kredite im Falle der Verwertung des Unterpfandes auch wirklich gedeckt werden.

Für die Frage, ob eine Grundpfanddeckung werthaltig ist und damit der Kredit nicht unter das KKG fällt, ist der Zeitpunkt der Kreditgewährung massgeblich[66]. In diesem Zeitpunkt hat der Kreditgeber zu prüfen, ob (1) ein Konsumkreditvertrag im Sinne von Art. 1 KKG vorliegt. Wenn diese Frage mit Ja zu beantworten ist, hat er ferner (2) zu überlegen, ob der persönliche Anwendungsbereich gegeben ist. Bei positiver Antwort hat er schliesslich (3) den sachlichen Anwendungsbereich unter die Lupe zu nehmen. Liegt einer der in Art. 7 KKG genannten Ausschlussgründe vor, ist das KKG nicht anwendbar[67]. Ein nach diesem Zeitpunkt eingetretener Wertzerfall des Pfandobjektes bleibt grundsätzlich unbeachtlich[68], eine allgemeine oder periodische Überwachungspflicht, ob die Sicherheit noch werthaltig ist, gibt es nicht.

Dies gilt grundsätzlich auch für den Überziehungskredit. Allerdings entspricht er nicht dem Bild des typischen Konsumkredits; insbesondere wird er auf unbestimmte Zeit eingeräumt und der in Anspruch genommene Kreditbetrag ist variabel, kann also jederzeit vom Soll ins Haben überführt werden[69].

---

[65] Vgl. vorne III Ziff. 2.2 lit. a.
[66] Das KKG ist ein Gesetz, welches beim Vertragsabschluss ansetzt; so sinngemäss Protokoll der Sitzung der Kommission WAK/SR vom 7. April 2000, 15.
[67] Vgl. Anhang VIII «Checkliste für die Anwendung des Konsumkreditgesetzes» in: Sammelband «Das neue Konsumkreditgesetz», BBT1, Bern, 1994, 177 f.
[68] FELIX SCHÖBI, Privathypothek zur Finanzierung von Immobilien, 4, in: Tagungsunterlagen Stiftung juristische Weiterbildung, Zürich, 2. Veranstaltung 2002, Finanzierungsverträge – Auswirkungen des revidierten KKG, vom 27. Juni 2002.
[69] Vgl. vorne III Ziff. 2.2 lit. a.

Diese Besonderheiten haben den Gesetzgeber bewogen, ausschliesslich beim Überziehungskredit eine Wiederholung der Kreditfähigkeitsprüfung unter bestimmten Voraussetzungen vorzuschreiben[70]. Ähnliches gilt m.E. auch für den Fall, dass der Wert des Unterpfandes markant gesunken ist. Der Kreditgeber wird – sofern er von dieser Situation Kenntnis erhält – schon im eigenen Interesse versuchen, seine Situation zu verbessern. Er wird z.B. zusätzliche Sicherheiten verlangen oder die Limite entsprechend anpassen. Können weitere Sicherheiten nicht gestellt werden, untersteht dieser Kredit pro futuro dem KKG mit der Folge, dass ein KKG-konformer Vertrag gemäss Art. 12 KKG abzuschliessen, also auch eine Kreditfähigkeitsprüfung i.S.v. Art. 30 KKG durchzuführen ist.

Dies gilt aber nur dann, wenn der Wertzerfall des Unterpfandes massiv, also eine wesentliche Änderung gegenüber der Situation bei Einräumung des ursprünglichen Überziehungskredits eingetreten ist. Kleinere Wertschwankungen führen zu keiner Unterstellung unter das KKG, sind unter diesem Gesichtspunkt also unbeachtlich. Denn der Grundsatz, dass der Gesetzgeber keine allgemeine oder periodische Überwachungspflicht stipuliert hat, gilt auch für den Überziehungskredit.

In der Praxis wird es die grosse Ausnahme sein, wenn eigens für einen Überziehungskredit eine Grundpfanddeckung bestellt wird. Hingegen kommt es oft vor, dass Grundpfandtitel zur Sicherstellung verschiedener Forderungen, also z.B. auch für einen Konsumkredit, der Kreditgeberin verfaustpfändet oder sicherungsübereignet[71] werden. Rechtlich zulässig ist auch die Einräumung eines Grundpfandrechts für mehrere Forderungen[72]. Diese Variante führt aber in der Praxis oft zu komplizierten Konstruktionen, die sich im Verwertungsfall negativ auswirken können, weshalb sie von den Kreditgebern nur mit grosser Zurückhaltung angewendet wird.

---

[70] Art. 30 Abs. 2 KKG. Vgl. dazu hinten IV Ziff. 1.1.
[71] Vgl. die in der Regel weitgefasste Umschreibung der sichergestellten Forderungen in den Pfand- und Sicherungsübereignungsverträgen der Banken. So z.B. in der «Pfandbestellung» der UBS AG: «Ich/Wir räume(n) hiermit gemäss dem Gesetz und den nachstehenden Bedingungen der UBS AG (nachstehend UBS) zur Sicherung aller ihr heute oder künftig zustehenden Forderungen (Kredite oder andere vertragliche Ansprüche, einschliesslich schwebender Verbindlichkeiten wie z.B. Regressansprüchen) gegen XY («Schuldner»), welche dessen/deren Geschäftsbeziehung mit der UBS entspringen, ein Pfandrecht ein an allen Wertpapieren einschliesslich …».
[72] Sog. Margenverpfändung im engeren Sinn, vgl. BGE vom 1. September 1978, wiedergegeben in ZBGR 60 (1979) 106 ff.

bb) Anderweitig sichergestellte Kredite

Heute fallen Kreditverträge oder Kreditversprechen, die durch hinterlegte bankübliche Sicherheiten gedeckt sind, nicht in den Anwendungsbereich des KKG[73]. Diese erst im Rahmen der parlamentarischen Beratung eingebrachte Bereichsausnahme[74] hatte zum Ziel, eine Ungleichbehandlung von Grundeigentümern und Wertschrifteneigentümern zu verhindern[75] und war denn auch von der Sache her unbestritten[76].

Aus den Materialien ergibt sich, dass mit dieser Einschränkung des Anwendungsbereichs insbesondere die Lombardkredite erfasst werden sollten, bei denen ein Schutzbedürfnis des Konsumenten verneint wurde[77]. Dabei ist sich die Lehre aber einig, dass dies nur dann gilt, wenn die Vermögenswerte durch eine ausdrücklich vereinbarte Pfandklausel der Kreditgeberin verpfändet sind, eine Verpfändung infolge einer in den AGB enthaltenen Pfandklausel hingegen nicht ausreichend ist[78].

Das revidierte KKG kennt diese Einschränkung nicht mehr. Gemäss Art. 7 Abs. 1 lit. b KKG sind nicht nur Kreditverträge und Kreditversprechen, die durch hinterlegte bankübliche Sicherheiten gedeckt sind, vom Geltungsbereich ausgenommen, sondern neu sind auch solche Verträge, die durch ausreichende Vermögenswerte, welche der Konsument bei der Kreditgeberin hält, keine Konsumkredite im Sinne des KKG mehr.

Aufgrund der Entstehungsgeschichte, der Materialien[79] und der Formulierung des ergänzten Art. 7 KKG ergibt sich eindeutig, dass sämtliche Kredi-

---

[73] Art. 6 Abs. 1 lit. b aKKG.
[74] Vgl. Antrag Fischer-Sursee, AmtlBull NR, 1992, 1921.
[75] Fischer (FN 74), 1921: «Die Unlogik wird perfekt, wenn man bedenkt, dass grundpfändlich sichergestellte Darlehen nicht darunterfallen. Also wird derjenige, der Grundstücke hat, privilegiert, während derjenige, der ein Wertschriftendepot hat, benachteiligt wäre. Aus diesen Gründen ist es rein logisch und sachlich nicht gerechtfertigt, die gedeckten Kredite diesem Gesetz zu unterstellen.»
[76] Alle Fraktionen stimmten zu, vgl. AmtlBull NR, 1992, 1921. Hingegen hatte das Justizdepartement gewisse juristische Bedenken, ob diese Ausnahme mit der VerbrKr-RL vereinbar sei. Bundesrat Koller meinte dazu zusammenfassend (AmtlBull NR, 1992, 1922): «Der reine Wortlaut der Richtlinie spricht gegen diesen Antrag. Sinn und Zweck der Richtlinie lassen ihn als Grenzfall, als ein kalkulierbares Risiko erachten.» Vgl. dazu auch Koller-Tumler (FN 12), Art. 6 Rz. 3.
[77] Koendgen (FN 9), 43 und (FN 19), 286, Stauder (FN 4), 679.
[78] Hausheer (FN 18), 66, Koller-Tumler (FN 12), Art. 6 Rz. 3, Stauder (FN 4), 679.
[79] So z.B. Protokoll der Sitzung der Kommission WAK/NR vom 23. Februar 1999, 17 f.

te, denen entsprechende Vermögenswerte[80] gegenüberstehen und die der Konsument bei der Kreditgeberin hält, vom Anwendungsbereich des KKG ausgeschlossen sind. Dabei kommt es nicht darauf an, ob sie der Kreditgeberin eigens für diesen Kredit verpfändet sind oder nicht, ja selbst ein AGB-Pfandrecht ist nicht erforderlich[81].

Ziel und Zweck des revidierten KKG ist es bekanntlich, Leute vor Überschuldung zu schützen, die mit der Begleichung ihrer Schulden Probleme hätten. In den Fällen, wo den Schulden entsprechende Guthaben gegenüberstehen, ist das aber gerade nicht der Fall. Deshalb hat der Gesetzgeber diese Fälle nicht mehr dem KKG unterstellt, auch unter Berücksichtigung der Tatsache, dass er den Tatbestand des Konsumkredits erweitert und für Konsumkredite mehr Formalitäten eingeführt hat[82],[83].

Ob die Vermögenswerte, die der Konsument bei der Kreditgeberin hält, ausreichend sind, entscheidet sich analog zu dem zu den grundpfandgesicherten Krediten Ausgeführten[84] im Zeitpunkt der Kreditgewährung. Ausreichend heisst, dass der Konsument im Zeitpunkt der Kreditgewährung zumindest über so viele Vermögenswerte bei der Kreditgeberin verfügt, dass er bei deren Veräusserung auf den nachgefragten Kredit nicht angewiesen wäre.

cc) ***Bagatellkredite unter CHF 500.–***

Art. 7 Abs. 1 lit. e KKG schliesst sämtliche entgeltlichen[85],[86] Kredite unter CHF 500.– vom Anwendungsbereich des KKG aus. Massgeblich ist dabei der Nettokreditbetrag ohne Zinsen und Kosten[87].

---

[80] Seien das Kontoguthaben, Wertpapiere oder Sachwerte. Hingegen stellen Bürgschaften, Garantien, Drittpfänder, Säule 3a-Gelder oder Guthaben auf Freizügigkeitskonti weder «hinterlegte bankübliche Sicherheiten» noch «ausreichende Vermögenswerte» dar, da der Konsument sie entweder z.Z. nicht realisieren kann oder weil er einer Drittperson gegenüber haftet.
[81] Das aber regelmässig in den AGB der Banken enthalten ist.
[82] Vgl. Protokoll der Sitzung der Kommission WAK/NR vom 23. Februar 1999, 18.
[83] Insbesondere im Zusammenhang mit der Kreditfähigkeitsprüfung, den zwingenden Vertragsbestandteilen und dem Meldewesen.
[84] Vgl. III Ziff. 2.2 lit. b, aa. Die dort erwähnte Ausnahme von diesem Grundsatz gilt mutatis mutandis auch für Überziehungskredite, die durch ausreichende Vermögenswerte im Sinne von Art. 7 Abs. 1 lit. b KKG gedeckt sind.
[85] Auf unentgeltliche Kredite ist das KKG gemäss Art. 7 lit. c und d nicht anwendbar.
[86] Bei den entgeltlichen Krediten ist das Wie dieser Entschädigung belanglos, vgl. dazu HAUSHEER, (FN 18), 61 f.
[87] KOLLER-TUMLER (FN 12), Art. 6 Rz. 9.

dd) «Grosskredite» über CHF 80'000.–

Der Bundesrat[88] wollte auf die heutige obere Begrenzung für Konsumkredite von CHF 40'000.–[89] verzichten. Der Gesetzgeber ist dieser Ansicht nach intensiven Diskussionen nicht gefolgt[90] und hat diesen Betrag auf CHF 80'000.– verdoppelt. Diese neue Obergrenze ist einiges höher als die in der Verbraucherkreditrichtlinie[91] genannte Summe von Euro 20'000.–, entspricht aber ungefähr der in Landeswährung umgerechneten, in Deutschlang massgeblichen Summe von Euro 50'000.–[92].

Was die Überziehungskredite auf laufendem Konto betrifft, werden die wenigsten wegen dieser Bestimmung vom Anwendungsbereich des KKG ausgeschlossen werden, beträgt doch der Grossteil der zu privaten Zwecken eingeräumten Überziehungskredite bedeutend weniger als CHF 80'000.–[93].

Wird einmal ein grösserer Überziehungskredit ausgesetzt, ist für die Frage, ob er in den Anwendungsbereich des KKG fällt, die ausgesetzte Limite, die der Gesetzgeber als Höchstgrenze des Kreditbetrages bezeichnet[94], massgeblich und nicht der effektiv in Anspruch genommene Betrag, ist doch gerade die variable Höhe der ausstehenden Kreditsumme ein typisches Merkmal der Überziehungskredite. So fällt z.B. ein Überziehungskredit über CHF 100'000.–, der mit CHF 40'000.– benützt ist, nicht unter das KKG, während ein mit CHF 60'000.– voll ausgeschöpfter Überziehungskredit einen Konsumkredit im Sinne des KKG darstellt.

Dies ergibt sich nicht nur aus dem Wortlaut des Gesetzes, sondern auch aus der Tatsache, dass sich der Kreditgeber mit der Einräumung eines Überziehungskredites verpflichtet, seinem Kunden Kredit bis zur vereinbarten Höchstgrenze zur Verfügung zu stellen. Für diesen Betrag muss der Konsument kreditfähig im Sinne von Art. 22 ff. KKG sein, ansonsten es dem Kreditgeber verwehrt ist, einen Kredit in besagter Höhe zur Verfügung zu stellen, will er nicht riskieren, nicht nur Zinsen und Kosten, sondern auch die gewährte Kreditsumme zu verlieren[95].

---

[88] Vgl. Botschaft (FN 3), 21.
[89] Art. 6 Abs. 1 lit. f aKKG.
[90] Vgl. Protokoll der Sitzung der Kommission WAK/NR vom 23. Februar 1999, 18 ff., AmtlBull NR, 1999, 1887 ff.
[91] Art. 2 Abs. 1 lit. f VerbrKr-RL.
[92] § 3 Abs. 1 Ziff. 2 VerbrKrG.
[93] So beträgt die Höchstgrenze des Kreditbetrages z.B. bei der UBS AG in über 95 Prozent der Fälle nicht mehr als CHF 20'000.– (Zahlen von Anfang 2002).
[94] Art. 12 Abs. 2 lit. a KKG.
[95] Art. 32 Abs. 1 KKG.

3. Vertragsform/obligatorischer Vertragsinhalt

Auch das revidierte KKG unterscheidet zwischen vertraglich vereinbarten und stillschweigend akzeptierten Überziehungskrediten auf laufendem Konto. Beide sind in Art. 12 KKG geregelt.

3.1 Vereinbarter Überziehungskredit

Der Gesetzgeber hat die Schutzbestimmungen im Bereich des vertraglich vereinbarten Überziehungskredits erheblich verschärft[96] und geht damit weit über das von der Verbraucherkreditrichtlinie geforderte Mass hinaus[97].

a) Einfache Schriftlichkeit

Art. 12 Abs. 1 KKG schreibt zwingend[98] vor, dass Verträge, mit denen eine Kreditgeberin einen Kredit in Form eines Überziehungskredits auf laufendem Konto gewährt, schriftlich abzuschliessen sind. Dieses Formerfordernis dient – zusammen mit den Elementen, die Abs. 2 zum zwingenden Vertragsinhalt erklärt – dem Schutz des Konsumenten. Dieser soll einerseits vor Übereilung beim Vertragsabschluss geschützt[99], andrerseits sollen ihm spätestens bei Vertragabschluss bestimmte Hinweise in schriftlicher Form erteilt werden[100].

Ein Vertrag, für den die schriftliche Form gesetzlich vorgeschrieben ist, muss gemäss Art. 13 OR die Unterschriften aller Personen tragen, die durch ihn verpflichtet werden. Nachdem es sich beim Überziehungskredit um einen zwei- oder mehrseitigen Schuldvertrag handelt, sind die Erklärungen aller Parteien formbedürftig, d.h. sowohl der Konsument als auch die Kreditgeberin haben den Vertrag zu unterschreiben[101].

---

[96] Womit der Gesetzgeber den Unterschied zum stillschweigend akzeptierten Überziehungskredit stärker herausstreichen wollte, vgl. Botschaft (FN 3), 22 f.
[97] Vgl. Art. 6 VerbrKr-RL, die wie Art. 10 aKKG nur gewisse Informationspflichten vorsieht. Ähnlich § 5 des deutschen VerbrKrG.
[98] Gemäss Art. 37 KKG darf von den Bestimmungen dieses Gesetzes nicht zu Ungunsten der Konsumenten abgewichen werden.
[99] Dazu dient in verstärkendem Masse auch das Widerrufsrecht gemäss Art. 16 KKG.
[100] Vgl. GAUCH/SCHLUEP/SCHMID/REY, Schweizerisches Obligationenrecht, Allgemeiner Teil, Band I, 7. Auflage, Freiburg/Zürich, 1998, Rz. 500a.
[101] GAUCH/SCHLUEP/SCHMID/REY (FN 100), Rz. 506, BRUNO SCHMIDLIN, Berner Kommentar 1986, Art. 13 OR N 7 ff.

Indessen ergibt sich aus Art. 13 Abs. 2 OR, dass es für die Einhaltung der Schriftform nicht erforderlich ist, dass die beidseitigen Unterschriften auf der gleichen Vertragsurkunde angebracht werden. Vielmehr können für einen Vertrag auch mehrere Urkunden verwendet werden, wobei nicht jede Urkunde von allen Parteien unterzeichnet sein muss. Das gilt auch für den Fall, dass Vertragsdoppel ausgetauscht werden. Dabei genügt es, wenn jede Partei das für die andere Partei bestimmte Doppel unterzeichnet[102].

Erhält der Konsument also ein von der Kreditgeberin unterzeichnetes Doppel, ist das weitere Erfordernis von Art. 12 Abs. 1 KKG, dass der Konsument zwingend eine Kopie des Vertrages erhalten muss, erfüllt. Eine eigentliche Vertragsausfertigung ist nicht erforderlich[103].

b) Zwingender Vertragsinhalt

Die Elemente, die zwingend im Vertrag über die Gewährung eines vertraglich vereinbarten Überziehungskredits aufgeführt sein müssen, sind in Art. 12 Abs. 2 KKG aufgezählt:

aa) Höchstgrenze des Kreditbetrages

Bei einem Kontokorrentkredit wechselt der Nettokreditbetrag ständig. Seine Angabe ist deshalb im Voraus nicht möglich. Hingegen schreibt der Gesetzgeber zwingend vor, dass die Höchstgrenze des Kreditbetrages anzugeben ist[104]. Diese entspricht der eingeräumten Kreditlimite. Auch wenn vom Wortlaut des Gesetzes her Bestimmbarkeit genügt[105], ist es der Klarheit halber angezeigt, diese in Franken anzugeben.

bb) Jahreszins, Kosten und deren Änderungsbedingungen[106]

Unter dem Jahreszins ist der Nominalzinssatz zu verstehen, mit dem der in Anspruch genommene Überziehungskredit p.a. zu verzinsen ist, nicht etwa der effektive Jahreszins i.S.v. Art. 6 KKG. Dessen Angabe wäre bei einem Überziehungskredit auch gar nicht möglich[107], da beim Überziehungskredit

---

[102] SCHMIDLIN (FN 101), Art. 13 OR N 25 ff.
[103] Ausführlicher dazu WIEGAND (FN 20), 41 f.
[104] Gemäss Art. 10 Abs. 1 lit. a aKKG musste der Konsument – analog zu Art. 6 Abs. 1 VerbrKr-RL – «nur» über eine *allfällige* Höchstgrenze informiert werden; damit war diese Angabe – im Gegensatz zu § 5 Abs. 1 Ziff. 1 des deutschen VerbrKrG – nicht zwingend. Vgl. zum neuen Art. 12 Abs. 2 lit. a KKG: Protokoll der Sitzung der Kommission WAK/NR vom 17. Mai 1999, 4.
[105] A.M. KOLLER-TUMLER (FN 12), Art. 10 Rz. 7.
[106] Art. 12 Abs. 2 lit. b KKG.
[107] Und in sinngemässer Anwendung von Art. 9 Abs. 2 KKG auch nicht erforderlich.

per definitionem der effektiv in Anspruch genommene Kreditbetrag nicht im Voraus feststeht. Der vereinbarte Zins darf – anders als im deutschen Recht[108] – monatlich belastet werden[109].

Ferner sind die Kosten, die dem Konsumenten bei Vertragsabschluss in Rechnung gestellt werden, im Vertrag einzeln auszuweisen. Darunter sind alle einmaligen Aufwendungen zu verstehen, die der Konsument – neben den Zinsen – für die Einräumung des Kredits zu bezahlen hat[110]. Dabei handelt es sich primär um Abschluss- oder Bearbeitungsgebühren.

Von dieser Bestimmung nicht erfasst sind hingegen Kosten, die der Kreditgeber bei Nichterfüllung einer im Vertrag aufgeführten Verpflichtung schuldet und auch nicht Kontoführungskosten, welche der Konsument im Rahmen des Girovertrages mit Kontokorrentabrede[111] für die Kontoführung so oder anders zu entrichten hat[112].

Schliesslich sind auch die für die Zins- und Kostenänderungen geltenden Bedingungen aufzuführen. Erfüllte deren Regelung in den AGB[113] noch die Anforderungen von Art. 10 Abs. 1 lit. b aKKG, müssen diese nun ausdrücklich im Vertrag festgehalten werden[114].

cc) *Vertragsbeendigung*

Zwingender Vertragsbestandteil bildet auch die Regelung über die Vertragsbeendigung[115]. Zulässig und bei Kontokorrentkrediten üblich ist ein gegenseitiges, jederzeit ausübbares Kündigungsrecht[116].

dd) *Elemente der Kreditfähigkeitsprüfung*

Neu schreibt das Gesetz vor, dass auch die Elemente, die der Kreditfähigkeitsprüfung[117] zu Grunde gelegt worden sind, im Vertrag enthalten sein

---

[108] § 5 Abs. 1 VerbrKrG.
[109] KOLLER-TUMLER (FN 12), Art. 10 Rz. 8.
[110] KOLLER-TUMLER (FN 12), Art. 4/5 Rz. 4.
[111] Vgl. vorne III Ziff. 2.2 lit. a, insbeso. die in FN 54 zit. Werke von KLEINER.
[112] Anders verhält es sich gemäss Art. 34 Abs. 3 KKG nur dann, wenn der Konsument nicht über eine angemessene Wahlfreiheit verfügt und die Kontoführungskosten ungewöhnlich hoch sind.
[113] KOLLER-TUMLER (FN 12), Art. 10 Rz 10.
[114] Eine Bestimmung im Vertrag über die Gewährung eines Überziehungskredits, dass die AGB (mit einer entsprechenden Regelung) integrierter Bestandteil bildeten, würde dem Schutzgedanken des Gesetzes nicht genügen.
[115] Art. 12 Abs. 2 lit. c.
[116] Vgl. vorne III Ziff. 2.2 lit. a.
[117] Vgl. dazu Art. 30 Abs. 1 KKG.

müssen[118]. Dabei können Einzelheiten in einem vom Kreditvertrag getrennten Schriftstück festgehalten werden. Dieses bildet dann einen integrierten Bestandteil des Vertrages[119].

Konkret bedeutet dies, dass die wesentlichen Elemente bzw. der «Mechanismus» der Kreditfähigkeitsprüfung im Vertrag selber aufgeführt werden müssen. Hingegen können die Einzelheiten gemäss Art. 30 Abs. 1 KKG, nämlich die Angaben des Konsumenten über seine Vermögens- und Einkommensverhältnisse sowie die Ergebnisse der Abklärung des Kreditgebers bei der Informationsstelle für Konsumkredit, auf einem separaten Schriftstück festgehalten werden[120].

Werden diese Einzelheiten in einem vom Vertrag getrennten Schriftstück erfasst, ist dem Konsumenten eine Kopie davon auszuhändigen, da es gemäss dem Wortlaut des Gesetzes einen integrierten Bestandteil bildet. Eine Unterschrift darauf ist nicht erforderlich[121]. Hingegen ist dies im gegenseitigen Interesse der Vertragsparteien sinnvoll, dienen diese Unterschriften doch einerseits der Transparenz und andrerseits der Rechtssicherheit, indem dem Konsumenten (1) bewusst wird, dass er genaue Angaben über seine Vermögens- und Einkommensverhältnisse machen muss, er (2) ferner mit seiner Unterschrift bestätigt, dass der Kreditgeber seine Angaben richtig protokolliert hat und (3) er schliesslich Kenntnis davon erhält, was über ihn bei der Informationsstelle für Konsumkredit gespeichert ist.

3.2 Stillschweigend akzeptierter Überziehungskredit

Neben vertraglich vereinbarten Überziehungskrediten kennt das KKG auch noch die stillschweigend akzeptierte Kontoüberziehung[122]. Gemeint ist damit nicht eine konkludente Vereinbarung, sondern Kontoüberziehungen, die den Konsumenten stillschweigend eingeräumt, d.h. vom Kreditgeber ein-

---

[118] Dieses Erfordernis war in der Botschaft (FN 3), 41 noch nicht enthalten und wurde erst im Laufe der parlamentarischen Beratung eingefügt, vgl. Protokoll der Sitzung der Kommission WAK/SR vom 17. August 2000, 9 und 14 und AmtlBull SR, 2000, 571.
[119] Art. 12 Abs. 2 lit. d KKG.
[120] Die Kann-Vorschrift bezieht sich lediglich auf ein separates Schriftstück, die Einzelheiten müssen entweder im Vertrag oder in einem separaten Schriftstück festgehalten werden.
[121] SCHMIDLIN (FN 101), Allgemeine Erläuterungen Art. 12–15 OR N 20 ff.
[122] Art. 12 Abs. 4 KKG.

seitig toleriert werden[123], womit auf die Geschäftsführung ohne Auftrag verwiesen wird[124].

Diese Bestimmung wurde unverändert vom alten KKG übernommen[125]. Dauern diese Überziehungen weniger als drei Monate, werden sie vom KKG überhaupt nicht erfasst[126]. Wird das Konto länger als drei Monate überzogen, so schreibt das Gesetz allein eine nachträgliche Informationspflicht der Kreditgeber über den Jahreszins und die in Rechnung gestellten Kosten sowie über alle diesbezüglichen Änderungen vor[127].

Formvorschriften für diese Kundeninformation gibt es keine. Sie kann also auch mündlich[128] oder in einem separaten Schreiben erfolgen. In der Praxis erhält der Konsument diese Informationen auf dem Kontoauszug.

IV. Weitere auf den Überziehungskredit anwendbare Bestimmungen

1. Kreditfähigkeitsprüfung

1.1 Beim vereinbarten Überziehungskredit

Primäres Anliegen des revidierten Konsumkreditgesetzes ist es, den Schutz der Konsumenten im Bereich des Konsumkredits zu verbessern. Scheiterten frühere Versuche, dieses Ziel mit Kreditobergrenzen, Laufzeitbeschränkungen und dem Verbot von Mehrfachkrediten zu erreichen[129], hat der Gesetzgeber nun den Weg über die Kreditfähigkeitsprüfung gewählt. Diese

---

[123] STAUDER (FN 4), 680, KOLLER-TUMLER (FN 12), Art. 10 Rz. 15.
[124] HAUSHEER (FN 18), 66,
[125] Botschaft (FN 3), 23, worin ausgeführt wird, dass keine zusätzlichen Schutzbedürfnisse in Bezug auf stillschweigend akzeptierte Überziehungskredite erkennbar seien.
[126] Das KKG wiederholt hier den gemäss Art. 7 Abs. 1 lit. f KKG für alle Konsumkredite geltenden laufzeitabhängigen Ausschluss von seinem Anwendungsbereich.
[127] Entspricht Art. 6 Abs. VerbrKr-RL, die diese Regelung für Mitgliedstaaten vorsieht, in denen stillschweigend akzeptierte Kontoüberziehungen zulässig sind. Vgl. auch die deutsche Regelung in § 5 VerbrKrG.
[128] KOLLER-TUMLER (FN 12), Art. 10 Rz. 17.
[129] So der 1978 dem Parlament unterbreitete Vorschlag (BBl 1978 II 485 ff.), der am 4. Dezember 1986 in der Schlussabstimmung des Ständerates scheiterte (ABl 1986, 700).

steht im Zentrum des neuen KKG[130] und bezweckt die Vermeidung einer Überschuldung des Konsumenten infolge eines Konsumkredits[131].

Jeder Kreditgeber ist deshalb verpflichtet, vor Vergabe eines Konsumkredits eine sorgfältige Kreditfähigkeitsprüfung durchzuführen[132]. Dabei hat er die Kreditfähigkeit jedes einzelnen Vertragspartners zu prüfen, bei mehreren solidarisch haftenden Konsumenten also die Kreditfähigkeit jedes einzelnen Solidarschuldners.

Eine Kreditfähigkeitsprüfung ist allerdings vom Grundsatz her nichts Neues: Jeder (seriöse) Kreditgeber überprüft heute schon die Kreditfähigkeit seines Vertragspartners[133]. Neu ist hingegen, dass er nicht nur von Gesetzes wegen dazu verpflichtet ist, sondern dass der Gesetzgeber auch den Umfang der Kreditfähigkeitsprüfung festlegt und dem Kreditgeber damit eine rechtliche Mitverantwortung überträgt, dass ein Konsumkredit nicht zur Überschuldung der Kreditnehmenden (und ihren Familien) führt[134],[135].

Aber auch das revidierte KKG kann nicht jede denkbare Notlage verhindern[136]. Insbesondere kann auch eine noch so gut ausgebaute und korrekt durchgeführte Kreditfähigkeitsprüfung spätere finanzielle Schwierigkeiten nicht vorausahnen[137]. Sie ist eine Würdigung der finanziellen Verhältnisse

---

[130] Botschaft (FN 3), 26 ff., Protokoll der Sitzung der Kommission WAK/NR vom 23. Februar 1999, Eintretensreferat, 3, SCHÖBI (FN 7), Rz 4.
[131] Art. 22 KKG.
[132] Art. 28–30 KKG.
[133] ISAAK MEIER (et al.), Lohnpfändung – optimales Existenzminimum und Neuanfang? Eine rechtliche und ökonomische Analyse der Einzelzwangsvollstreckung gegen Privatpersonen in der Schweiz mit Erarbeitung von Reformvorschlägen, Zürich, 1999. In diesem Werk haben die Autoren am Rande auch die Kreditprüfung der Banken untersucht. Fazit: «Die Kreditinstitute können die Finanzkraft ihrer potenziellen Kreditnehmer heute sehr gut beurteilen.» Vgl. auch die Hinweise im Artikel «Den Letzten beissen die Hunde. Konsumkreditgesetz/Der Staat lässt den Banken bei Betreibungen den Vortritt» in der Handelszeitung vom 5. April 2000 und im Protokoll der Sitzung der Kommission WAK/SR vom 17. August 2000, 24.
[134] Vgl. Botschaft (FN 3), 13, die festhält, dass Kredite nur dann gewährt werden dürfen, wenn bei objektiver Würdigung der wirtschaftlichen Verhältnisse die Kreditvergabe verkraftet werden kann. Rein rechtlich betrachtet ist dies allerdings nicht zutreffend, da das KKG nirgends ein Kreditvergabeverbot enthält. Hingegen riskiert der Kreditgeber in einem solchen Fall, dass er nicht nur Zinsen und Kosten, sondern den ganzen Kredit verliert, so Art. 32 KKG. Vgl. dazu Protokoll der Sitzung der Kommission WAK/SR vom 14. März 2001, 3 f.
[135] Vgl. auch vorne Ziff. 1 und die dort zit. Lit.
[136] Vgl. Protokoll der Sitzung der Kommission WAK/NR vom 23. Februar 1999, Eintretensreferat, 4.
[137] Botschaft (FN 3), 14.

des Konsumenten im Rahmen des Kreditvergabeprozesses, ist also eine Momentaufnahme im Zeitpunkt unmittelbar vor der Kreditvergabe. Finanzielle Engpässe, die zum Zeitpunkt des Vertragsabschlusses realistischerweise noch gar nicht erkennbar waren[138], können mit der Kreditfähigkeitsprüfung nicht verhindert und somit auch nicht dem Kreditgeber angelastet werden[139].

Der für die Überziehungskredite einschlägige Art. 30 KKG definiert die Kreditfähigkeit als Funktion der wirtschaftlichen Verhältnisse[140], indem die Kreditlimite den Einkommens- und Vermögensverhältnissen des Konsumenten Rechnung tragen muss[141].

Die Kreditfähigkeit hat der Kreditgeber summarisch zu prüfen, wobei er zwei Elemente berücksichtigen muss, nämlich die Einkommens- und Vermögensverhältnisse des Konsumenten einerseits und die bei der Informationsstelle vermeldeten Konsumkredite andrerseits. Mit dieser erleichterten Kreditfähigkeitsprüfung trägt der Gesetzgeber der Tatsache Rechnung, dass bei Überziehungskrediten die Gefahr einer Überschuldung geringer als bei andern Konsumkrediten ist, da sich die Limite regelmässig an den Eingängen und Ausgängen orientiert[142].

Bei der Prüfung der Einkommens- und Vermögensverhältnisse kann sich der Kreditgeber gemäss den Art. 30 Abs. 1 und 31 Abs. 1 KKG auf die Angaben des Konsumenten verlassen, es sei denn, sie seien offensichtlich unrichtig oder widersprächen den Angaben der Informationsstelle[143]. Allerdings darf der Kreditgeber die Angaben der Konsumenten nicht vorbehaltlos als richtig voraussetzen, sondern er muss sie auf deren Stichhaltigkeit

---

[138] Botschaft (FN 3), 14: «Man denke beispielsweise daran, dass der Konsument im Anschluss an die Kreditvergabe arbeitslos wird oder an unerwartete Mehrausgaben im Zusammenhang mit einer Scheidung.»
[139] Nach wie vor ist es die Aufgabe des SchKG, diesbezüglich für einen fairen Interessenausgleich zu sorgen. Es enthält zu diesem Zweck denn auch – seit der Revision im Jahre 1994 – Bestimmungen über die einvernehmliche private Schuldenbereinigung (Art. 333–336 SchKG). Vgl. dazu DOMINIK GASSER, Schuldenbereinigung und Konkurs – Wege der Sanierung von Konsumenten, JKR 1997, 117 ff.
[140] Vgl. diesbezüglich den Wortlaut von Art. 31 Abs. 1 KKG. Bei den Barkrediten, den Teilzahlungsverträgen und dem Leasing (Art. 28/29 KKG) ist die Kreditfähigkeit als Funktion des pfändbaren Einkommens und des Vermögens definiert.
[141] Art. 30 Abs. 1 KKG.
[142] KOLLER-TUMLER (FN 12), Art. 10 Rz. 3. Primär auf diesen Bewegungen und der Limitenbeanspruchung beruhen EDV-gestütze Scoringsysteme, die systemmässig die Kreditwürdigkeit und Kreditfähigkeit von Kunden im Massengeschäft (wozu auch der Überziehungskredit gehört) beurteilen.
[143] Art. 31 Abs. 2 KKG.

plausibilisieren. Ergeben sich dabei offensichtliche Widersprüche oder Zweifel, so ist er gehalten, die Richtigkeit anhand einschlägiger amtlicher oder privater Dokumente[144] zu überprüfen.

Mit der einmaligen Kreditfähigkeitsprüfung vor Vertragsabschluss ist es aber noch nicht getan, da sie der künftigen Entwicklung zu wenig Rechnung trägt[145]. Vielmehr ist diese gemäss Art. 30 Abs. 2 KKG zu wiederholen, wenn der Kreditgeber über konkrete Informationen verfügt, wonach sich die wirtschaftlichen Verhältnisse des Konsumenten verschlechtert haben[146]. Dies ist angesichts der Besonderheiten des Überziehungskredits[147], dessen Ausstand – im Gegensatz zum Barkredit – variabel ist, angezeigt. Zudem hat sich die ausgesetzte Limite an den Einkommens- und Vermögensverhältnissen auszurichten. Ändern sich diese, ist die Limite eventuell der neuen Situation anzupassen.

Hingegen ist die im Entwurf des Bundesrates vorgesehene Verpflichtung, die Kreditfähigkeitsprüfung zwingend nach Ablauf von fünf Jahren zu wiederholen[148], im Rahmen des Gesetzgebungsprozesses zu Recht gestrichen worden[149]. Denn die Kreditfähigkeitsprüfung soll ja der Überschuldung vorbeugen und nicht unnötig den Aufwand der Kreditgeber vergrössern. Kommt ein Konsument regelmässig seinen Verpflichtungen nach und liegen auch sonst keine konkreten Hinweise auf eine Verschlechterung der wirtschaftlichen Verhältnisse vor, ist auch keine neue Kreditfähigkeitsprüfung erforderlich.

1.2 Beim stillschweigend akzeptierten Überziehungskredit

Anders liegt die Rechtslage bei stillschweigend akzeptierten Überziehungskrediten. Diese unterstehen, sofern sie weniger als drei Monate dauern, nicht

---

[144] Vgl. Art. 31 Abs. 3 KKG, der als Beispiele Auszüge aus dem Betreibungsregister oder den Lohnausweis erwähnt. In Frage kommen z.B. auch Steuererklärungen, Auskünfte von der Zentralstelle für Kreditinformation (ZEK) etc.
[145] Botschaft (FN 3), 31.
[146] Dies ist z.B. dann der Fall, wenn der monatliche Lohneingang sich spürbar reduziert oder ganz ausbleibt, regelmässige Belastungen auf dem laufenden Konto sich nachhaltig erhöhen oder die Limitenbeanspruchung über einen längeren Zeitraum erheblich höher ist als früher. Solche Fakten werden durch ein Verhaltensscoring, wie es z.B. die UBS AG einsetzt (vgl. dazu FN 151), systemmässig erkannt.
[147] Vgl. dazu vorne III Ziff. 2.2 lit. a.
[148] Art. 15d Abs. 2 des Entwurfs, vgl. dazu Botschaft (FN 3), 31.
[149] Vgl. Protokolle der Sitzungen der Kommission WAK/SR vom 7. April 2000, 23 f. und vom 8. Mai 2000, 4.

dem KKG[150], eine Kreditfähigkeitsprüfung ist also im Zeitpunkt der Einräumung eines solchen Konsumkredits auch nicht verlangt[151].

Dauern sie länger als drei Monate, so schreibt das Gesetz allein eine nachträgliche Informationspflicht der Kreditgeberin über den Jahreszins und die in Rechnung gestellten Kosten sowie über alle diesbezüglichen Änderungen vor, wobei diese Kundeninformation an keine Formvorschriften gebunden ist[152]. Eine Kreditfähigkeitsprüfung ist auch in diesem Zeitpunkt von Gesetzes wegen nicht verlangt. Einerseits stünde sie – rein logisch betrachtet – in Widerspruch zum Terminus «stillschweigend», andrerseits handelt es sich bei dieser Art des Konsumkredits um in der Regel geringe Beträge[153], bei denen die Gefahr einer Überschuldung vernachlässigbar ist.

2. Meldepflicht

2.1 Allgemeines

Eine Kreditfähigkeitsprüfung setzt voraus, dass die aktuelle Verschuldungssituation eines um einen Konsumkredit nachsuchenden Konsumenten berücksichtigt wird. Dies ist nur dann möglich, wenn es eine Stelle gibt, bei der diese Information möglichst lückenlos abgerufen werden kann[154].

Deshalb hat der Gesetzgeber in Art. 23 KKG den Kreditgebern zwingend die Schaffung einer Informationsstelle für Konsumkredit[155] vorgeschrieben und sie gleichzeitig verpflichtet, die Kosten für deren Finanzierung zu tragen[156].

---

[150] Art. 12 Abs. 4 KKG, KOLLER-TUMLER (FN 12), Art. 10 Rz. 15.
[151] Allerdings werden auch diese Konsumkredite in der Praxis nicht ohne Kreditfähigkeitsprüfung ausgesetzt. Diese basiert z.B. bei der UBS AG auf einem Verhaltensscoring namens TRIAD. Dies ist ein EDV-gestütztes statistisches Instrument, mit dem das Kundenverhalten im Hinblick auf die Kreditwürdigkeit und Kreditfähigkeit analysiert wird.
[152] Art. 12 Abs. 4 KKG, vgl. dazu vorne III Ziff. 3.2.
[153] So belief sich bei der UBS AG der Ausstand bei über 85 Prozent der stillschweigend akzeptierten Überziehungskredite auf weniger als CHF 1'000.– (Zahlen von Anfang 2002).
[154] Botschaft (FN 3), 26.
[155] Diese gilt gemäss Art. 23 Abs. 3 KKG als Bundesorgan im Sinne von Art. 3 Bst. h des Datenschutzgesetzes.
[156] Ausführlich dazu hinten ROBERT SIMMEN, Neue Informationsstelle für Konsumkredit (IKO) und Zentralstelle für Kreditinformation (ZEK), 157 ff.

2.2 Beim Überziehungskredit

Aus der Entstehungsgeschichte und der ratio legis, die der Revision und insbesondere dem 5. Abschnitt des KKG zugrunde liegt, folgt, dass auch Überziehungskredite grundsätzlich der Informationsstelle zu melden sind, auch wenn der einschlägige Art. 27 KKG «nur» von der Meldepflicht bei Kredit- und Kundenkartenkonti handelt. Für diese Überlegung spricht auch Art. 8 Abs. 2 KKG, der die Artikel aufzählt, denen Konti für Kredit- und Kundenkarten mit Kreditoption sowie Überziehungskredite unterstehen. Dabei wird ausdrücklich auch auf Art. 27 KKG verwiesen.

Diese Auslegung «entgegen dem Wortlaut»[157] basiert zudem auf der Überlegung, dass auch die Frage, was eine Auslegung «entgegen dem Wortlaut» ist, ihrerseits wieder eine Auslegungsfrage ist. So kann sich insbesondere ergeben, dass eine Auslegung nur angeblich vom Wortlaut abweicht, während sich bei genauerem Hinsehen rechtstatsächlich ergibt, dass die Wirklichkeit sich anders darstellt, als sie vom Gesetzgeber beim Erlass eines bestimmten Artikels angenommen worden ist[158].

Genau diese Situation trifft auf den Art. 27 KKG zu. Gespräche mit massgeblich an der Revision beteiligten Personen haben ergeben, dass der Gesetzgeber bei der Formulierung von Art. 27 KKG davon ausgegangen ist, dass es zwar viele Fälle gibt, bei der Kreditkartenkunden dreimal hintereinander von der Kreditoption Gebrauch machen, nicht hingegen Überziehungskredite, die über einen längeren Zeitraum im Soll bleiben. Nachdem diese Fälle aber nicht selten sind[159] und damit bei der Beurteilung der Verschuldungssituation im Rahmen der Kreditfähigkeitsprüfung durchaus eine Rolle spielen, ist der Schluss naheliegend, zulässig und zwingend, dass der Gesetzgeber, wäre er rechtstatsächlich von zutreffenden Annahmen ausgegangen, im Art. 27 KKG auch ausdrücklich die Überziehungskredite erwähnt hätte. Zudem ist es offensichtlich, dass die Informationsstelle für Konsumkredit nur dann ihre Funktion im Sinne des Gesetzgebers erfüllen kann, wenn sie möglichst lückenlos über die Verschuldungssituation eines Konsumenten Auskunft geben kann, bei ihr also auch die Überziehungs-

---

[157] Vgl. dazu BERNHARD SCHNYDER, «Entgegen dem Wortlaut ...», in: Festgabe der schweizerischen Rechtsfakultäten zur Hundertjahrfeier des Bundesgerichts, Basel, 1975, 29–38, auch abgedruckt in Bernhard Schnyder, Das ZGB lehren. Gesammelte Schriften, Freiburg, 2001, 45–55. Im Folgenden nach dieser Fundstelle zitiert.
[158] So sinngemäss SCHNYDER (FN 157), 54.
[159] Die Anzahl der Meldungen an die Informationsstelle für Konsumkredit werden diesen Sachverhalt erhärten.

kredite, seien es ausdrücklich vereinbarte oder stillschweigend akzeptierte, registriert sind.

Ist die Frage, ob Überziehungskredite grundsätzlich zu melden sind, m.E. ohne Wenn und Aber zu bejahen, ist die daran anschliessende Frage, wann und unter welchen Voraussetzungen zu melden ist, weniger eindeutig zu beantworten.

Auszugehen ist vom Wortlaut des Art. 27 Abs. 1 KKG[160], wobei zu berücksichtigen bleibt, dass er auf das Produkt Kredit- und Kundenkarten zugeschnitten und der Wortlaut interpretationsbedürftig ist. Insbesondere der Ausdruck «dreimal hintereinander von der Kreditoption Gebrauch gemacht» zeigt, dass der Gesetzgeber die heutigen Kredit- und Kundenkartenverträge vor Augen hatte, die vorsehen, dass der Konsument monatlich eine Abrechnung erhält[161]. Dabei hat er die Wahl – sofern der Kreditkartenvertrag dies vorsieht –, seine Schuld bei Fälligkeit zu bezahlen oder von der Kreditoption Gebrauch zu machen.

Anders ist die Situation beim Überziehungskredit, der im Rahmen der laufenden Rechnung täglich unterschiedliche Saldi aufweisen kann, über die sich der Konsument jederzeit auf einfache Weise informieren kann[162]. Zudem erhält der Konsument keine regelmässigen Abrechnungen, die mit einer Zahlungsaufforderung verbunden sind.

Zusätzlich zu diesem Faktum ist zu berücksichtigen, dass der Gesetzeswortlaut insofern nicht eindeutig ist, als nicht klar ist, ob der Satz «Keine Pflicht zur Meldung besteht, wenn der ausstehende Betrag unter 3000 Franken liegt» so zu interpretieren ist, dass eine Meldepflicht nur dann besteht, wenn der Saldo an allen drei Stichtagen über 3000 Franken beträgt oder ob dieses Kriterium nur am dritten Stichtag erfüllt sein muss[163].

Diese Auslegungsschwierigkeiten haben bei der Ausarbeitung des Reglements der Informationsstelle für Konsumkredit zu langen Diskussionen geführt. Einig waren sich die Autoren, dass sowohl für ausdrücklich verein-

---

[160] «Hat die Konsumentin oder der Konsument dreimal hintereinander von der Kreditoption Gebrauch gemacht, so ist der ausstehende Betrag der Informationsstelle zu melden. Keine Pflicht zur Meldung besteht, wenn der ausstehende Betrag unter 3000 Franken liegt.»
[161] Vgl. Protokoll der Sitzung der Kommission WAK/SR vom 19. Mai 2000, 40.
[162] Sei das über e-banking, Bancomaten oder am Schalter.
[163] Dazu gibt es in den Materialien divergierende Aussagen, vgl. etwa die Protokolle der Sitzungen der Kommission WAK/SR vom 7. April 2000, 21 und vom 17. August 2000, 25.

barte als auch für stillschweigend akzeptierte Überziehungskredite eine Meldepflicht besteht. Kontrovers waren hingegen die Meinungen zur Frage, wann diese Kredite gemeldet werden müssen.

Im Ergebnis sieht nun Ziff. 2.1.4 des fraglichen Reglements vor[164], dass bei Überziehungskrediten (inkl. stillschweigend akzeptierten Kontoüberziehungen gemäss Art. 12 Abs. 4 KKG) der IKO Meldung zu erstatten ist, «wenn das Konto entweder (1) während 90 Tagen ununterbrochen einen Sollsaldo aufgewiesen hat und dieser am Ende dieser 90-tägigen Periode mindestens CHF 3'000.– beträgt; oder (2) an drei aufeinanderfolgenden Stichtagen einen Sollsaldo aufgewiesen hat und dieser im Zeitpunkt der Stichtage mindestens CHF 3'000.– beträgt»[165]. Zudem ist «bei Überziehungskrediten, die gemäss Reglement der IKO gemeldet wurden, jeweils monatlich eine neue Saldomeldung zu erstatten, wenn der Sollsaldo zulasten des Konsumenten nach wie vor mindestens CHF 3'000.– beträgt. Erfolgt keine Nachmeldung, so wird der entsprechende Überziehungskredit per übernächstes Monatsende aus der Datenbank der IKO gelöscht.»

2.3 Übergangsrecht

Das KKG enthält keine besonderen übergangsrechtlichen Bestimmungen. Einschlägig sind deshalb die Art. 1–4 SchlT ZGB.

Gemäss dessen Art. 1 gilt für die Entstehung des Rechtsverhältnisses der Grundsatz der Nichtrückwirkung. Hingegen untersteht der Inhalt, also die Wirkungen dieses Rechtsverhältnisses dem neuen Recht, sofern sie unabhängig vom Willen der Beteiligten durch die objektive Rechtsordnung selber festgesetzt worden sind[166]. Dazu zählt auch die Pflicht des Kreditgebers, unter bestimmten Voraussetzungen Kreditverhältnisse an die Informationsstelle für Konsumkredit zu melden.

---

[164] Stand beim Abschluss dieses Manuskripts Anfang Juli 2002. Zu diesem Zeitpunkt war das Reglement zwar noch nicht formell vom Bundesrat genehmigt. Hingegen wurden bei einer ersten materiellen Prüfung durch das zuständigen Bundesamt keine materiellen Änderungen verlangt.

[165] Die Erstmeldung hat folgende Elemente zu umfassen: (1) Name und Vorname des Konsumenten, (2) Geburtsdatum (Tag, Monat, Jahr) des Konsumenten, (3) Postleitzahl, Wohnort und Strasse mit Hausnummer, (4) Kreditart (Überziehungskredit), (5) Referenzdatum des Kredits, (6) Stichtag Saldo und (7) Saldo.

[166] Art. 3 SchlT ZGB. Vgl. dazu TUOR/SCHNYDER/SCHMID, Das schweizerische Zivilgesetzbuch, 11. Auflage, Zürich, 1995, 905.

Konkret bedeutet dies, dass auch altrechtliche Überziehungskredite zu melden sind, sofern sie ab Inkrafttreten des neuen KKG die soeben ausgeführten Meldevoraussetzungen erfüllen, wobei melderelevante Fristen ab Inkrafttreten des neuen KKG zu laufen beginnen[167].

3. Zustimmung: nur bei Minderjährigkeit des Konsumenten

Konsumkredite und somit auch Überziehungskredite dürfen grundsätzlich auch Minderjährigen gewährt werden. Voraussetzung ist allerdings, dass der gesetzliche Vertreter diesem Konsumkreditvertrag schriftlich[168] zustimmt. Diese Zustimmung ist gemäss Art. 13 Abs. 2 KKG spätestens dann abzugeben, wenn der Minderjährige diesen Vertrag unterzeichnet.

Diese Verschärfung gegenüber der gesetzlichen Regelung des ZGB[169] begründete die Botschaft[170] mit der Tatsache, dass diese Regelung gemäss Art. 226b Abs. 2 OR bereits im Abzahlungsrecht gelte. Nachdem sich das revidierte KKG als abschliessend versteht[171], wollte der Bundesrat diesen familienpolitisch gut begründeten Schutz des Minderjährigen[172] nicht aufs Spiel setzen.

Diesem Antrag des Bundesrates erwuchs in der parlamentarischen Diskussion keine Opposition. Hingegen wurde das weitere Zustimmungserfordernis des Ehegatten gestrichen[173].

---

[167] So sinngemäss der Wortlaut der Übergangsbestimmungen im Reglement IKO (Stand beim Abschluss dieses Manuskripts Anfang Juli 2002).
[168] Vgl. Art. 13 OR.
[169] Gemäss Art. 19 ZGB ist auch eine mündliche Zustimmung des gesetzlichen Vertreters wirksam, die zudem auch nachträglich erteilt werden kann, vgl. MARGRIT BIGLER-EGGENBERGER, Kommentar zum Schweizerischen Privatrecht, ZGB I, 1996, Art. 19 N 12.
[170] Botschaft (FN 3), 23 und 41 (Art. 10a Abs. 2 Entwurf KKG).
[171] Botschaft (FN 3), 22 und 37.
[172] Botschaft (FN 3), 23.
[173] Art. 10 Abs. 1 Entwurf KKG. Vgl. z.B. Protokolle der Sitzungen der Kommission WAK/SR vom 17. August 2000, 14 und vom 2. Februar 2001, 5.

4. Höchstzinssatz

Wie in der Botschaft[174] vorgeschlagen, ist gemäss Art. 14 KKG der Bundesrat zuständig, den höchstens zulässigen Zinssatz auf dem Verordnungsweg festzusetzen. Dabei hat er die von der Nationalbank ermittelten, für die Refinanzierung des Konsumkreditgeschäftes massgeblichen Zinssätze zu berücksichtigen, wobei der Höchstzinssatz in der Regel 15 Prozent nicht überschreiten soll.

Diese Regelung trägt der Tatsache Rechnung, dass das Bundesgericht[175] im Entscheid zu den vom Kanton Zürich erlassenen Höchstzinsvorschriften einen Höchstzins von 15 Prozent zwar als verfassungskonform bezeichnet hat, «gleichzeitig aber durchblicken liess, dass dieser Zinssatz bei veränderten wirtschaftlichen Verhältnissen nach oben korrigiert werden müsste»[176]. Zudem ist dieser Artikel Ausdruck vielfältiger politischer Kompromisse. «Auf der einen Seite wollte der Gesetzgeber der Tatsache Rechnung tragen, dass heute in verschiedenen Kantonen (ZH, BE, BS, BL, SG, SH) ein gesetzlicher Höchstzinssatz von 15 Prozent gilt. Auf der andern Seite war zu berücksichtigen, dass die Bedeutung und Tragweite des Höchstzinssatzes sehr stark von den Refinanzierungskosten abhängig ist»[177].

In Art. 1 Entwurf VKKG[178] wird denn auch in Nachachtung dieser Leitlinien der zulässige Höchstzinssatz auf 15 Prozent festgesetzt. Bei den heutigen Refinanzierungssätzen ist damit ein noch rentables Konsumkreditgeschäft möglich[179]. Sollten sich diese Sätze allerdings spürbar erhöhen, müsste der Bundesrat diesen Höchstzinssatz ebenfalls erhöhen[180].

---

[174] Botschaft (FN 3), 24 und 41 f. (Art. 10b E KKG).
[175] BGE 119 Ia 59 ff.
[176] Botschaft (FN 3), 24. Deshalb kam das Bundesgericht (vgl. FN 175) auf Seite 69 zum Schluss: «Rechtspolitisch mag deshalb eine flexiblere Lösung vorzuziehen sein. So könnte die Festlegung des jeweils massgebenden Maximalsatzes beispielsweise an die Exekutive delegiert werden, welche ihren Entscheid an einem Leitsatz auszurichten hätte». Vgl. dazu auch die Protokolle der Sitzungen der Kommission WAK/SR vom 17. August 2000, 15 ff. und vom 2. Februar 2001, 6.
[177] So der Begleitbericht zur VKKG (FN 2), Ziff. II.
[178] Vgl. FN 2. Auch wenn diese VO sich noch im Vernehmlassungsstadium befindet (Stand bei Abschluss dieses Manuskripts Anfang Juli 2002), ist nicht damit zu rechnen, dass es diesbezüglich noch Änderungen gibt.
[179] Alles andere wäre verfassungswidrig. Dessen war und ist sich auch der Gesetzgeber bewusst, vgl. Botschaft (FN 3), 24 und Ziff. II des Begleitberichts zur VKKG (FN 2).
[180] AmtlBull SR, 2000, 575.

Art. 8 Abs. 2 KKG erklärt diese Bestimmung auch für Überziehungskredite als anwendbar. Allerdings ist beim Überziehungskredit nicht der effektive Jahreszins, sondern der Jahreszins und die bei Vertragsschluss in Rechnung gestellten Kosten[181] anzugeben[182]. Diese dürfen insgesamt den zulässigen Höchstzinssatz nicht überschreiten.

5. Widerrufsrecht

Jeder vertraglich vereinbarte Überziehungskredit – nicht hingegen der stillschweigend akzeptierte[183] – kann gemäss Art. 16 i.V.m. Art. 8 Abs. 2 KKG innerhalb von sieben Tagen schriftlich[184] widerrufen werden[185].

Ist der Überziehungskredit vor Eintreffen eines fristgerecht erklärten Widerrufs bereits in Anspruch genommen worden, verliert der Kreditgeber gemäss Art. 16 Abs. 3 KKG den Anspruch auf Zinsen und Kosten. Zudem muss der Konsument den Kredit nicht sofort, sondern in entsprechenden Raten zurückzahlen[186]. Wird der Vertrag nicht widerrufen, bleibt er auch bei vorzeitiger Inanspruchnahme des Überziehungskredits gültig.

Die Frist von sieben Tagen beginnt mit dem Zugang der gemäss Art. 12 Abs. 1 KKG dem Konsumenten zwingend auszuhändigenden Vertragskopie zu laufen. Sie ist eingehalten, wenn die Widerrufserklärung am siebten Tag der Post übergeben wird[187]. Das führt dazu, dass der Kreditgeber – berücksichtigt er die Postlauffristen und will er keinen Gratiskredit riskieren – seinen Vertragspartner erst nach Ablauf von ca. 12 Tagen ab Zustellung der Vertragskopie die Möglichkeit der Überziehung seines Kontos einräumen wird.

---

[181] Ohne die in Art. 34 Abs. 2–4 KKG aufgezählten Kosten.
[182] Vgl. vorne III Ziff. 3.1 lit. a, bb.
[183] Vgl. Art. 16 Abs. 1 KKG in fine. Dies würde auch gar keinen Sinn machen, vgl. dazu Botschaft (FN 3), 25.
[184] Der Widerruf muss gemäss Art. 13 OR die Unterschrift des Widerrufenden tragen.
[185] Botschaft (FN 3), 25: «Das Widerrufsrecht entspricht in seiner dogmatischen Konstruktion dem Widerruf bei Haustürgeschäften und ähnlichen Verträgen (Art. 40b Abs. 1 OR). Es löst das Recht ab, auf einen abgeschlossenen Abzahlungsvertrag verzichten zu können (Art. 226c OR)».
[186] Vgl. dazu hinten IV Ziff. 11.2 lit. e.
[187] Art. 16 Abs. 2 KKG. Vgl. auch Botschaft (FN 3), 25.

Für die Berechnung der Fristen gelten die allgemeinen Regeln der Art. 77 f. OR: Als erster Tag gilt der auf den Erhalt der Vertragskopie folgende Tag[188]. Fällt der letzte Tag auf einen Samstag oder einen Sonntag oder auf einen andern am Erfüllungsort staatlich anerkannten Feiertag, so gilt als letzter Tag der Frist der nächstfolgende Werktag[189].

6. Verzug

Art. 18 KKG ändert an den Grundsätzen von Art. 102 ff. OR nichts. Ein Schuldner kommt dann in Verzug, wenn er seinen Verpflichtungen nicht fristgerecht nachkommt. Leistet er auch nach Ansetzung einer angemessenen Nachfrist nicht, so hat der Gläubiger gemäss Art. 107 OR die Wahl, weiterhin am Vertrag festzuhalten und auf dessen Erfüllung zu klagen oder vom Vertrag zurückzutreten[190].

Letztere Option schränkt das KKG ein. Gemäss Art. 18 Abs. 1 KKG kann der Kreditgeber nur dann vom Vertrag zurücktreten, wenn Teilzahlungen im Umfang von mindestens 10 Prozent[191] des Nettobetrages des Kredits beziehungsweise des Barzahlungspreises ausstehend sind. Zudem darf der Verzugszins den für den Konsumkredit vereinbarten Zinssatz nicht übersteigen[192].

Hingegen schränkt diese Bestimmung die vertraglich vereinbarten Kündigungsfristen nicht ein. Überziehungskredite sind in der Regel gegenseitig jederzeit kündbar[193], so dass Art. 18 KKG bei diesen Konsumkrediten in der Regel nicht zur Anwendung kommt.

---

[188] Art. 77 Abs. 1 Ziff. 1 i.V.m. Art. 77 Abs. 2 OR. URS LEU, Kommentar zum Schweizerischen Privatrecht, Obligationenrecht I, 1996, Art. 77 N 2.
[189] Art. 78 OR und BG vom 21. Juni 1963 über den Fristenlauf an Samstagen (SR 173.110.3).
[190] Botschaft (FN 3), 26.
[191] Der Bundesrat wollte diese Grenze bei einem Viertel ansetzen, vgl. Botschaft (FN 3), 42 (Art. 12a E KKG).
[192] Art. 18 Abs. 3 KKG. Auf weitere Einschränkungen der Vertragsfreiheit hat der Gesetzgeber in diesem Bereich verzichtet. Insbesondere ist er dem Vorschlag der Eidgenössischen Kommission für Konsumentenfragen, wonach der Richter die Kompetenz haben sollte, unter Berücksichtigung der Umstände des Einzelfalles geeignete Massnahmen wie Laufzeiterstreckungen, tilgungsfreie Perioden oder Zinsreduktionen anzuordnen, nicht gefolgt, vgl. dazu Botschaft (FN 3), 15.
[193] Vgl. vorne III Ziff. 2.2 lit. a.

7. Wechsel- und Checkverbot

Die Kreditgeberin darf nach Art. 20 Abs. 1 KKG[194] vom Konsumenten weder Zahlungen in Form von Wechseln noch Sicherheiten in Form von Wechseln oder Checks entgegennehmen.

Das Verbot der Wechselbegebung basiert auf der Überlegung, dass diese für den Konsumenten ein grosses Gefährdungspotential beinhaltet, da der Aussteller von Wechseln Dritten gegenüber[195] Einwendungen aus dem Grundgeschäft nicht entgegenhalten kann (Art. 1007 OR)[196]. Zudem wird damit verhindert, dass der Konsument der strengen Wechselbetreibung unterliegt[197].

Im Gegensatz zum Wechsel ist die Verwendung von Checks nur dann untersagt, wenn diese als Sicherungsmittel dienen. Rückzahlungen oder Verfügungen des Konsumenten über die Kreditsumme durch die Ausstellung von Checks an Dritte bleiben zulässig[198].

Verstösst ein Kreditgeber gegen das Wechsel- und Checkverbot, ist der Konsument gemäss Art. 20 Abs. 2 und 3 KKG insofern geschützt, als er vom Kreditgeber den in Verletzung des Verbots gemäss Abs. 1 angenommenen Wechsel oder Check jederzeit herausverlangen kann[199]. Zudem haftet die Kreditgeberin für jeden Schaden, welcher dem Konsumenten aus der Begebung eines Wechsels oder Checks entstanden ist[200].

---

[194] Vgl. Art. 14 aKKG, der bei der Revision unverändert als Art. 20 KKG ins revidierte KKG übernommen worden ist.
[195] Solange der Wechsel bei der Kreditgeberin bleibt, sind dem Konsumenten die Einreden gegenüber ihr nicht abgeschnitten. Begibt resp. indossiert sie den Wechsel aber, ist dies nicht mehr der Fall, vgl. WIEGAND (FN 20), 48.
[196] KOLLER-TUMLER, (FN 12), Art. 14 Rz. 3.
[197] Art. 177 ff. SchKG, KOLLER-TUMLER (FN 12), Art. 14 Rz. 1.
[198] KOLLER-TUMLER (FN 12), Art. 14 Rz 8, WIEGAND (FN 20), 48.
[199] KOLLER-TUMLER (FN 12), Art. 14 Rz.10: «Der Kreditgeberin stehen gegen den Herausgabeanspruch keinerlei Einreden zu, sie kann insbesondere *kein Retentionsrecht* aus Art. 82 OR oder aus anderen individuellen oder in Allgemeinen Geschäftsbedingungen enthaltenen Vereinbarungen geltend machen.»
[200] Zur Entstehungsgeschichte dieses Artikels vgl. KOLLER-TUMLER (FN 12), Art. 14 Rz. 2, WIEGAND (FN 20), 48.

8. Werbung

Art. 36 KKG hält fest, dass sich die Werbung für Konsumkredite nach den Bestimmungen des UWG[201] richtet[202]. Dessen Art. 3 lit. k–m und Art. 4 lit. d wurden im Rahmen der Revision des KKG an die Tatsache angepasst, dass das neue KKG auch das Abzahlungsgeschäft erfasst und die besonderen Bestimmungen darüber im Obligationenrecht[203] gestrichen wurden[204]. Zudem wurde neu der Art. 3 lit. n UWG geschaffen, der die Kreditgeber verpflichtet, bei öffentlichen Auskündigungen[205] über einen Konsumkredit[206] darauf hinzuweisen, dass die Kreditvergabe verboten ist[207], falls sie zur Überschuldung des Konsumenten führt[208]. Diese Bestimmung gilt auch für Überziehungskredite, sofern dafür öffentlich Werbung betrieben wird[209].

9. Kreditvermittlung

Konsumenten schulden gemäss Art. 35 KKG einem Kreditvermittler keine Entschädigung für die Vermittlung eines Konsumkredits. Im Bereich der Überziehungskredite wird diese Bestimmung allerdings keine Rolle spielen. Solche Konsumkredite werden praktisch ausschliesslich von Banken ausgesetzt, die in der Regel nicht mit Kreditvermittlern zusammenarbeiten.

---

[201] SR 241.
[202] Vgl. dazu ausführlich hinten LUCAS DAVID, Werbung für Konsumkredite, 171 ff.
[203] Art. 226a–226d und 226f–226m OR. Art. 226e OR wurde bereits früher aufgehoben (vgl. Ziff. I des BG vom 14. Dezember 1990 über eine Änderung von Art. 325 OR, AS 1991, 974).
[204] Botschaft (FN 3), 37.
[205] Vgl. BGE 120 IV 287 ff. zu Art. 3 Bst. l aUWG, der zur Frage, was unter einer öffentlichen Auskündigung oder Werbung zu verstehen ist, einschlägig bleibt.
[206] Vgl. Art. 3 lit. k UWG.
[207] Allerdings kann von einem Verbot stricto sensu nicht gesprochen werden. Hingegen riskiert der Kreditgeber nicht nur, den Kredit zu verlieren (Art. 32 Abs. 1 KKG), sondern er muss auch mit UWG-Sanktionen rechnen.
[208] Diese Bestimmung wurde aufgrund des neuenburgischen KKG eingeführt, das verlangt, dass Kreditgeber auf die Gefahren eines Konsumkredits hinweisen müssen. Vgl. dazu u.a. Protokoll der Sitzung der Kommission WAK/SR vom 2. Februar 2001, 9 ff.
[209] Was selten der Fall ist. Vgl. dazu vorne FN 21 und 53. A.M. DAVID (FN 202), 173 ff.

10. Bewilligungspflicht und Bewilligungsvoraussetzungen

Banken und solche Kreditgeber, die Konsumkredite zur Finanzierung des Erwerbs ihrer Waren oder der Beanspruchung ihrer Dienstleistungen gewähren oder vermitteln, brauchen gemäss Art. 39 Abs. 3 KKG keine besondere Bewilligung. Alle andern Konsumkreditgeber sind einer Bewilligungspflicht unterstellt, dessen Verfahren von den einzelnen Kantonen zu regeln ist. Erteilt ein Kanton eine Bewilligung, gilt sie für die ganze Schweiz[210].

Nach Art. 40 Abs. 1 KKG hängt die Erteilung einer Bewilligung zur gewerbsmässigen Kreditgewährung und Kreditvermittlung von gewissen persönlichen, fachlichen und wirtschaftlichen Voraussetzungen ab. Diese Voraussetzungen werden in den Art. 4–8 VKKG konkretisiert[211].

11. Sanktionen

11.1 Allgemeines

Das KKG bezweckt primär die Vermeidung einer Überschuldung der Konsumenten durch einen Konsumkreditvertrag. Dieses Ziel versucht das KKG hauptsächlich durch zwei Instrumente zu erreichen: Einerseits soll der Konsument über die Kreditbedingungen und -kosten sowie über seine Verpflichtungen angemessen unterrichtet werden[212], andrerseits ist der Kreditgeber verpflichtet, vor der Einräumung eines Konsumkredites eine Kreditfähigkeitsprüfung durchzuführen. Diese Bestimmungen sind insofern zwingender Natur, als sie gemäss Art. 37 KKG nicht zu Ungunsten der Konsumenten abgeändert werden dürfen.

Gebote werden in der Regel aber nur dann eingehalten, wenn deren Verletzung mit Sanktionen bedroht ist. Diese haben «primär die Aufgabe, menschliches Verhalten präventiv in gesetzeskonforme Bahnen zu lenken. Hierzu muss, ökonomisch gesehen, das gesetzwidrige Verhalten mit einem «Preis» belegt werden, der höher ist als der vom Gesetzesbrecher aus seinem rechtswidrigen Tun erwartete Gewinn»[213].

---

[210] Art. 39 Abs. 1 und 2 KKG.
[211] Vgl. Begleitbericht zur VKKG (FN 2), Ziff. IV.
[212] Für Überziehungskredite ist dafür Art. 12 KKG massgebend, vgl. dazu vorne III Ziff. 3.
[213] KOENDGEN (FN 19), 288, vgl. auch THOMAS KOLLER, Das Sanktionssystem des Konsumkreditrechts, in: Sammelband «Das neue Konsumkreditgesetz», BBT1, Bern, 1994, 82.

Diese Überlegung hat sich denn auch der Gesetzgeber zu eigen gemacht und die Verletzung der Kernelemente des KKG mit Sanktionen bedroht[214].

11.2 Sanktionen nach KKG

a) Keine strafrechtlichen, sondern «nur» zivilrechtliche Sanktionen

Bei der Revision des KKG war die Frage, ob Verstösse von Kreditgebern gegen zwingende Bestimmungen auch mit strafrechtlichen Sanktionen bedroht werden sollten, kein Thema mehr. Hingegen wurde diese Frage sowohl im Zusammenhang mit dem bundesrätlichen Entwurf eines Konsumkreditgesetzes aus dem Jahre 1978[215] als auch im Zusammenhang des im Rahmen der «Eurolex-Vorlage» den Eidgenössischen Räten vorgelegten Entwurfs eines Bundesbeschlusses über den Konsumkredit[216] intensiv diskutiert. Dabei verwarfen die eidgenössischen Räte die vom Bundesrat vorgeschlagenen strafrechtlichen Bestimmungen, entschieden sich aber für eine scharfe zivilrechtliche Sanktionierung von Verstössen gegen die Art. 8–10 aKKG[217].

b) Sanktionen für Formfehler und Unterlassung vorgeschriebener Vertragsangaben

aa) Beim vereinbarten Überziehungskredit

Hält sich der Kreditgeber nicht an die in Art. 12 Abs. 1 und 2 KKG stipulierten Anforderungen an Form und Inhalt[218], bewirkt das die Nichtigkeit des Kreditvertrages. Rechtsfolge davon ist, dass der Konsument die bereits empfangene oder beanspruchte Kreditsumme bis zum Ablauf der Kreditdauer in gleich hohen Teilbeträgen zurückzuzahlen hat. Wenn der Vertrag keine längeren Zeitabstände vorsieht, liegen diese Teilzahlungen jeweils einen Monat auseinander[219]. Zudem schuldet der Konsument für die bereits

---

[214] Vgl. Protokoll der Sitzung der Kommission WAK/SR vom 17. August 2000, 27.
[215] Entwurf und Botschaft über ein Konsumkreditgesetz vom 12. Juni 1978, BBl 1978 II 485 ff., speziell 636 ff. mit den vorgeschlagenen Art. 332bis–332^{septies} StGB.
[216] Art. 17 Abs. 1 lit. a des Bundesbeschlusses über den Konsumkredit, BBl 1992 V 177.
[217] AmtlBull SR, 1992, 722 f. und 725, AmtlBull NR, 1992, 1918 ff. und 1922 ff., AmtlBull SR, 1992, 943. Vgl. dazu KOLLER-TUMLER (FN 12), Art. 11 Rz. 3 und KOLLER (FN 213), 85 f.
[218] Vgl. dazu vorne III Ziff. 3.
[219] Art. 15 Abs. 2 und 3 KKG.

empfangene oder beanspruchte Kreditsumme weder Zins noch Kosten[220]. Faktisch erhält er also einen sogenannten Gratiskredit[221].

Die Art. 15 Abs. 2 und 3 KKG regeln also die Folgen der Nichtigkeit für den Fall, dass der Konsument die Kreditsumme bereits empfangen oder beansprucht hat. Offen bleibt damit die Frage, was geschieht, wenn der Konsumkredit noch nicht ausbezahlt worden ist[222]. Deshalb ist mit Bezug auf die Nichtigkeit zu unterscheiden:

Ist der Konsumkredit noch nicht ausbezahlt, ist die Nichtigkeit im gleichen Sinn zu verstehen wie im allgemeinen Vertragsrecht[223]. Ein solcher Vertrag vermag von vorneherein (ex tunc) keine rechtsgeschäftlichen Wirkungen zu erzeugen, die Nichtigkeit ist absolut und unheilbar[224]. Damit steht keiner Partei ein vertraglicher Leistungsanspruch zu, weder Gläubiger- noch Schuldnerverzug ist vorstellbar[225].

Ist der Konsumkredit bereits ausbezahlt, tritt eine «Nichtigkeit sui generis» ein[226]. Nach der allgemeinen Nichtigkeitsdogmatik ist diese Leistung ohne Rechtsgrund erfolgt, so dass sie nach den Regeln über die ungerechtfertigte Bereicherung rückabzuwickeln ist, wobei der Bereicherungsanspruch sofort fällig wird[227].

Das Konsumkreditgesetz ändert am Grundsatz der Rückabwicklung nichts, schützt den Konsumenten aber insofern, als er nicht zur sofortigen Rückerstattung der bereits empfangenen Leistung verpflichtet ist[228], sondern diese in gleich hohen Teilzahlungen zurückzahlen kann[229].

---

[220] Art. 15 Abs. 2 KKG in fine.
[221] Art. 15 Abs. 1–3 KKG entspricht dem heute noch gültigen KKG (Art. 11 Abs. 1–3). – Beim Erlass des Art. 11 KKG war diese Rechtsfolge heftig umstritten. Der Ständerat wollte Art. 11 Abs. 2 insofern abschwächen, indem er vorsah, dass der Kreditnehmer « ... von der Nichtigkeit an für die beanspruchte Summe einen Zins von 5 Prozent, aber keine Kosten schulde» (AmtlBull SR, 1992, 722 f.). Der Nationalrat hielt aber an der vom Bundesrat vorgeschlagenen Fassung («Gratsikredit») fest (AmtlBull NR, 1992, 1922f.). Vgl. dazu KOLLER (FN 213), 91 f.
[222] KOLLER (FN 213), 93 f.
[223] KOLLER (FN 213), 95.
[224] CLAIRE HUGUENIN JACOBS, Kommentar zum Schweizerischen Privatrecht, Obligationenrecht I, 1996, Art. 19/20 N. 53, ERNST A. KRAMER, Berner Kommentar, 1991, Art. 19/20 OR N 309; beide mit vielen Hinweisen.
[225] KOLLER (FN 213), 95, KOLLER-TUMLER (FN 12), Art. 11 Rz. 7.
[226] KOLLER (FN 213), 100, KOLLER-TUMLER (FN 12), Art. 11 Rz. 9.
[227] HUGUENIN (FN 224), Art. 19/20 N 53, KRAMER (FN 224), Art. 19/20 N 399.
[228] KOLLER (FN 213), 99, KOLLER-TUMLER (FN 12), Art. 11 Rz 10.
[229] Art. 15 Abs. 3 KKG.

Ist ein vertraglich vereinbarter Überziehungskredit infolge einer Verletzung der Vorschriften über Form oder Inhalt nichtig, stellen sich im Fall der noch nicht beanspruchten Limite keine besonderen Auslegungsprobleme. Es gilt die allgemeine Regel, dass keiner Partei ein vertraglicher Leistungsanspruch zusteht[230].

Anders ist das im Fall des bereits beanspruchten Überziehungskredits, da die Abs. 2 und 3 von Art. 15 KKG auf die Art. 9 (Barkredit) und 10 KKG (Verträge zur Finanzierung des Erwerbs von Waren oder Dienstleistungen) zugeschnitten sind. Diese Verträge haben in der Regel eine feste Laufzeit, während Überziehungskredite von beiden Parteien jederzeit kündbar sind[231], eine feste Vertragsdauer also nicht vereinbart wird. Es stellt sich deshalb die Frage, in welcher Zeitspanne der bereits beanspruchte Überziehungskredit zurückzuzahlen ist.

Auszugehen ist einerseits von der ratio legis, die mit der von der allgemeinen Vertragslehre abweichenden Regelung verhindern will, dass der Konsument in finanzielle Schwierigkeiten gerät, indem er nicht verpflichtet ist, den beanspruchten Kredit sofort zurückzuzahlen[232], andrerseits von der divergierenden Interessenlage der beiden Vertragsparteien, indem der Kreditgeber an einer möglichst kurzen Dauer des Gratiskredits interessiert ist, während der Konsument möglichst lange davon profitieren möchte.

Hier ist im Einzelfall ein gerechter Interessenausgleich anzustreben. Dabei ist als weiteres Element zu berücksichtigen, wer die Nichtigkeit verschuldet hat. Dies wird mehrheitlich der Kreditgeber als Stipulator sein, der primär für die Erfüllung der in Art. 12 Abs. 1 und 2 KKG verlangten Anforderungen an Form und Inhalt verantwortlich ist.

Aus dieser Ausgangslage folgt, dass nur eine Einzelfalllösung in Frage kommen kann, da eine einheitliche Festlegung der Amortisationsdauer für alle Fälle den Umständen des Einzelfalles nicht gerecht würde.

Kriterium für die Festlegung der Anzahl und der Höhe der einzelnen Teilzahlungen wird primär die Leistungsfähigkeit des Konsumenten sein. Diese hat sich – wie die Kreditfähigkeitsprüfung – an seinen Einkommens- und Vermögensverhältnissen auszurichten. Als Faustregel mag gelten, dass er monatlich einen angemessenen Teil desjenigen Betrages zurückzuzahlen

---

[230] KOLLER-TUMLER (FN 12), Art. 11 Rz. 7.
[231] Vgl. vorne III Ziff 2.2 lit. a.
[232] KOLLER-TUMLER (FN 12), Art. 11 Rz. 10.

hat, der ihm monatlich nach Deckung des nicht pfändbaren Teils seines Einkommens verbleibt, wobei dieser Betrag um so höher sein wird, je höher sein Vermögen ist.

bb) *Beim stillschweigend akzeptierten Überziehungskredit*

Beim stillschweigend akzeptierten Überziehungskredit tritt Nichtigkeit mit den soeben ausgeführten Rechtsfolgen ein, sofern Art. 12 Abs. 4 Bst. a[233] verletzt worden ist. Hingegen wird die Verletzung der Mitteilungspflicht über die Änderungen der Konditionen vom Konsumkreditgesetz nicht sanktioniert. Allerdings riskiert der Kreditgeber in diesem Fall, dass ein Richter ihm den Anspruch auf die verlangte, aber nicht mitgeteilte Erhöhung von Zinsen und Kosten verwehren würde[234].

c) Sanktion bei fehlender Zustimmung des gesetzlichen Vertreters

Auch der Überziehungskredit, den eine Kreditgeberin einem minderjährigen Konsumenten einräumt, ist nichtig und wird damit zu einem «Gratiskredit», sofern die schriftliche Zustimmung des gesetzlichen Vertreters nicht spätestens bei Unterzeichnung des Vertrages vorliegt[235]. Daraus folgt indirekt, dass einem Minderjährigen während längstens drei Monaten ein stillschweigend akzeptierter Überziehungskredit eingeräumt werden darf, will der Kreditgeber nicht riskieren, Zinsen und Kosten zu verlieren. Spätestens in diesem Zeitpunkt wird ein schriftlicher Vertrag abzuschliessen sein, da eine Zustimmung zu einem stillschweigend akzeptierten Überziehungskredit nicht vorstellbar ist.

d) Sanktion bei Verletzung des Höchstzinssatzes

Nichtig ist gemäss Art. 14 i.V.m. Art. 15 Abs. 1 KKG auch ein Vertrag, der die Bestimmung über den Höchstzinssatz verletzt. Das gilt sowohl für vereinbarte als auch für stillschweigend akzeptierte Überziehungskredite. Rechtsfolge auch bei dieser Verletzung ist der Verlust von Zinsen und Kosten.

---

[233] Informationspflicht über den Jahreszins und die in Rechnung gestellten Kosten, sofern die stillschweigend akzeptierte Überschreitung seines Kontos länger als drei Monate gedauert hat.
[234] KOLLER (FN 213), 103.
[235] Art. 13 i.V.m. Art. 15 Abs. 1 KKG. Vgl. vorne IV Ziff. 3.

e) Sanktion bei Auszahlung des Konsumkredits vor dem Widerruf

Der Konsument hat das Recht, den Überziehungskredit innerhalb von sieben Tagen seit Zustellung der Vertragskopie zu widerrufen[236]. Darauf kann er nicht im Voraus verzichten[237]. Lässt der Kreditgeber während dieser Frist bereits Überschreitungen zu und widerruft der Konsument den Vertrag in der Folge fristgerecht, treten gemäss Art. 16 Abs. 3 KKG die Nichtigkeitsfolgen gemäss Art. 15 Abs. 2 und 3 KKG ein. Der Kreditgeber verliert also Zinsen und Kosten. Zudem hat der Konsument den bereits beanspruchten Kredit nicht sofort, sondern in entsprechenden Raten zurückzuzahlen[238].

f) Sanktionen für Verletzung der Bestimmungen über die Kreditfähigkeitsprüfung und die Meldepflicht

aa) Beim vereinbarten Überziehungskredit

Sowohl die Verletzung der Bestimmungen über die Kreditfähigkeitsprüfung[239] als auch über die Meldepflicht[240] werden von Art. 32 KKG sanktioniert. Dabei unterscheidet das Gesetz bei einer Verletzung der Bestimmungen über die Kreditfähigkeitsprüfung zwischen schwerwiegenden (Abs. 1) und geringfügigen (Abs. 2) Verstössen. Verstösst der Kreditgeber in schwerwiegender Weise dagegen, verliert er nicht nur Zinsen und Kosten, sondern zusätzlich auch noch die gewährte Kreditsumme. In diesem Fall kann der Konsument bereits erbrachte Leistungen, seien das Zinsen, Kosten oder Amortisationen, nach den Regeln über die ungerechtfertigte Bereicherung zurückverlangen. Nur Zinsen und Kosten verliert er, wenn er dagegen nur in geringfügiger Weise verstösst oder die Meldung an die IKO unterlässt[241].

Es ist nicht einfach, «schwerwiegend» von «geringfügig» abzugrenzen. Dessen war sich auch der Gesetzgeber bewusst[242]. Nebst dieser grundsätzlichen Schwierigkeit muss bei der Auslegung zudem berücksichtigt werden, dass es sich bei der Rechtsfolge dieser Sanktion um einen schwerwiegenden und rigiden Eingriff in das System des Obligationenrechts handelt, in

---

[236] Art. 16 i.V.m. Art. 8 Abs. 2 KKG.
[237] Das KKG ist einseitig zwingendes Recht, indem gemäss Art. 37 KKG von dessen Bestimmungen nicht zu Ungunsten des Konsumenten abgewichen werden darf.
[238] Vgl. vorne IV Ziff. 11.2 lit. b, aa.
[239] Art. 30 KKG.
[240] Art. 27 Abs. 1 KKG.
[241] Art. 32 Abs. 2 KKG.
[242] Vgl. Protokoll der Sitzung der Kommission WAK/SR vom 17. August 2000, 27.

dem sonst überall dort, wo eine Partei aufgrund eines Austauschs übereinstimmender Willenserklärungen ihrem Vertragspartner eine Sache zur Verfügung stellt, es einem allgemeinen Rechtsgrundsatz entspricht, dass diese Sache, eine Schenkung vorbehalten, wieder zurückgegeben werden muss.

Aus den Materialien ergibt sich, dass sich der Gesetzgeber dieser Tatsache bewusst war, weshalb ein schwerwiegender Verstoss nicht voreilig angenommen werden darf. Insbesondere wurde bei dieser Sanktion daran gedacht, dass dort, wo systematisch und schwerwiegend gegen die Kreditfähigkeitsprüfung verstossen wird, eine einschneidende Sanktion Platz greifen soll. Das ist gemäss den Materialien z.B. dann der Fall, wenn der Kreditgeber einem nicht kreditfähigen Konsumenten Kredit gewährt, sei es, dass er nicht korrekt geprüft, sei es, dass er trotz negativer Kreditfähigkeitsprüfung den Kredit ausgesetzt hat[243].

M.E. folgt deshalb aus den Materialien, ferner aus der ratio legis[244] und schliesslich aus der Tatsache, dass wir es hier mit einem sehr weitgehenden, dem Recht bis anhin unbekannten Eingriff zu tun haben, dass für Überziehungskredite, für die eine erleichterte Kreditfähigkeitsprüfung vorgesehen ist, die sich primär auf die Angaben des Konsumenten zu seinen Einkommens- und Vermögensverhältnissen stützt, nur dann von einem schwerwiegenden Verstoss die Rede sein kann, wenn der Kreditgeber entweder systematisch keine Kreditfähigkeitsprüfung durchführt oder einem gemäss Ergebnis der Kreditfähigkeitsprüfung nicht Kreditfähigen trotzdem einen Konsumkredit gewährt. Hingegen ist ein schwerwiegender Verstoss z.B. dann zu verneinen, wenn er eine Erkundigung bei der IKO unterlässt, weil die Angaben seines potentiellen Vertragspartners über seine Einkommens- und Vermögensverhältnisse[245] glaubhaft und in sich schlüssig sind[246]. Hält diese Schlussfolgerung des Kreditgebers einer gerichtlichen Überprüfung allerdings nicht stand, weil die Einholung der Information bei der IKO ergeben hätte, dass eine Kreditfähigkeit nicht gegeben ist, müsste von einem schwerwiegenden Verstoss die Rede sein.

---

[243] Vgl. Protokolle der Sitzungen der Kommission WAK/SR vom 17. August 2000, 27 und vom 1. März 2001, 4 f.
[244] Die in Art. 22 KKG («Die Kreditfähigkeitsprüfung bezweckt die Vermeidung einer Überschuldung der Konsumentin oder des Konsumenten infolge eines Konsumkreditvertrages.») ausformuliert worden ist.
[245] Die nicht nur Angaben zu den Aktiven, sondern auch zu den Passiven enthalten müssen.
[246] Mehr ist im Rahmen der summarisch vorzunehmenden Kreditfähigkeitsprüfung nicht verlangt.

bb) Beim stillschweigend akzeptierten Überziehungskredit

Beim stillschweigend akzeptierten Überziehungskredit ist per definitionem keine Kreditfähigkeitsprüfung erforderlich[247]. Somit ist bei diesem Konsumkredit nur die Verletzung der Meldepflicht sanktioniert. Rechtsfolge ist der Verlust von Zinsen und Kosten[248].

11.3 Sanktionen nach UWG

Auch wenn das KKG keine strafrechtlichen Sanktionen vorsieht, heisst das nicht, dass Kreditgeber keine solchen riskieren. Art. 36 KKG verweist auf das UWG, dessen Bestimmungen die Werbung für Konsumkredite untersteht.

Das UWG enthält in Art. 3 lit. k–n und Art. 4 lit. d spezielle Unlauterkeitstatbestände, die sich mit der Gewährung von Konsumkrediten beschäftigen. Werden diese verletzt, indem der Kreditgeber z.B. vorsätzlich den Hinweis unterlässt, dass die Kreditvergabe verboten ist, falls sie zur Überschuldung des Konsumenten führt oder vorsätzlich den Konsumenten anstiftet, seinen Vertrag mit einem andern Kreditgeber zu widerrufen, riskiert er gemäss Art. 3 lit. n oder Art. 4 lit. d i.V.m. Art. 23 UWG auf Antrag eine Gefängnisstrafe (von drei Tagen bis zu drei Jahren[249]) oder eine Busse bis zu CHF 100'000.–[250].

Wer einen Unlauterkeitstatbestand erfüllt, muss nicht nur mit strafrechtlichen, sondern auch mit zivilrechtlichen Sanktionen rechnen. In diesem Fall können betroffene Kunden, Konkurrenten oder Konsumentenschutzorganisationen[251] dem Richter gemäss Art. 9 Abs. 1 und 2 UWG beantragen, eine drohende Verletzung zu verbieten, eine bestehende Verletzung zu beseitigen, die Widerrechtlichkeit einer Verletzung festzustellen und das Urteil zu veröffentlichen. Hat die Kreditgeberin schuldhaft gehandelt, kann sie zudem zu Schadenersatz und Genugtuung sowie zur Herausgabe eines Gewinns verurteilt werden[252].

---

[247] Vgl. vorne IV Ziff. 1.2.
[248] Art. 32 Abs. 2 i.V.m. Art. 27 Abs. 1 KKG.
[249] Art. 36 StGB.
[250] KOLLER (FN 213), 86 f., KOLLER-TUMLER, (FN 12), Art. 11 Rz. 6, STAUDER (FN 4), 685.
[251] Art. 10 UWG.
[252] Art. 9 Abs. 3 UWG, vgl. auch KOLLER (FN 213), 88, KOLLER-TUMLER (FN 12), Art. 11 Rz. 5. Vgl. hinten DAVID (FN 202), 184 f.

V. Fazit

Das revidierte Konsumkreditgesetz hat den Überziehungskredit, der ein alltäglicher, aber kein typischer Konsumkredit ist, in ein im Vergleich mit der heute noch gültigen Regelung eng geschnürtes Korsett von Gesetzesbestimmungen gezwängt, dessen Umsetzung den Kreditgebern einiges abverlangen wird.

Als Positivum steht dem aus der Sicht der Kreditgeber der Vorteil einer abschliessenden schweizerischen Regelung und auf Seiten der Konsumenten eine erhöhte Transparenz, klare vertragliche Abmachungen und zusätzliche Rechtsbehelfe gegenüber. Ob dieser gewichtige Eingriff in die Handels- und Gewerbefreiheit, der im Bereich des Überziehungskredits weit über den Standard der Verbraucherkreditrichtlinie hinausgeht[253], unter dem Gesichtspunkt der Vermeidung einer Überschuldung der Konsumenten wirklich notwendig war, darf zumindest mit einem Fragezeichen versehen werden.

---

[253] Allerdings will diese gemäss Art. 15 die Mitgliedstaaten auch nicht hindern, «in Übereinstimmung mit ihren Verpflichtungen aus dem Vertrag weitergehende Vorschriften zum Schutz der Verbraucher aufrechtzuerhalten oder zu erlassen». So hat sich denn der Gesetzgeber – soweit aus den Materialien ersichtlich – bei den diversen Verschärfungen gegenüber der VerbrKr-RL auch nirgends gefragt, ob diese nicht doch im Vergleich zum europäischen Standard zu weitgehend seien, was insoweit verständlich ist, als die Schweiz nicht an das europäische Recht gebunden ist. Umgekehrt war das hingegen sehr wohl der Fall, etwa bei Art. 7 lit. b KKG, der den Geltungsbereich des revidierten KKG enger fasst als die VerbrKr-RL, vgl. dazu Protokoll der Sitzung der Kommission WAK/NR vom 23. Februar 1999, 17.

Neue Informationsstelle für Konsumkredit (IKO) und Zentralstelle für Kreditinformation (ZEK)

ROBERT SIMMEN

I.	Gesetzliche Ausgangslage	157
II.	Zugang zu den IKO-Daten	159
III.	Datenkategorien	162
IV.	Weiterführung der bisherigen ZEK parallel zur neuen IKO	
V.	Fazit	169

I. Gesetzliche Ausgangslage

Kernpunkt des neuen KKG stellt die in Art. 28-30 statuierte Pflicht zur Durchführung einer Kreditfähigkeitsprüfung vor Abschluss eines Barkredit-, Teilzahlungs- oder Leasingvertrags, vor Ausgabe einer Kredit- oder Kundenkarte mit Kreditoption oder vor Einräumung einer Kreditlimite auf laufendem Konto[1] dar. Diese Prüfung ist in Form einer Budgetberechnung[2] durchzuführen, wobei auf der Ausgabenseite vorbestehende Konsumkreditverpflichtungen eine wesentliche Rolle spielen.

Voraussetzung für eine gesetzeskonforme Kreditfähigkeitsprüfung bildet daher die Existenz einer Datenbank, bei welcher sämtliche bei der Kreditfähigkeitsprüfung zu berücksichtigenden Konsumkredite gemeldet sind. Art.

---

[1] Gemäss Art. 30 KKG ist bei Kredit- und Kundenkartenkonti mit Kreditoption und Kreditlimiten auf laufendem Konto lediglich eine «summarische» Kreditprüfung vorzunehmen. Vgl. dazu vorne ROLAND HASELBACH, Überziehungskredit auf laufendem Konto gemäss neuem Konsumkreditgesetz S. 134 ff.

[2] Vgl. zu den Einzelheiten beim Barkredit und Teilzahlungsvertrag vorne ROBERT SIMMEN, Barkredit und Teilzahlungsverträge unter dem neuen Konsumkreditgesetz 49 ff., bei den Leasingverträgen MARKUS HESS, Leasing unter dem Bundesgesetz über den Konsumkredit S. 80 ff., bei Kredit- und Kundenkarten FREDI KÜNG, Kredit- und Kundenkarten S. 101 ff. und bei Überziehungskrediten auf laufendem Konto HASELBACH S. 136 f.

23 KKG sieht daher die Gründung einer Informationsstelle für Konsumkredit durch «die Kreditgeberinnen» vor, wobei die Botschaft zum Entwurf des neuen KKG[3] davon ausging, dass die bestehende, als privatrechtlicher Verein organisierte Zentralstelle für Kreditinformation (ZEK), eine Selbsthilfeorganisation von rund 85 Banken, Finanzierungs-, Leasing- und Kartengesellschaften, die Funktion dieser Informationsstelle übernehmen werde. In der Tat hat sich die bereits 1968 gegründete ZEK während Jahrzehnten als äusserst taugliches Mittel einer seriösen Kreditfähigkeitsprüfung in den Bereichen Konsumkredit, Leasing und Kreditkarten bewährt und bildete damit ein entscheidendes Instrument zur Verhinderung der Überschuldung von Konsumenten und damit auch von Debitorenverlusten der Kreditgeberinnen[4]. Die ZEK bearbeitete im Jahre 2001 2'270'797 Anfragen von ihr angeschlossenen Instituten. Ende 2001 waren bei ihr 1'284'604 Personen mit 2'207'940 Informationselementen gespeichert. Eingetragen waren 390'007 laufende Konsumkreditverträge mit Ausständen von total 5,449 Mrd. Franken, 417'590 laufende Leasingverträge mit einem Gesamtvolumen von 6,904 Mrd. Franken sowie 116'177 Karten-Negativinformationen. In der ZEK-Datenbank werden über die vermerkten Personen folgende Informationselemente gespeichert: offene und abgelehnte Konsumkredit- und Leasinganträge; laufende und erfüllte Verpflichtungen aus Konsumkredit- und Leasingverträgen; Kreditkartenengagements und Überziehungskredite, wenn die Kreditoption während drei Abrechnungsperioden oder – bei Überziehungskrediten – während 90 Tagen mit einem Sollsaldo per Saldostichtag von mindestens Fr. 3'000.– benutzt wird; Angaben zum Zahlungsverhalten bei Konsumkredit- und Leasingverträgen (Positiv- und Negativdaten); gesperrte oder zurückgezogene Kredit- und Kundenkarten; Inkassomassnahmen im Kredit- und Kundenkartenbereich; öffentlich publizierte Daten über Konkurse, Nachlassstundungen, Bevormundungen etc.[5].

---

[3] Vgl. BOTSCHAFT betreffend die Änderung des Bundesgesetzes über den Konsumkredit vom 14. Dezember 1998, BBL 1999 S. 3180.

[4] Das wird in der BOTSCHAFT S. 3180 ausdrücklich anerkannt. Tatsächlich liegt es ja im ureigensten Interesse der Kreditgeberinnen, Verluste durch uneinbringliche Kredite zu vermeiden. Die bisherige strenge Kreditprüfungspraxis führte dazu, dass gemäss Statistik der Zentralstelle für Kreditinformation im Jahre 2000 25% aller Kreditgesuche und im Jahre 2001 sogar 26% derselben abgelehnt wurden. Dem entspricht auch die geringe prozentuale Anzahl der notwendig werdenden Betreibungs- und Zwangsvollstreckungsverfahren: Im Jahre 2000 mussten lediglich 0.17% der pro Monat im Jahresmittel fälligen Konsumkredit-Ratenzahlungen (insgesamt monatlich gesamtschweizerisch rund 460'000 Raten) in Betreibung und lediglich 0.12% derselben in Pfändung gesetzt werden. Für das Jahr 2001 betragen die entsprechenden Zahlen 0.16% bzw. 0.10%.

[5] Vgl. zu weiteren Einzelheiten die ZEK-Homepage (zek.info).

Indem Art. 23 KKG die Gründung der Informationsstelle für Konsumkredit «den Kreditgeberinnen» überlässt und eine staatliche Informationsstelle in Art. 23 Abs. 5 KKG nur für den Fall vorsieht, dass innert einer vom Bundesrat anzusetzenden Frist keine solche Gründung zustandekommt, kann die Informationsstelle für Konsumkredit grundsätzlich privatrechtlich organisiert werden[6]. Die Informationsstelle gilt aber als Bundesorgan i.S. von Art. 3 lit. h DSG und untersteht daher einer im Vergleich zu rein privaten Datenbanken verschärften Aufsicht durch den Eidg. Datenschutzbeauftragten. Zusätzlich dazu unterliegt sie auch der Aufsicht des Eidg. Justiz- und Polizeidepartementes (EJPD); ihre Statuten sowie die Reglemente, welche in Nachachtung von Art. 23 Abs. 2 KKG die Verantwortung für die Datenbearbeitung, die Kategorien der zu erfassenden Daten sowie deren Aufbewahrungsdauer, Archivierung und Löschung, die Zugriffs- und Bearbeitungsberechtigungen, die Zusammenarbeit mit beteiligten Dritten und die Datensicherheit regeln, müssen vom EJPD genehmigt werden.

Am 30. Mai 2002 haben «die Kreditgeberinnen» den ihnen durch Art. 23 Abs. 1 KKG überbundenen «Auftrag» ausgeführt: Auf Veranlassung der ZEK ist in Zürich der Verein zur Führung einer Informationsstelle für Konsumkredit (IKO) gegründet worden[7].

II. Zugang zu den IKO-Daten

Art. 24 KKG regelt den Zugang zu den IKO-Daten: Diese stehen lediglich den dem KKG unterstellten Kreditgeberinnen zur Verfügung, und auch für diese nur, soweit nötig zur Erfüllung der im KKG statuierten Pflichten im Zusammenhang mit der Kreditfähigkeitsprüfung. Im einzelnen bedeutet dies folgendes:

---

[6] Wie die BOTSCHAFT S. 3180. richtig feststellt, greift der Bundesgesetzgeber auch anderweitig zur Erledigung öffentlicher Aufgaben auf gut funktionierende private Strukturen zurück, so z.B. im Bereich der Krankenversicherung, der Kontrolle über die elektrischen Starkstromanlagen und bei der Deckung von Haftpflichtfällen aus Stauanlagen.

[7] Die ZEK konnte und wollte nicht selbst die Aufgabe der Informationsstelle für Konsumkredit übernehmen. Vgl. zur Begründung hinten S. 166. Bereits vorgängig hat das EJPD den ihm eingereichten IKO-Statutenentwurf genehmigt. Für die einschlägigen Reglemente ist das Genehmigungsverfahren noch im Gang (September 2002).

- Nur Kreditgeberinnen i.S. von Art. 2 KKG, d.h. natürliche oder juristische Personen, die gewerbsmässig Konsumkreditverträge abschliessen, haben Datenzugang. Ausgangspunkt für die Bestimmung des Begriffs «Konsumkreditvertrag» ist dabei Art. 1 KKG: Konsumkreditverträge sind Verträge, durch welche die Kreditgeberin einem Konsumenten einen Kredit in Form eines Zahlungsaufschubs, eines Darlehens oder einer ähnlichen Finanzierungshilfe gewährt oder zu gewähren verspricht[8]. Vom Begriff erfasst werden dabei gemäss Art. 1 Abs. 2 auch Leasingverträge über bewegliche, dem privaten Gebrauch des Leasingnehmers dienende Sachen immer dann, wenn sie vorsehen, dass die vereinbarten Leasingraten bei einer vorzeitigen Vertragsauflösung erhöht werden[9] sowie Kredit- und Kundenkarten und Überziehungskredite auf laufendem Konto, wenn sie mit einer Kreditoption verbunden sind[10]. Als Konsumkredite gelten gemäss Art. 3 KKG nur Kredite, welche Konsumenten gewährt werden, d.h. natürlichen Personen, «die einen Konsumkreditvertrag zu einem Zweck abschliessen, der nicht ihrer beruflichen oder gewerblichen Tätigkeit zugerechnet werden kann»[11]. Keine Konsumkredite sind im übrigen diejenigen Kreditverträge, welche von der Ausschlussnorm des Art. 7 Abs. 1 KKG[12] erfasst werden.

- Kein IKO-Datenzugang besteht somit für Allgemeinbanken, Finanzierungsinstitute, Kartenherausgabefirmen etc., welche mit ihren Produkten Bonitätsrisiken eingehen, jedoch keine Konsumkreditverträge im soeben erläutertem Sinne abschliessen und damit dem KKG in Nachachtung der soeben erwähnten Gesetzesbestimmungen nicht unterstellt sind. Diese Barriere gilt bspw. für die Herausgeber «klassischer» Zahl- oder Kundenkarten, welche nicht mit einer Kreditoption verbunden sind.

- Für Kredite, die an juristische Personen gewährt werden, besteht kein IKO-Datenzugang, auch wenn sie grundsätzlich den Kriterien von Art. 1 KKG entsprechen würden.

- Dasselbe gilt für Kredite an natürliche Personen, wenn diese einem beruflichen oder gewerblichen Zweck dienen.

---

[8] Vgl. dazu im einzelnen vorne SIMMEN S. 41.
[9] Je kürzer die Vertragsdauer, desto höher fällt entsprechend dem Verlauf der an den Eurotax-Bewertungsrichtlinien orientierten Wertkurve die Entwertung des geleasten Fahrzeugs pro Zeiteinheit aus. Vgl. dazu vorne HESS S. 73 und SIMMEN S. 41.
[10] Vgl. im Detail vorne KÜNG S. 91 und HASELBACH S. 123.
[11] Dazu eingehend vorne SIMMEN S. 42.
[12] Dazu eingehend vorne SIMMEN S. 43 f., KÜNG S. 92 und HASELBACH S. 124 ff.

- Für Leasingverträge besteht IKO-Zugang nur dann, wenn die Erhöhung der vereinbarten Leasingraten bei vorzeitiger Auflösung des Leasingvertrages vertraglich vorgesehen ist[13].
- Kreditgeberinnen, welche (auch) im Konsumkreditgeschäft tätig sind, haben zwar grundsätzlich Zugriff zu den IKO-Daten, aber nur für KKG-relevante Geschäfte. Kein Zugang besteht für nicht KKG-relevante Verträge, wie z.B. unkurant gedeckte Darlehen, Hypothekarkredite, Herausgabe von reinen Zahlkarten, EC-Karten etc.
- Auch diejenigen Leasingfirmen, welche zwar grundsätzlich Datenzugriff besitzen, dürfen nur dann IKO-Datenbankabfragen tätigen, wenn es um KKG-unterstellte Leasingverträge geht. Für andere Leasinggeschäfte haben sie bei der Informationsstelle für Konsumkredit keinen Datenbankzugriff.
- Ebenfalls kein Datenbankzugriff besteht bspw. bei Krediten mit einem Netto-Kreditbetrag unter Fr. 500.– oder über Fr. 80'000.–[14] oder bei zu konsumptiven Zwecken gewährten Krediten, welche direkt oder indirekt grundpfandgesichert sind[15].
- Auch für grundsätzlich KKG-relevante Kredite ist ein Datenbankzugriff nur dann zulässig, wenn er zur Erfüllung der Verpflichtungen der Kreditgeberinnen aus dem Konsumkreditgesetz **nötig** ist. Eine solche Notwendigkeit besteht lediglich im Rahmen der Kreditfähigkeitsprüfung gemäss Art. 28–30 KKG, nicht aber bspw. für routinemässige nachträgliche Überprüfungen im Rahmen einer bereits bestehenden Vertragsbeziehung.

Zusammenfassend ergibt sich, dass der IKO-Datenbankzugriff viel enger geregelt ist, als der Zugriff auf die Daten der ZEK: Zahlreiche Geschäfte, für welche nach den derzeitigen ZEK-Statuten eine Datenbankabfrage möglich ist (und auch häufig gemacht wird)[16], können durch die Daten der IKO also bonitätsmässig nicht geprüft werden.

Voraussetzung für den IKO-Datenbankzugriff bildet schliesslich die Mitgliedschaft im IKO-Verein oder zumindest der Abschluss eines IKO-Be-

---

[13] Art. 1 Abs. 2 lit. a KKG.
[14] Art. 7 Abs. 1 lit. e KKG.
[15] Art. 7 Abs. 1 lit. a KKG.
[16] So z.B. für nicht dem KKG unterstellte Leasingverträge, Kredite über Fr. 80'000.–, hypothekarisch gesicherte Kredite, Kredite an kleine Einzelfirmen, die Ausgabe von Zahlkarten etc.

nützungsvertrages als «Gelegenheitsuser» (mit Überbindung der im Reglement statuierten Verpflichtungen, insbesondere betreffend Datenschutz). Dem IKO-Verein beitreten oder mit der IKO einen solchen Benützungsvertrag abschliessen können nur Firmen, die sich über ihren Status als Konsumkreditgeberin i.S. von Art. 2 KKG ausweisen. Soweit für die Tätigkeit als Konsumkreditgeberin gestützt auf Art. 39 KKG eine Bewilligung erforderlich ist, werden Kandidaten für den IKO-Vereinsbeitritt oder für den Abschluss eines IKO-Benützungsvertrages das Vorhandensein einer solchen Bewilligung nachweisen müssen.

III. Datenkategorien

Obligatorisch müssen der IKO in Nachachtung von Art. 25–27 KKG folgende Meldungen erstattet werden:

- Sämtliche Konsumkredite, die (positiv) von der Begriffsbestimmung gemäss Art. 1 und 3 KKG erfasst und (negativ) nicht unter den Ausnahmekatalog von Art. 7 Abs. 1 KKG fallen, sind unverzüglich **bei definitivem Vertragsabschluss**[17] zu melden. Eine **Ausnahme** besteht gestützt auf Art. 27 KKG aber für Kredit- und Kundenkarten mit Kreditoption sowie für Überziehungskredite auf laufendem Konto: In diesen Bereichen muss nicht schon bei der Ausgabe der Kreditkarte IKO-Meldung erstattet werden, sondern erst dann, wenn der Kunde/Karteninhaber bzw. Kreditnehmer dreimal hintereinander von der Kreditoption Gebrauch macht und dabei jeweils ein Sollsaldo von mindestens Fr. 3'000.– besteht.

- **Verzüge** sind der IKO unter den Voraussetzungen von Art. 25 Abs. 2 und 26 Abs. 2 zu melden:

  - bei Barkrediten, Teilzahlungsverträgen und ähnlichen Finanzierungshilfen dann, wenn Teilzahlungen ausstehend sind, die mindestens 10% des Kredit-Nettobetrages oder des Barzahlungspreises ausmachen[18];

---

[17] D.h. bei unbenütztem Ablauf der siebentägigen Widerrufsfrist gemäss Art. 16 KKG. Das IKO-Reglement sieht für die Meldung eine Frist von zehn Werktagen vor.
[18] Art. 25 Abs. 2 KKG.

- bei Leasingverträgen dann, wenn drei Leasingraten ausstehen[19].

Welche Elemente die Meldungen im einzelnen zu enthalten haben, bestimmt das Gesetz nicht. Massgeblich ist dafür das einschlägige **IKO-Reglement**[20]:

- **Erstmeldungen bei Barkrediten, Teilzahlungsverträgen oder ähnlichen Finanzierungshilfen:**
    - Name/Vorname des Kunden bzw. Konsumenten
    - Geburtsdatum
    - Wohnadresse
    - Kreditart[21]
    - Vertragsbeginn
    - Anzahl Raten
    - Bruttobetrag des Kredites inkl. Zinsen/Kosten
    - Vertragsende
    - Höhe der Tilgungsraten (soweit solche vereinbart).

Bei Vertragsbeendigung bzw. bei vollständiger Kreditrückzahlung ist der betreffende Vertrag jeweils innert Monatsfrist bei der IKO wieder abzumelden. Abgemeldete Verträge erscheinen in der Datenbank nicht mehr, d.h. im Gegensatz zur ZEK ist bei der IKO nicht feststellbar, dass einer bestimmten Person bereits früher Konsumkredite gewährt worden sind.

Nicht an die IKO gemeldet werden Kreditgesuche – auch dies im Gegensatz zur Situation bei der ZEK: Ein Kreditinstitut, das von einem Konsumeten betreffend Gewährung eines Konsumkredites angegangen wird, kann also – wenn es sich allein auf die IKO-Daten abstützt – nicht wissen, ob die betreffende Person zur gleichen Zeit auch bei anderen Kreditinstituten Kreditgesuche anhängig gemacht hat.

- **Erstmeldungen bei Leasingverträgen:**
    - Personalien analog wie bei Barkrediten
    - Kreditart[22]
    - Vertragsbeginn
    - Anzahl Leasingraten

---

[19] Art. 26 Abs. 2 KKG.
[20] Zur Zeit (September 2002) erst im Entwurf vorliegend, durch das EJPD noch nicht genehmigt.
[21] Barkredit oder Teilzahlungsvertrag.
[22] Leasingvertrag.

- Höhe der Leasingverpflichtung (berechnet auf die vereinbarte Vertragsdauer, ohne allfällige bei Vertragsabschluss sofort geleistete Beträge und ohne Restwert)
- Vertragsende
- Höhe der monatlichen Leasingraten (ohne allfällige bei Vertragsabschluss sofort geleistete Beträge).

Auch Leasingverträge müssen innert dreissig Tagen nach ihrer Beendigung bei der IKO abgemeldet werden und sind nachher – im Gegensatz zur Situation bei der ZEK – in der Datenbank nicht mehr ersichtlich.

Analog wie beim Barkredit gibt es bei der IKO – im Gegensatz zur ZEK – keine Meldung von pendenten Leasingvertragegesuchen.

- **Erstmeldungen bei Kredit- und Kundenkartenkonti mit Kreditoption sowie Überziehungskrediten auf laufendem Konto:**
  - Personalien bei obligatorischer Meldung wie beim Barkredit
  - Kreditart[23]
  - Datum Vertragsbeginn
  - Stichtag Saldo
  - Saldoangabe, wenn dreimal hintereinander Gebrauch der Kreditoption, mit Sollsaldo von jeweils mindestens Fr. 3'000.–.

Bei Überziehungskrediten besteht mit Rücksicht auf die Fakturierungsgepflogenheiten[24] alternativ die Möglichkeit einer IKO-Meldung, wenn das betreffende Konto während 90 Tagen ununterbrochen einen Sollsaldo aufgewiesen hat und dieser am Ende dieser 90-tägigen Periode mindestens Fr. 3'000.– beträgt.

Für **Nachmeldungen** regelt das IKO-Reglement den **Meldeinhalt** wie folgt:
- Bei Barkrediten, Teilzahlungsverträgen und ähnlichen Finanzierungshilfen:
  - Personalien (wie bei Erstmeldung)
  - Vertragsbeginn
  - Kreditbetrag
  - Verzugsmeldung bei Ausstand von mindestens 10% des Netto-Kreditbetrages oder Barzahlungspreises

---

[23] Kartenengagement, Überziehungskredit.
[24] Zahlreiche Kontoverhältnisse werden nicht monatlich, sondern in Intervallen von drei Monaten bis zu einem Jahr abgerechnet.

- Datum der Verzugsmeldung

Sobald der Ausstand vollständig bezahlt ist, muss der Eintrag «Verzug» innert Monatsfrist bei der IKO abgemeldet werden.

- **Bei Leasingverträgen:**
  - Personalien (wie bei Erstmeldung)
  - Vertragsbeginn
  - Kreditbetrag bzw. Vertragswert
  - Verzugsmeldung bei Ausstand von drei Leasingraten
  - Datum der Verzugsmeldung.

Die Abmeldung bei vollständiger Bezahlung der Ausstände hat analog wie bei den Barkrediten und Teilzahlungsverträgen innert Monatsfrist zu erfolgen.

- **Bei Kredit- und Kundenkartenkonti sowie Überziehungskrediten auf laufendem Konto:**
  - monatliche Saldomeldung, wenn Sollsaldo nach wie vor mindestens Fr. 3'000.– beträgt
  - automatische Löschung per übernächstes Monatsende, sofern keine Nachmeldung erfolgt.

Zusätzliche **fakultative Meldungen** sind in Nachachtung von Art. 24 Abs. 1 KKG **nicht möglich:** Indem die in der Informationsstelle für Konsumkredit gesammelten Daten ausschliesslich zur Erfüllung der Pflichten der Kreditgeberinnen im Zusammenhang mit der gesetzlich vorgeschriebenen Kreditfähigkeitsprüfung abgerufen werden dürfen und dabei für die Berücksichtigung der bei der Informationsstelle gemeldeten Verpflichtungen der gesetzlich in Art. 25–27 vorgeschriebene Datenbankinhalt massgebend ist, könnten zusätzliche fakultative Daten gar nicht bearbeitet und verwertet werden. Art. 24 Abs. 1 KKG verfolgt ja gerade den Zweck, eine Monopolstellung der staatlich bzw. bundesgesetzlich vorgeschriebenen Informationsstelle für Konsumkredit zu verhindern. Eine solche Monopolposition wäre entstanden, wenn die IKO ihren Benützern neben den gesetzlich vorgeschriebenen Daten noch zusätzliche Informationselemente liefern könnte.

Im Vergleich mit der Situation bei der bestehenden ZEK fehlen daher in der IKO insbesondere folgende Datenkategorien: pendente Kredit- und Leasingvertragsgesuche, abgelehnte Kredit- und Leasingvertragsgesuche, beendete bzw. saldierte Verträge, zusätzliche Bonitätsangaben neben der Verzugsmeldung (Sondermassnahmen, Teil-/Totalverlust), Kartensperrungen, Inkassomassnahmen im Kredit- und Kundenkartenbereich, öffentlich publizierte Daten über Konkurse, Nachlassstundungen, Bevormundungen etc.

IV. Weiterführung der bisherigen ZEK parallel zur neuen IKO

Wie soeben erwähnt, beinhaltet die ZEK zahlreiche Datenkategorien, die gestützt auf Art. 24 Abs. 1 KKG in der IKO nicht geführt werden können. Eine ZEK-Datenbankauskunft ist daher weit gehaltvoller, als die zwingend auf das gesetzliche Obligatorium reduzierte IKO-Datenbankauskunft. Für umfassende, über das gesetzlich geforderte Minimum hinausgehende Kreditfähigkeitprüfungen wird deshalb die ZEK weiterhin auch bei den vom KKG erfassten Krediten eine wichtige Rolle spielen; für den Bereich der nicht dem KKG unterstellten Privatkredite ist sie praktisch unverzichtbar.

Aus diesem Grunde hat sich die ZEK entschlossen, ihre Tätigkeit im bisherigen Rahmen weiterzuführen, wobei sie sich bezüglich der Datenbearbeitung auf entsprechende, in den Antrags- und Vertragsformularen enthaltene Einverständniserklärungen der betroffenen Personen abstützt. Sie speichert zuhanden der ihr angeschlossenen Mitgliedfirmen nach wie vor:

- möglichst vollständige Daten über pendente Barkredit- und Leasingvertragsgesuche

- möglichst vollständige Daten über laufende Konsumkredite und alle Leasingverträge (auch nicht dem KKG unterstellte Leasingverträge), mit Positiv- oder Negativangaben zum Zahlungsverhalten des betreffenden Konsumenten

- möglichst vollständige Daten über Negativereignisse bei Karteninhabern[25]

- Amtsinformationen (Konkurse, Nachlassverträge, Bevormundungen).

Die ZEK stellt ihre Daten weiterhin ihren Mitgliedfirmen auch für Kreditfähigkeitsprüfungen bei nicht vom KKG erfassten Geschäften oder auch für ebenfalls nicht dem KKG unterstellte routinemässige Nachprüfungen

---

[25] Kartensperrungen, Inkassomassnahmen etc.

zur Verfügung. Mitglied können auch Firmen sein, die ausschliesslich nicht KKG-unterstellte Produkte[26] vertreiben.

Angesichts der Positionierung der ZEK als ausgebaute, weit über das KKG-Obligatorium hinausgehende Konsumentendatenbank in den Bereichen Konsumkredit, Leasing und Kreditkarten war es mit Blick auf Art. 24 Abs. 1 KKG klar, dass die ZEK selbst nicht die Funktion der durch das KKG institutionalisierten Informationsstelle für Konsumkredit übernehmen konnte. Sie hat sich daher darauf beschränkt, die Gründung des Vereins zur Führung einer Informationsstelle für Konsumkredit (IKO) durch «die Kreditgeberinnen»[27] zu initialisieren. Immerhin stellt sie aber der IKO ihre entsprechend an die IKO-Bedürfnisse angepasste, mandantenfähige IT-Plattform zur Verfügung, so dass die beiden rechtlich und organisatorisch getrennten Vereine ZEK und IKO ihre ebenfalls getrennten Datenbanken auf demselben System parallel betreiben können. Bei Anfragen und Meldungen nimmt dabei das System automatisch die Triage zwischen IKO-zugriffsberechtigten Firmen einerseits, ZEK-Mitgliedfirmen andererseits und Kreditgeberinnen, welche sowohl zur IKO wie auch zur ZEK Zugriff haben, vor. Für letztere ist daher eine kombinierte ZEK-/IKO-Anfrage, mit ebenfalls kombinierter ZEK/IKO-Antwort, möglich, was die Abläufe wesentlich vereinfachen wird. Das Funktionieren der beiden Datenbanken und die soeben erwähnte Triage ergibt sich aus dem nachfolgenden ZEK/IKO-Ablaufschema:

---

[26] So z.B. reine Zahlkarten.
[27] So der Gesetzestext von Art. 23 Abs. 1 KKG.

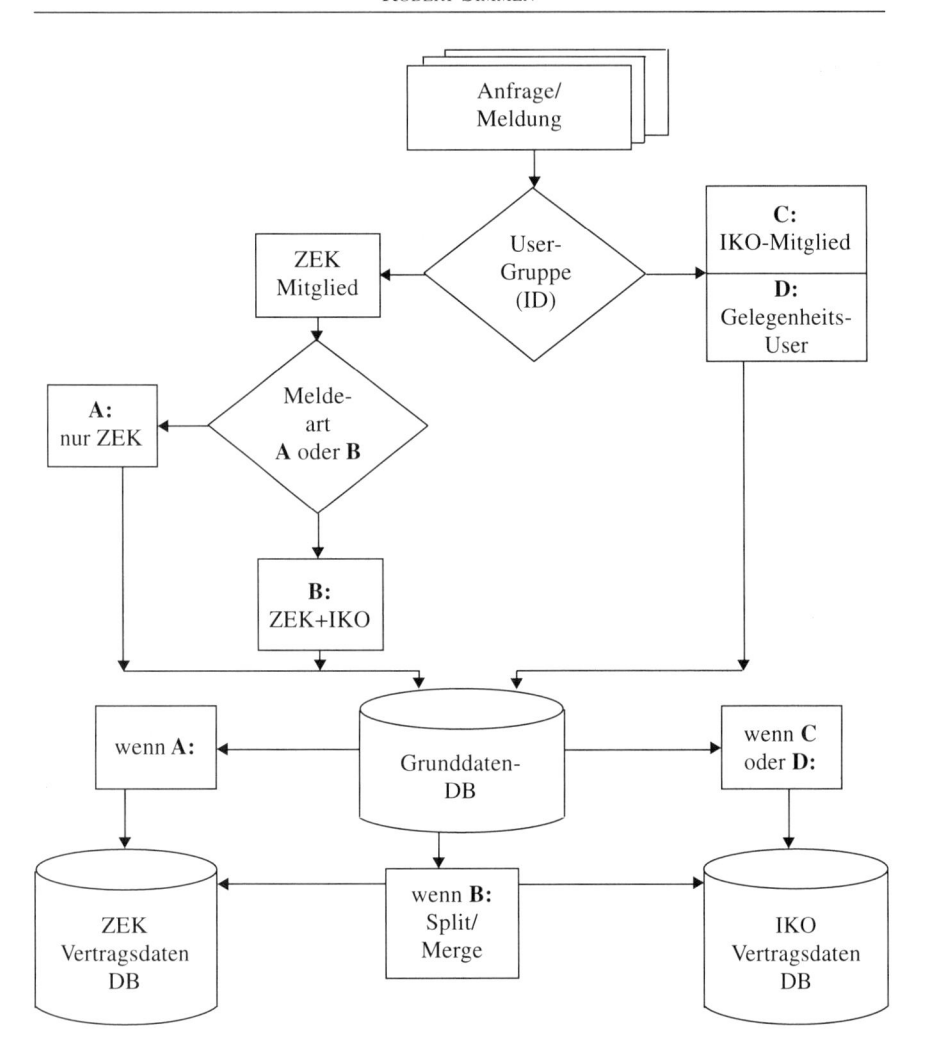

```
              ┌──────────────┐
              │   Anfrage/   │
              │   Meldung    │
              └──────┬───────┘
                     │
          ┌──────────▼──────────┐
          │     User-Gruppe     │
          │        (ID)         │
          └──┬───────────────┬──┘
             │               │
    ┌────────▼─────┐   ┌─────▼──────────┐
    │     ZEK      │   │ C: IKO-Mitglied│
    │   Mitglied   │   ├────────────────┤
    └──────┬───────┘   │ D: Gelegenheits│
           │           │     -User      │
           │           └───────┬────────┘
  ┌────────▼────────┐          │
  │   Meldeart      │          │
  │   A oder B      │          │
  └──┬───────────┬──┘          │
     │           │             │
┌────▼───┐  ┌────▼─────┐       │
│ A:     │  │ B:       │       │
│ nur ZEK│  │ ZEK+IKO  │       │
└────┬───┘  └────┬─────┘       │
     │           │             │
     │      ┌────▼─────────────▼──┐
     │      │   Grunddaten-DB     │
     │      └──┬───────────────┬──┘
     │         │               │
┌────▼───┐ ┌───▼────┐     ┌────▼────┐
│wenn A: │ │wenn B: │     │wenn C   │
│        │ │Split/  │     │ oder D: │
│        │ │Merge   │     │         │
└────┬───┘ └────────┘     └────┬────┘
     │                         │
┌────▼──────┐              ┌───▼───────┐
│    ZEK    │              │    IKO    │
│Vertrags-  │              │Vertrags-  │
│daten DB   │              │daten DB   │
└───────────┘              └───────────┘
```

V. Fazit

Mit der am 30. Mai 2002 erfolgten Konstituierung des Vereins zur Führung einer Informationsstelle für Konsumkredit (IKO), der ab Inkrafttreten des neuen KKG bzw. ab 1. Januar 2003 die bundesgesetzlich vorgeschriebene Informationsstelle führen wird, sind die Kreditgeberinnen dem durch Art. 23 KKG an sie herangetragenen Anliegen, eine solche Institution zu gründen, nachgekommen. Durch die Weiterführung der ZEK mit ihrem umfassenden Datenkranz auf bisheriger Grundlage parallel zum IKO-Betrieb werden die erforderlichen Mittel für eine optimale, Kreditverluste und Überschuldung möglichst ausschliessende Kreditfähigkeitsprüfung gewährleistet.

Werbung für Konsumkredite

Lucas David[*]

I.	**Rechtsquellen**	172
	1. Bundesgesetz über den Konsumkredit vom 23. März 2001 (KKG)	172
	1.1 Grundsatz	172
	1.2 Einschränkungen	173
	2. Bundesgesetz gegen den unlauteren Wettbewerb vom 19. Dezember 1986 (UWG)	176
	2.1 Entstehungsgeschichte	176
	2.2 Materieller Inhalt	178
	3. Preisbekanntgabeverordnung vom 11. Dezember 1978 (PBV)	179
	4. Informationsblatt des seco, Staatssekretariat für Wirtschaft	180
	5. Branchenregelungen	181
	5.1 VSKF-Konvention vom 1. Juni 1990	182
	5.2 Konvention der SBVg vom 9. Dezember 1993	182
II.	**Rechtsfolgen der Spezialregelung**	183
	1. Unterschiede zwischen gewerbepolizeilichen und lauterkeitsrechtlichen Normen	183
	2. Strafrechtliche Sanktionen	184
	3. Zivilrechtliche Sanktionen	184
III.	**Die im Konsumkreditgeschäft relevanten lauterkeitsrechtlichen Spezialtatbestände**	185
	1. Werbung für Konsumkredite (Art. 3 lit. k und l UWG)	185
	1.1 Was sind «Auskündigungen für Konsumkredite»?	186
	1.2 Wann sind Auskündigungen «öffentlich»?	187
	1.3 Was ist eine «eindeutige Bezeichnung der Firma»?	190
	2. Mindestanforderungen an Vertragsformulare für Teilzahlungsgeschäfte (Art. 3 lit. m UWG)	190
	3. Warnklausel (Art. 3 lit. n UWG)	192
	4. Verleitung zum Vertragswiderruf (Art. 4 lit. d UWG)	193
IV.	**Zusammenfassung**	194

---

[*] Meinen Mitarbeitern Dr. Michel Brunner und Daniel Fontes danke ich für die wertvollen Hinweise und die Aufarbeitung der Materialien.

I. Rechtsquellen

Die für die Konsumkreditwerbung massgebenden Bestimmungen sind in verschiedenen Rechtserlassen verstreut. Daher ist es einigermassen schwierig, sich ein Gesamtbild der diesbezüglichen Werbevorschriften zu machen. Wichtig zu wissen ist in jedem Falle, dass zur Beurteilung von Rechtsfragen im Zusammenhang mit Konsumkreditwerbung diverse Quellen konsultiert werden müssen.

Im Sinne einer historischen Reminiszenz sei noch darauf hingewiesen, dass es in den 70er Jahren bereits einmal einschneidende Einschränkungen für die Kreditwerbung gab. Diese waren vom Bundesrat zur Bekämpfung der überhitzten Konjunktur erlassen worden[1]. Damals durfte für Kleinkredite[2], Abzahlungsgeschäfte, Kundenkonten, Kreditkarten und für die Miete beweglicher Sachen weder am Fernsehen, noch durch unaufgeforderte Zustellung von Werbebriefen und Streusendungen, noch durch öffentliche Plakate geworben werden. Mit dem Rückgang der Konjunktur konnten diese Werbeeinschränkungen indessen Ende 1975 wieder aufgehoben werden[3].

1. Bundesgesetz über den Konsumkredit vom 23. März 2001 (KKG)

1.1 Grundsatz

Das (alte) Bundesgesetz vom 8. Oktober 1993 über den Konsumkredit[4] enthielt noch keine Vorschriften über die Werbung; auch die Revisionsvorlage des Bundesrates vom 14. Dezember 1998[5] äusserte sich nicht zu diesem Thema. Erst der Nationalrat fügte im neuen, total revidierten Gesetz vom 23. März 2001 (im folgenden kurz neues Konsumkreditgesetz oder KKG

---

[1] Art. 1 lit. a–c Verordnung über die Kleinkredit- und Abzahlungsgeschäfte vom 10.1.1973 (KAV), in Kraft seit 15. Januar 1973 (AS 1973 88; SR 951.911).
[2] Definiert als Kredite, die ohne bankübliche Sicherheiten an Privatpersonen gewährt werden und in regelmässigen Raten abzuzahlen sind (Art. 3 Abs. 7 BB über Massnahmen auf dem Gebiet des Kreditwesens vom 20. Dezember 1972, AS 1972 3068).
[3] AS 1975 2420.
[4] AS 1994 367 (SR 221.214.1), in Kraft seit 1. April 1994 (AS 1994 373).
[5] BBl 1999 III 3155.

genannt[6]) den heutigen Artikel 36 KKG ein, der wenigstens besagt, die Werbung für Konsumkredite richte sich nach dem Bundesgesetz gegen den unlauteren Wettbewerb vom 19. Dezember 1986[7]. Damit wird zwar nichts Neues zum Ausdruck gebracht, wohl aber das Auffinden der massgebenden Bestimmungen erleichtert.

Die Formulierung des Artikel 36 KKG ist freilich nicht gerade glücklich geraten. Denn an und für sich ist es eine Selbstverständlichkeit, dass sich das Verhalten von kreditgebenden Personen am Lauterkeitsrecht messen lassen muss; die allgemeinen Bestimmungen des Gesetzes gegen den unlauteren Wettbewerb finden ohne weiteres auch in der Konsumkreditbranche Anwendung. Das neue Konsumkreditgesetz visiert aber offensichtlich die eigens zum Schutze der KonsumentInnen eingefügten Spezialklauseln des UWG an, die sich ausdrücklich mit Angebot und Abschluss von Konsumkrediten befassen und die vom Gesetz sprachlich an dessen Formulierungen angepasst worden sind[8]. Diese sind denn auch zum Kernbestand des unmittelbaren Verbraucherschutzes des UWG zu zählen[9].

1.2 Einschränkungen

Immerhin wirkt die Existenz von Artikel 36 KKG auch einschränkend. Gemäss ausdrücklichem Hinweis in Artikel 8 KKG findet jener nämlich keine Anwendung auf Leasingverträge[10], auf Konti für Kredit- und Kundenkarten sowie auf Überziehungskredite auf laufendem Konto[11]. Solche Verträge sollen damit nicht den genannten Spezialbestimmungen des Gesetzes gegen den unlauteren Wettbewerb unterstehen[12], sondern einzig dessen Generalklausel[13], wonach täuschendes oder in anderer Weise gegen den

---

[6] BG über den Konsumkredit (KKG), BBl 2001 II 1344.
[7] Sog. UWG (SR 241).
[8] Nämlich Art. 3 lit. k–n UWG.
[9] Vgl. Peter Knoepfel, Der Beitrag des Bundesgesetzes über den unlauteren Wettbewerb zum Konsumentenschutz, Revue Internationale de la Concurrence 126/1974 50–66, 58; Daniel Linder, Das UWG als Ansatz des Konsumentenschutzes – Instrumentalisierung des Lauterkeitsrechts im Hinblick auf den Schutz von Konsumenteninteressen?, Diss. ZH 1994, 144.
[10] Vgl. Art. 1 Abs. 2 lit. a und Art. 11 KKG; a. A. offenbar Peter Schatz, hinten, S. 209; zurückhaltend Markus Hess, vorne S. 83, FN 41.
[11] Vgl. Art. 1 Abs. 2 lit. b und Art. 12 KKG, vgl. hierzu Fredi Küng, vorne S. 108, 110, sowie Roland Haselbach, vorne S. 147.
[12] Vgl. FN 8.
[13] Art. 2 UWG.

Grundsatz von Treu und Glauben verstossendes Geschäftsgebaren widerrechtlich ist. Man könnte zwar geneigt sein, das Fehlen von Art. 36 KKG in der Aufzählung des Art. 8 KKG einer blossen Ungenauigkeit zuzuschreiben, zumal diese Bestimmung erst im Laufe der parlamentarischen Beratung ins Gesetz aufgenommen worden ist. So findet wohl auch Art. 7 KKG, der eine ganze Anzahl von Kreditverträgen vom Geltungsbereich des neuen Konsumkreditgesetzes ausnimmt, ebenso auf Leasingverträge und Verträge über Kredit- und Kundenkartenkonti sowie auf Überziehungskredite Anwendung, obwohl davon in Art. 8 nicht die Rede ist. Motiv dieses Artikels war jedoch die positive Aussage, dass die genannten Kreditverträge bestimmten gesetzlichen Auflagen nicht unterstehen sollten. Hierzu ist m.E. auch die Auflage hinsichtlich der Konsumkreditwerbung gemäss Art. 36 KKG zu zählen. Angesichts der sehr detailliert formulierten Einschränkungen zum Geltungsbereich des neuen Konsumkreditgesetzes[14] und deren einlässlichen Überprüfung durch die Redaktionskommission des Parlaments kann kaum argumentiert werden, die fehlende Erwähnung der Konsumkreditwerbung bei den Bestimmungen, die für Leasingverträge, für Kredit- und Kundenkartenkonti sowie für Überziehungskredite mit Kreditoption gelten sollen, sei einem blossen redaktionellen Versehen zuzuschreiben. Auch fällt auf, dass der Gesetzgeber sonst im Gesetz zwischen Barkrediten[15], Konsumkrediten zur Finanzierung des Erwerbs von Waren oder Dienstleistungen[16], Leasingverträgen[17] und Überziehungskrediten auf laufendem Konto[18] oder Kredit- und Kundenkartenkonti mit Kreditoption[19] scharf zu unterscheiden pflegt, so dass anzunehmen ist, dass diese Unterscheidung auch auf die Konsumkreditwerbung ausgedehnt worden ist. Die Anforderungen der Art. 3 lit. k und l UWG passen denn auch schlecht auf Leasingverträge, Überziehungskredite und Kunden- oder Kreditkartenkonti, gibt es doch bei solchen naturgemäss keine Gesamtkosten des Kredits und keinen Preis, der im Rahmen des Kreditvertrags zu bezahlen wäre; auch wäre es sicherlich übertrieben – wenn nicht gar falsch – wenn bei jeder Werbung für solche Verträge in Anwendung von Art. 3 lit. n UWG ein Hinweis erfolgen müsste, die Einräumung eines allfälligen Negativsaldos sei verboten, wenn sie zur Überschuldung der KonsumentInnen führe.

---

[14] Art. 8 Abs. 1 und 2 KKG.
[15] Art. 9 KKG, Art. 3 lit. k und n UWG.
[16] Art. 10 und 16 Abs. 3 KKG, Art. 3 lit. l und n UWG.
[17] Art. 1 Abs. 2 lit. a, 8 Abs. 1, 11, 15 Abs. 4, 16 Abs. 3, 17 Abs. 3, 18 Abs. 2, 26, 29 und 33 Abs. 4 KKG.
[18] Art. 1 Abs. 2 lit. b, 8 Abs. 2, 12 und 30 KKG.
[19] Art. 1 Abs. 2 lit. b, 8 Abs. 2,. 12, 27 und 30 KKG.

Auffallend ist noch, dass Art. 1 Abs. 2 lit. b KKG von Überziehungskrediten spricht, «die mit einer Kreditoption verbunden» sind, während in Art. 8 Abs. 2 und Art. 12 Abs. 1 KKG von «Überziehungskrediten auf laufendem Konto» die Rede ist. Im Gegensatz zu vorher dürften diese verschiedenen Formulierungen auf einer redaktionellen Ungenauigkeit beruhen, da sie sonst unverständlich wären. Man könnte zwar versucht sein, Überziehungskredite mit Kreditoption als Unterkategorie der Überziehungskredite auf laufendem Konto zu verstehen, die sich in solche mit und in solche ohne Kreditoption unterteilen liessen. Als Kreditoption ist im neuen Konsumkreditgesetz das Bestehen einer vertraglich vorgesehenen Möglichkeit definiert worden, einen allfälligen Negativsaldo in Raten zu begleichen[20]. Doch ist dabei auch Art. 7 lit. f KKG zu berücksichtigen, wonach Kreditverträge, bei denen der Negativsaldo innert längstens 3 Monaten, und insbesondere auch sofort, oder in höchstens vier Quartalsraten und höchstens zwölf Monaten zu amortisieren ist, ohnehin nicht unter das neue Konsumkreditgesetz fallen. Eine massgebliche Kreditoption ist daher nur dann anzunehmen, wenn dem Konsumenten oder der Konsumentin von allem Anfang an vertraglich die Möglichkeit eingeräumt wird, den eingeräumten (Überziehungs-)Kredit erst nach mehr als drei Monaten oder in mehr als vier Raten zu tilgen.

Nun sollen dem neuen Konsumkreditgesetz gemäss dessen klaren Wortlaut nur Überziehungskredite mit Kreditoption unterstehen, nicht aber solche ohne[21]. Die Erwähnung von Überziehungskrediten auf laufendem Konto in Art. 8 Abs. 2 und Art. 12 KKG kann sich daher nur auf Überziehungskredite mit Kreditoption beziehen, da andere dem neuen Konsumkreditgesetz ohnehin nicht unterstellt sind, wobei unter Kreditoption z.B. die Zusicherung zu verstehen ist, den ausstehenden Saldo jeweilen in mehr als vier monatlichen Raten abzuzahlen. Überziehungskredite, bei denen das Kreditinstitut den eingeräumten oder tolerierten Kredit jederzeit per sofort oder innert längstens 90 Tagen zur vollständigen Rückzahlung künden kann, fallen daher nicht unter das Konsumkreditgesetz und schon gar nicht unter dessen Werbebestimmungen. Demgegenüber fallen Überziehungskredite mit Kreditoption zwar unter das neue Konsumkreditgesetz, aber gemäss Art. 8 Abs. 2 KKG nicht unter die Werbebestimmungen des Art. 36 KKG sowie die darin anvisierten Art. 3 lit. k–n UWG.

---

[20] Vgl. Art. 1 Abs. 2 lit. b KKG.
[21] Vgl. Art. 1 Abs. 2 lit. b KKG.

2. Bundesgesetz gegen den unlauteren Wettbewerb vom 19. Dezember 1986 (UWG)

2.1 Entstehungsgeschichte

Bereits im Jahre 1960 schlug der Bundesrat zusammen mit dem Entwurf zu einem Bundesgesetz über den Abzahlungs- und Vorauszahlungsvertrag vor[22], auch das damalige Gesetz über den unlauteren Wettbewerb aus dem Jahre 1943 dahin gehend zu ergänzen, dass öffentliche Ankündigungen über Abzahlungsverträge mit Angaben über das vom Käufer zu leistende Entgelt als unlauter betrachtet werden sollten, wenn nicht auch der Gesamtkaufpreis und der Teilzahlungszuschlag in Franken angegeben werde. Dies wurde damit begründet[23], dass dem Käufer durch die blosse Angabe von Höhe und Zahl der Raten, wie dies damals üblich war, ein besonders günstiges Angebot vorgetäuscht und er veranlasst werde, einen Kauf abzuschliessen, ohne die Vertragsbestimmungen genauer zu prüfen. Diese neue Bestimmung wurde vom Parlament unverändert am 23. März 1962 verabschiedet und trat am 1. Januar 1963 in Kraft[24]. Im Gegensatz zu vielen anderen Bestimmungen des UWG konnte sie auch angewendet werden, ohne dass ein Mitkonkurrent verletzt gewesen wäre[25]; sie bezog sich aber gemäss ihrem ausdrücklichen Wortlaut nur auf die sog. Preiswerbung, d.h. auf Reklamen, die Angaben über das vom Abzahlungskäufer zu leistende Entgelt enthielten.

Im Jahre 1978 unterbreitete der Bundesrat dem Parlament einen ersten Entwurf zu einem neuen Bundesgesetz über den Konsumkredit[26], der aber nach jahrelangen Debatten vom Parlament schliesslich am 4. Dezember 1986 verworfen wurde[27]. Auch die damalige Gesetzesvorlage sah eine Zweiteilung der rechtlichen Bestimmungen vor: das Gesetz befasste sich nur mit den materiellen Bestimmungen über Teilzahlungs- und Kleinkreditgeschäfte, während die entsprechende Werbung durch Zusatzbestimmungen im damaligen Gesetz über den unlauteren Wettbewerb geregelt werden sollte[28]. Die Gesetzesnovelle sollte insofern eine wesentliche Verschärfung des bisheri-

---

[22] Botschaft vom 26. Januar 1960, BBl 1960 I 523 ff.
[23] Botschaft vom 26. Januar 1960 (FN 22) S. 12, 64 = BBl 1960 I 534, 586.
[24] Art. 1 Abs. 2 lit. i altUWG, AS 1962 1055.
[25] KNOEPFEL (FN 9), loc.cit.
[26] Botschaft vom 12. Juni 1978, BBl 1978 II 485 ff.; die Erläuterungen zur vorgeschlagenen Ergänzung des Gesetzes über den unlauteren Wettbewerb finden sich auf S. 603 ff.
[27] Amtl. Bull. S 1986 700.
[28] Art. 1 Abs. 2 lit. k und l altUWG, BBl 1978 II 639.

gen Zustandes mit sich bringen, als sie eine exemplarische Angabe der wichtigsten Vertrags- und Kreditbedingungen für Kleinkredite generell und nicht bloss dann verlangte, wenn eine Reklame überhaupt konkrete Hinweise über den Preis oder die Kosten eines Geschäftes enthielt; zudem wurde die anonyme Werbung verboten und mit Strafe bedroht. Schliesslich wurde auf Vorschlag der nationalrätlichen Kommission eine zusätzliche Bestimmung in die Vorlage eingebaut, wonach die Verwendung unvollständiger oder unrichtiger Angaben in Vertragsformularen als unlauter zu beurteilen sei[29].

Unabhängig davon wurde das Lauterkeitsrecht in den Jahren 1983–1986 total revidiert, wobei auch die vom Bundesrat vorgeschlagene und vom Parlament ergänzte Regelung über Kleinkreditwerbung mit einbezogen und am 19. Dezember 1986 verabschiedet wurde, obwohl die Konsumkreditnovelle bereits zwei Wochen zuvor definitiv Schiffbruch erlitten hatte. In der Folge wurde vom Ständerat zuerst empfohlen, auch die betreffenden Werbebestimmungen über Kleinkredite im neu revidierten Gesetz gegen den unlauteren Wettbewerb nachträglich wiederum zu streichen[30]. Der Nationalrat widersetzte sich jedoch mit Erfolg diesem Antrag, da diese Bestimmungen nach der Meinung seiner Kommission sehr wohl auch ohne ein besonderes Konsumkreditgesetz Sinn machen könnten, seien sie doch schon so geeignet, Missbräuche in der Kleinkreditwerbung zu verhindern[31]. Die neue Regelung trat daher bereits am 1. März 1988 in Kraft[32].

Die Fassung dieser Bestimmungen wurde durch das im Rahmen von Eurolex/Swisslex[33] eingeführte und am 1. April 1994 in Kraft getretene (alte) BG über den Konsumkredit[34] redaktionell angeglichen; namentlich wurde das Wort «Kleinkredit» durch «Konsumkredit» ersetzt. Auch das neue, total revidierte Bundesgesetz über den Konsumkredit vom 23. März 2001[35] hat die beiden Bestimmungen den veränderten Gegebenheiten angepasst, indem insbesondere die Wörter «Kreditsumme» durch «Nettobetrag des Kredits», «maximaler rückzahlbarer Gesamtbetrag» durch «Preis, der im Rah-

---

[29] Amtl. Bull. N 1982 I 97 betreffend Art. 1 Abs. 2 lit. m altUWG.
[30] Parlamentarische Initiative Schönenberger, Amtl. Bull. S 1987 558, S 1988 75.
[31] Amtl. Bull. N 1989 413.
[32] Art. 3 lit. l und m sowie Art. 4 lit. d UWG, AS 1988 223, 231.
[33] Vgl. Botschaft I über die Anpassung des Bundesrechts an das EWR-Recht vom 27. Mai 1992 (Zusatzbotschaft I zur EWR-Botschaft), BBl 1992 V 1, insb. S. 157 u. 178; Botschaft über das Folgeprogramm nach der Ablehnung des EWR-Abkommens vom 24. Februar 1993, BBl 1993 I 805, insb. S. 862.
[34] Vgl. FN 4.
[35] BBl 2001 II 1344.

men des Kreditvertrags zu bezahlen ist» und «Jahresprozente» durch «effektiven Jahreszins» ersetzt wurden. Diese Vorschläge übernahm das Parlament unverändert in die definitive Fassung des neuen Konsumkreditgesetzes vom 23. März 2001.

Man könnte meinen, dass die im neuen Konsumkreditgesetz verwirklichte Einführung eines generellen Widerrufsrechts für Konsumkredite auch eine Änderung der Bestimmung über die Fassung der Vertragsformulare nach sich gezogen hätte. Diese Überlegung ist aber nicht stichhaltig. Denn bei Teilzahlungsgeschäften[36] und bei der Gewährung von Finanzierungskrediten durch Kreditinstitute ausserhalb ihrer Geschäftsräumlichkeiten[37] konnte schon bisher ein Widerrufsrecht geltend gemacht werden, und hierauf musste in den Vertragsformularen hingewiesen werden. Wegen des oben beschriebenen Versehens des Parlaments war laut dem gesetzlichen Wortlaut auch bei Kleinkrediten auf ein (nicht bestehendes) Widerrufsrecht zu verweisen; diese Diskrepanz wurde mit der Bemerkung abgetan, dass der Vorschrift auch durch die Angabe «Kein Widerrufsrecht» nachgelebt werden könne[38].

2.2 Materieller Inhalt

Die bereits im Rahmen des alten Konsumkreditgesetzes erlassenen Werbebestimmungen im UWG sind nur redaktionell angepasst worden. Sie verlangen nunmehr, dass zunächst in der Werbung neben der Firma des Kreditinstituts auch obligatorisch der Nettobetrag des Kredits bzw. der Barzahlungspreis der finanzierten Ware oder Dienstleistung und die Gesamtkosen des Kredits (Bruttopreis) sowie der effektive Jahreszins (oder, wenn dies nicht möglich ist, der Jahreszins und die bei Vertragsschluss in Rechnung gestellten Kosten) genannt werden müssen[39]. Sodann haben die zu verwendenden Vertragsformulare gewissen Mindestanforderungen zu genügen[40].

Zusätzlich hat aber das neue Konsumkreditgesetz auf Vorschlag des Nationalrates noch eine weitere Werbebestimmung in das Gesetz gegen den unlauteren Wettbewerb eingefügt: neuerdings muss nämlich in der Werbung für

---

[36] Art. 226c OR und 228 Abs. 1 OR in der Fassung vom 23. März 1962, in Kraft seit 1. Januar 1963 (AS 1962 1047, 1056).
[37] Art. 40a ff. OR, in Kraft seit 1. Juli 1991 (AS 1991 846, 848).
[38] Amtl. Bull. N 1989 413.
[39] Art. 3 lit. k und l UWG, vgl. hinten Kap. III.1., S. 185.
[40] Art. 3 lit. m UWG, vgl. hinten Kap. III.2, S. 190.

Konsumkredite darauf hingewiesen werden, dass die Kreditvergabe verboten sei, falls sie zur Überschuldung der Konsumenten führe[41].

3. Preisbekanntgabeverordnung vom 11. Dezember 1978 (PBV)

Gestützt auf eine entsprechende Kompetenzdelegation in den Bundesgesetzen über den unlauteren Wettbewerb und über das Messwesen[42] hat der Bundesrat am 11. Dezember 1978 die Preisbekanntgabeverordnung (PBV) erlassen. Diese findet ausschliesslich auf die Preisbekanntgabe gegenüber Konsumenten Anwendung, das heisst nur gegenüber Personen, die Waren oder Dienstleistungen für ihren persönlichen oder familiären Bedarf erwerben wollen[43]. Unter der Voraussetzung, dass in der Werbung überhaupt Preise aufgeführt werden oder bezifferte Hinweise auf Preisrahmen oder Preisgrenzen gemacht werden, ist die Preisbekanntgabepflicht auch für die Werbung von Bedeutung. Sie verlangt, dass aus Reklamen mit Preisangaben deutlich hervorgehen muss, auf welche Ware und Verkaufseinheit oder auf welche Art, Einheit und Verrechnungssätze von Dienstleistungen sich der Preis bezieht; die Waren sind nach Marke, Typ, Sorte, Qualität, Eigenschaften oder dergleichen zu umschreiben[44].

Zusätzlich bestimmt die Preisbekanntgabeverordnung u.a., dass sowohl die Anschrift der Höhe des Mietzinses am Ort der Vermietung (oder dem Leasing) von Fahrzeugen, Apparaten und Geräten als auch der Spesen und Passivzinsen für Kontoeröffnung und Kontoführung sowie für Zahlungsmittel (Kreditkarten) in den Schalterhallen von Finanzinstituten und anderen Kreditgebern obligatorisch sein soll[45]. Dieses Obligatorium bezieht sich somit nur auf die Werbung in den Geschäftsräumlichkeiten der entsprechenden Anbieter (Autovermieter, Banken, Kreditkartenaussteller), nicht aber auf deren elektronische und Printwerbung, denn die Angabe von Preisen und Kosten ist gemäss Preisbekanntgabeverordnung ausserhalb des Ortes, an welchem die entsprechenden Waren oder Dienstleistungen angeboten wer-

---

[41] Art. 3 lit. n UWG, vgl. hinten Kap. III.3, S. 192.
[42] Art. 16, 17 und 20 UWG (SR 241), Art. 11 BG über das Messwesen (SR 941.20).
[43] Art. 11 Abs. 3 BG über das Messwesen (SR 941.20).
[44] Art. 14 PBV (SR 942.211).
[45] Art. 10 Abs. 1 lit. h und r PBV.

den, und namentlich beispielsweise in periodisch erscheinenden Medien, immer fakultativ.

Der Geltungsbereich der Preisbekanntgabeverordnung unterscheidet sich damit von demjenigen der zuvor erwähnten Bestimmungen des Gesetzes gegen den unlauteren Wettbewerb. Dieses verlangt für die Konsumkreditwerbung ausdrücklich bestimmte Preisangaben, während die Preisbekanntgabeverordnung solche Angaben als freiwillig bezeichnet. Aber auch wenn Preisangaben in der Werbung – im Gegensatz zur Preisanschrift in den Geschäftsräumlichkeiten – gemäss Preisbekanntgabeverordnung nur fakultativ sind, so heisst dies nicht, dass deswegen diese Verordnung die Preiswerbung nicht erfassen würde. Wenn nämlich in der Print- oder der elektronischen Werbung schon Preisangaben gemacht werden, so muss dies nach den Vorgaben der Preisbekanntgabeverordnung geschehen: soweit sich die Werbung an Konsumenten richtet, muss der aktuelle, tatsächlich zu bezahlende Detailpreis in Schweizer Franken genannt und das Angebot genügend spezifiziert werden[46]. Die Angabe mehrerer (Vergleichs-)Preise ist nur unter einschränkenden Bedingungen möglich: bei Eigenvergleichen (durchgeführte Preissenkungen oder bevorstehende Preiserhöhungen) längstens während zwei Monaten, bei Konkurrenzvergleichen soweit möglich nur unter Angabe eines Stichtages[47].

4. Informationsblatt des seco, Staatssekretariat für Wirtschaft

Im Sinne einer Wegleitung für die Praxis gibt das seco, Staatssekretariat für Wirtschaft[48], Informationsblätter zur Preisbekanntgabeverordnung heraus. Darin wird namentlich aufgeführt, was die Praxis unter einer genügenden Spezifizierung der angekündigten Waren und Dienstleistungen versteht. Für das Autoleasing besteht ein Informationsblatt vom 1. April 1991, das einerseits Mindestanforderungen an die Beschreibung des zu leasenden Fahrzeugs und andererseits Mindestanforderungen an die Beschreibung der Leasing-Modalitäten aufstellt. Es verlangt in Ziff. 1.5, dass Automarke, Typ (Modellreihe/Ausführung), Leistung in kW/PS, Hubraum und die Anzahl

---

[46] Art. 3 Abs. 1, 9 Abs. 1, 14 PBV (SR 942.211).
[47] Art. 16 Abs. 3 PBV.
[48] Vormals BIGA, Bundesamt für Industrie, Gewerbe und Arbeit; Adresse: Effingerstr. 1, 3003 Bern.

der Türen aufgeführt werden müssen. Bezüglich der Leasing-Modalitäten wird gefordert, dass die Leasing-Gebühr pro Monat, die Laufzeit in Monaten, die Fahrleistung in Kilometer/Jahr, der Listenpreis, die Höhe der Kaution (falls eine solche zu leisten ist) sowie ein Vermerk anzugeben ist, dass für den Leasingnehmer gegebenenfalls die Kosten einer Vollkaskoversicherung dazukommen. Handelt es sich um ein Occasionsfahrzeug, so sind zusätzlich dessen Jahrgang und Kilometerstand bekannt zu geben. Ob und wann dieses Informationsblatt des seco überarbeitet werden wird, ist zur Zeit noch offen.

Als Beispiel für ein korrektes Leasingangebot nennt das Informationsblatt folgendes Musterinserat:

> Marke Z, Typ XY, 40 kW/55PS, Kubikinhalt 1272 cm^3, 3 Türen.
> Listenpreis CHF 14'100.00
> Leasinggebühr CHF 194.00 pro Monat
> Laufzeit 48 Monate, max. Fahrleistung 10'000 km/Jahr
> Vollkasko nicht inbegriffen
> Die Kaution beträgt 10% des Listenpreises; sie wird nach Vertragsablauf zurückerstattet.

Nach neuem Recht, und insbesondere unter Berücksichtigung der für Leasingverträge notwendigen Angabe des effektiven Jahreszinses[49], wäre folgendes Aussehen des Inserates zu wünschen:

> Marke Z, Typ XY, 40 kW/55PS, Kubikinhalt 1272 cm^3, 3 Türen.
> Barkaufpreis CHF 14'100.00.
> Laufzeit 48 Monate à CHF 194.00, max. Fahrleistung 10'000 km/Jahr.
> Effektiver Jahreszins 14,7%.
> Obligatorische Vollkasko nicht inbegriffen (Versicherer frei wählbar).
> Die Kaution beträgt 10% des Barzahlungspreises; sie wird nach Vertragsablauf zurückerstattet.

5. Branchenregelungen

Neben den Vorschriften des Gesetzgebers konnten bisher auch Regelungen von Branchenverbänden Anwendung finden. Diese sollen indessen per 1. Januar 2003 aufgehoben werden.

---

[49] Art. 11 Abs. 2 lit. e KKG.

5.1 VSKF-Konvention vom 1. Juni 1990

Zu nennen gewesen wäre vor allem die Konvention des Verbandes Schweizerischer Kreditbanken und Finanzierungsinstitute (VSKF) über Einschränkungen der Werbung im Konsumkreditgeschäft, die am 1. Juni 1990 in Kraft trat. Sie verpönte Werbespots im schweizerischen und im europäischen Radio und Fernsehen sowie Direktwerbeaktionen mittels adressierter oder nicht adressierter Werbebriefe und Drucksachen, mit Ausnahme von Werbebriefen an bestehende und ehemalige Kunden. Auch betrachtete sie Argumente als unzulässig, die zu einem unwirtschaftlichen Verhalten anregen[50], die irreführend sind[51], die den Eindruck erwecken können, dass Kredite ungenügend überprüft würden[52] oder dass nur ausnahmsweise zugestandene Kreditbedingungen als generell erhältlich angepriesen werden[53].

5.2 Konvention der SBVg vom 9. Dezember 1993

Auch die Schweizerische Bankiervereinigung (SBVg) hatte am 9. Dezember 1993 eine Konvention über Werbeeinschränkungen im Konsumkreditgeschäft vorgelegt, die am 1. Januar 1994 in Kraft trat. Sie entsprach im Wesentlichen der VSKF-Konvention. Zusätzlich wurde den Kreditinstituten jedoch nahegelegt, die Zeitungs- und Zeitschriftenwerbung auf ein vernünftiges Mass zu begrenzen. Die Bankiervereinigung empfahl diesbezüglich, in periodisch erscheinenden Medien pro Woche maximal 6 Inserate zu schalten, welche in Tageszeitungen die Grösse einer $^1/_4$-Seite und in Zeitschriften die Grösse einer $^3/_8$-Seite nicht übersteigen sollten.

---

[50] Z.B. Aufforderung zur Aufnahme eines Kredits zur Bezahlung von Steuerschulden oder zur Schonung des Sparheftes.
[51] Z.B. «Sparkredite», «Sponsorkredite».
[52] Z.B. Verwendung der Wörter «Expresskredit» oder «Bestellung» in Antragsformularen oder Coupons für Bardarlehen.
[53] Z.B. Angebote von Konsumkrediten über CHF 80'000.00 oder mit Laufzeiten von über 48 Monaten, sowie Formulierungen wie «Sie bestimmen die Höhe Ihrer Monatsrate oder Ihres Kredits selber».

II. Rechtsfolgen der Spezialregelung

1. Unterschiede zwischen gewerbepolizeilichen und lauterkeitsrechtlichen Normen[54]

Die meisten Gewerbegesetze, wie z.B. Alkoholgesetz, Edelmetallkontrollgesetz, Heilmittelgesetz, Lebensmittelgesetz, Lotteriegesetz, Radio- und TV-Gesetz usw. verfügen über eigene Strafbestimmungen, welche spezifische Gesetzesverstösse mit Strafen, meistens Haft oder Busse, belegen. Dies hat den Vorteil, dass alle Bestimmungen zu einem bestimmten Rechtsgebiet in einem einzigen Erlass übersichtlich dargestellt werden. Dabei wird meistens sowohl der vorsätzliche als auch der fahrlässige Verstoss als strafbar erklärt und mit Haft oder Busse bedroht.

Gewerbepolizeiliche Strafbestimmungen helfen aber den Konsumenten und Konsumentinnen wenig, da diese bei Regelverstössen weniger eine Bestrafung des Urhebers, sondern vielmehr eine Verbesserung ihrer rechtlichen Position suchen. Eine solche können ihnen aber Strafsanktionen nicht verschaffen.

Das Konsumkreditgesetz ist daher sowohl in seiner alten wie auch in seiner neuen Fassung mit der Konstruktion, dass bestimmte Regelverstösse im Bereiche der Konsumkredite unlauteren Wettbewerb darstellen sollen, einen eigenen Weg gegangen. Den KonsumentInnen steht damit das ganze lauterkeitsrechtliche Instrumentarium zur Verfügung, wie namentlich die zivilrechtlichen Klagen auf Unterlassung, Beseitigung, Urteilsveröffentlichung und Schadenersatz. Die Kehrseite dieser Lösung bildet jedoch der Umstand, dass Verstösse gegen das Gesetz gegen den unlauteren Wettbewerb einzig bei Vorsatz und nicht auch bei Fahrlässigkeit strafbar sind, und dass es überdies zur Bestrafung eines ausdrücklichen Strafantrages von Seiten der Geschädigten bedarf.

Die materiellen Vorschriften im Konsumkreditgesetz sind einzig parteirelevant: Rechte und Pflichten entstehen ausschliesslich zwischen Kreditgeber und Konsument. Wenn in dieser vertraglichen Beziehung etwas schief läuft, so können hier weder einzelne Konkurrenten noch die Branche als Ganzes

---

[54] Vgl. hierzu auch THOMAS KOLLER, Das Sanktionssystem des Konsumkreditrechts, in: WOLFGANG WIEGAND, Das neue Konsumkreditgesetz (KKG), Bern 1994, 81–105.

eingreifen. Anders ist es bei Verstössen gegen das Lauterkeitsrecht. Solche können nicht nur von den geschädigten KonsumentInnen geahndet werden, sondern zudem auch von allen Berufs- und Wirtschaftsverbänden oder gar von Konsumentenschutz-Organisationen gesamtschweizerischer oder regionaler Bedeutung[55]. Durch die Aufnahme besonderer lauterkeitsrechtlicher Bestimmungen sollte namentlich der kreditgebenden Konkurrenz die Möglichkeit gegeben werden, gegen unlauteres Geschäftsgebaren vorzugehen und damit indirekt auch die KonsumentInnen zu schützen. Die seinerzeit ausgedrückte Hoffnung, die Konkurrenten der Kreditgeberin würden gegen deren anreisserische Methoden vorgehen und damit reflexweise auch die Käufer und Käuferinnen wesentlich besser schützen[56], hat sich aber kaum bewahrheitet, ist doch nur ein Fall bekannt geworden, in welchem ein Konkurrent seinen Mitbewerber wegen Umgehung der lauterkeitsrechtlichen Bestimmungen verzeigt hätte[57].

2. Strafrechtliche Sanktionen

Im Lauterkeitsrecht ist nur die vorsätzliche, nicht aber die fahrlässige Tatbegehung strafbar; als Strafe kommt Busse bis zu 100'000 Franken oder Gefängnis (von drei Tagen bis zu drei Jahren) in Betracht[58].

3. Zivilrechtliche Sanktionen

KonsumentInnen, Verbände und Konsumentenorganisationen können im Lauterkeitsrecht nicht nur Strafantrag stellen, sondern auch vom Zivilrichter verlangen, dass dem Schädiger gerichtlich verboten wird, das unlautere Verhalten fortzusetzen (Unterlassungsklage). Bei publikumswirksamen Verstössen kann zudem die Einziehung von widerrechtlichen Drucksachen (Beseitigungsklage) oder die Publikation des Urteils angeordnet werden. Während diese Klagen kein Verschulden des Verursachers voraus setzen, kann Schadenersatz oder Genugtuung höchstens bei Vorliegen von Absicht oder Fahrlässigkeit verlangt werden. Forderungsklagen sind zudem vom geschä-

---

[55] Art. 10 Abs. 2 UWG.
[56] Botschaft des Bundesrates zum Bundesgesetz über den Abzahlungs- und Vorauszahlungsvertrag vom 26. Januar 1960, BBl 1960 I 523–598, insb. S. 586.
[57] BGE 95/1969 IV 102: Angaben in Mietkaufvertrag.
[58] Art. 23 UWG.

digten Konsumenten oder dessen Zessionar selbst anzustrengen; Konsumentenorganisationen können keine finanziellen Forderungen an Stelle ihrer Mitglieder erheben[59]. Dennoch erscheint das lauterkeitsrechtliche Instrumentarium zum mindesten im zivilrechtlichen Bereich recht griffig, doch wird allem Anschein nach davon nur äusserst selten Gebrauch gemacht.

III. Die im Konsumkreditgeschäft relevanten lauterkeitsrechtlichen Spezialtatbestände

1. Werbung für Konsumkredite (Art. 3 lit. k und l UWG)

Öffentliche Auskündigungen für Konsumkredite und solche für Kleinkredite zur Finanzierung von Waren oder Dienstleistungen müssen bestimmte Mindestangaben enthalten. Zu Recht ist in diesem Zusammenhang von einer Pflicht zu detaillierter Werbung und zu Transparenz in den Kreditbedingungen gesprochen worden[60]. Das Gesetz verpflichtet das kreditgebende Institut, in der Werbung gegenüber KonsumentInnen – und nur solchen gegenüber[61] – korrekte Angaben zu machen über die eindeutige Bezeichnung der Firma, den Nettobetrag des Kredits bzw. den Barzahlungspreis[62], die Gesamtkosten des Kredits[63] bzw. den Preis, der im Rahmen des Kreditvertrags zu bezahlen ist, und den effektiven Jahreszins[64]. Natürlich müssen

---

[59] Art. 10 Abs. 2 UWG.
[60] MAGDA STREULI-YOUSSEF, Unlautere Werbe- und Verkaufsmethoden, SIWR V/1, 2. A., Basel 1998, 112; MARLIS KOLLER-TUMMLER, Konsumkreditrecht, in: Sonderedition aus dem Kommentar z. Schweiz. Privatrecht, Basel 1996, Art.4/5 KKG N 8; MARIO M. PEDRAZZINI/FEDERICO A. PEDRAZZINI, Unlauterer Wettbewerb/UWG, 2. A., Bern 2002, 149.
[61] Das Konsumkreditgesetz, und mithin auch die in diesem Gesetz erwähnten Werbevorschriften, beansprucht ja nur gegenüber solchen natürlichen Personen Geltung, die einen Kreditvertrag nicht aus Gründen abschliessen, die mit ihrer beruflichen oder gewerblichen Tätigkeit zu tun haben; Art. 3 KKG.
[62] Art. 9 Abs. 2 lit. a, 10 lit. b KKG.
[63] Gemäss Art. 5 und 34 KKG sind hierunter sämtliche Kosten, einschliesslich der Zinsen und sonstigen Kosten (inbegriffen z.B. jene für Kreditvermittlung, Art. 35 KKG), zu verstehen, die der Konsument oder die Konsumentin für den Kredit bezahlen muss.
[64] Dieser drückt die Gesamtkosten des Kredits in Jahresprozenten des gewährten Kredits aus (Art. 6 KKG) und ist nach der Formel im Anhang 1 des Konsumkreditgesetzes zu berechnen (Art. 33 Abs. 1 KKG).

korrekte Angaben auch gegenüber Gewerbetreibenden, Unternehmen und Verwaltungen gemacht werden, die Kredite für ihre berufliche, gewerbliche oder amtliche Tätigkeit benötigen, doch ist es ihnen gegenüber nicht unlauter, wenn einzelne oder alle der aufgezählten Elemente fehlen.

Wie bereits erwähnt[65], gelten nach der in dieser Arbeit vertretenen Ansicht die konsumentenschützerischen Bestimmungen zur Konsumkreditwerbung nicht für Leasingverträge und nicht für Verträge über Kredit- und Kundenkarten sowie für Kreditverträge in Form von Überziehungskrediten, selbst wenn sie mit einer Kreditoption, d.h. einer Möglichkeit zur Ratentilgung, angepriesen werden[66]. Die Werbung für diese Vertragsarten muss zwar wahr und klar, nicht aber vollständig sein.

1.1 Was sind «Auskündigungen für Konsumkredite»?

Nicht jede Werbung eines Kreditinstituts bildet auch eine Auskündigung über einen Konsumkredit. Das Gesetz befasst sich nur mit der eigentlichen Kreditwerbung, nicht aber mit der sog. Erinnerungswerbung. Während sich die Erinnerungswerbung auf ein bestimmtes Unternehmen oder ein bestimmtes Markenprodukt[67] bezieht, befasst sich die Kreditwerbung mit einer bestimmten Dienstleistung, nämlich mit dem Angebot einer Finanzierungshilfe mit ratenweiser Amortisation. In dieser – und nur in dieser – Werbung ist wenigstens ein aktuelles Zahlenbeispiel zu geben. Das Bundesgericht hat dies damit begründet, dass diejenige Kreditwerbung unlauter sei, die dem Kunden die Vorteile des Kleinkredits anpreise, ohne ihn über die damit verbundenen Kosten und Gefahren zu informieren[68]. Es verlangt daher, dass zum mindesten ein Zahlenbeispiel nicht erst in den angeforderten Unterlagen geliefert werden soll, sondern bereits schon im Werbeauftritt deutlich ersichtlich sein muss. Bei Inseraten und Plakaten ist dies in der Regel ohne besondere Schwierigkeiten möglich, weil mit gutem Willen immer ein Kasten mit den erforderlichen Angaben eingerückt werden kann. Auch in der Radiowerbung können verständliche Zahlenbeispiele gegeben werden. Prob-

---

[65] Vgl. vorne in Kapitel I.1.2, S. 174 bei FN 14.
[66] So werden z.B. Salärkonti gelegentlich mit dem Vorteil angepriesen, einen allfälligen Negativsaldo in Raten begleichen zu können; dies darf nach neuem Recht ohne gleichzeitige Bekanntgabe eines Zahlenbeispiels oder der Warnklausel erfolgen.
[67] Z.B. Flexikredit®.
[68] BGE 120 IV 287 = Praxis 84/1995 Nr. 177: Bank Prokredit; solche Anpreisungen wären z.B. vage Slogans wie «unschlagbare Bedingungen», «20% günstiger als bei der Konkurrenz», «bequeme Ratenzahlung» usw., die jedenfalls ohne entsprechendes Zahlenbeispiel unlauter sind.

lematischer ist jedoch der Auftritt im Internet, da namentlich die Bannerwerbung keinen Platz für viele Angaben anbietet. Hier kann man sich damit behelfen, dass die Bannerwerbung nicht als Kreditwerbung, sondern als Erinnerungswerbung gestaltet wird, so dass das Zahlenbeispiel erst nach dem Anklicken des Banners nachgeliefert werden darf.

1.2 Wann sind Auskündigungen «öffentlich»?

Das Gesetz spricht von «öffentlichen Auskündigungen», ohne genau zu sagen, was darunter zu verstehen ist. Unter «öffentlich» könnte sowohl ein quantitatives als auch ein qualitatives Kriterium gemeint sein. Für ersteres spricht die leichtere Abgrenzungsmöglichkeit, für letzteres die flexiblere Anwendung. Wäre indessen vom Gesetzgeber ein quantitatives Kriterium gewünscht worden, so hätte er die entsprechende Limite nennen oder doch zum mindesten den Bundesrat ermächtigen müssen, nummerische Vorgaben festzulegen. Auch in den Motiven zur Gesetzesvorlage sucht man vergebens nach irgend welchen Grössenzahlen, die eine Ankündigung als öffentlich erscheinen lassen sollten.

Der Begriff der Öffentlichkeit findet sich im Zusammenhang mit Werbung auch andernorts. So unterstellte beispielsweise das alte Gesetz über den unlauteren Wettbewerb die «öffentliche Ankündigung» von Ausverkäufen einer Bewilligungspflicht[69]. Als «öffentlich» verstand man Bekanntmachungen, die sich an einen grösseren Kreis von Personen richteten; Werbebriefe galten dann als öffentliche Ankündigungen, wenn sich diese nicht nur an Freunde und Bekannte, sondern an einen dem Veranstalter nicht persönlich nahestehenden Adressatenkreis wendeten[70]. Demgegenüber bezeichnet das Anlagefondsgesetz Werbung dann als öffentlich, wenn sie sich nicht bloss an einen «eng umschriebenen Kreis von Personen» richtet[71]. Gerade wegen dieser Einschränkung kann jedoch die betreffende Lehre und Rechtsprechung für die Auslegung des neuen Konsumkreditgesetzes kaum massgebend sein. Das Bundesgericht hat beispielsweise ausgeführt, ein eng begrenzter Personenkreis sei nur dann anzunehmen, wenn einerseits das Publikum bestimmt sei und dieses andererseits zahlenmässig klein sei; sei eine

---

[69] Art. 17 Abs. 1 altUWG 1943.
[70] Vgl. BRUNO V. BÜREN, Kommentar zum BG über den unlauteren Wettbewerb, Zürich 1957, 225 Rz. 7; ebenso BGE 85/1959 II 447, 91/1965 IV 104, 92/1966 IV 149; zur kantonalen Praxis AppGer BS in SJZ 36/1940 322 Nr. 68: 6500 Kunden in Basel.
[71] Art. 2 Abs. 2 AFG.

dieser Voraussetzungen nicht erfüllt, so gelte die Werbung als öffentlich[72]. Doch mussten alle Versuche, den Kreis der Adressaten öffentlicher Werbung zahlenmässig zu umschreiben, aufgegeben werden[73]; in der parlamentarischen Beratung wurde im Gegenteil betont, jede zahlenmässige Schranke sei willkürlich[74]. Man war sich einzig darin einig, dass Werbung, die sich an weniger als 20 Adressaten richtet, nicht mehr als öffentlich betrachtet werden kann[75]. Immerhin präzisiert das Gesetz auch, dass die bestehende Kundschaft eines Unternehmens nicht zum vorne herein als eng umschriebener Personenkreis gelte. Doch ist eine qualifizierte Beziehung sicher dann anzunehmen, wenn der Kunde hinsichtlich seiner Vermögensanlage beraten wird[76]. Schliesslich findet sich der Begriff der Öffentlichkeit auch in der Prospektpflicht gemäss Art. 652a Abs. 2 OR. Für das Kriterium der Öffentlichkeit ist nach herrschender Lehre auch hier nicht die Zahl, sondern die Begrenztheit des Adressatenkreises massgebend[77].

In der Botschaft des Bundesrates vom 12. Juni 1978[78], welche Ausgangspunkt der hier diskutierten Bestimmungen bildet, werden die «öffentlichen Auskündigungen» so definiert, dass darunter alle Werbeveranstaltungen fallen sollen, die sich nicht «an einen klar bestimmten und begrenzten Kreis von Personen» richten. Öffentlich scheint daher jede nicht gezielte Werbung zu sein, wie z.B. Plakate, Streuprospekte, Schaufenster-Auslagen, Werbung in elektronischen Medien und Konsumkredit-Angebote in frei zugänglichen und rege frequentierten Geschäftsräumen[79]. Keine öffentlichen Auskündigungen bilden dem gegenüber persönlich adressierte Rundbriefe an bisherige Kunden oder ernsthafte Interessenten, nicht aber adressierte oder gar unadressierte Massenaussendungen an Nichtkunden[80]. Mas-

---

[72] BGE 107/1981 Ib 365; zustimmend FORSTMOSER, in: PETER FORSTMOSER, Kommentar AFG, Zürich 1997, N 74 zu Art. 2 AFG.
[73] Der Bundesrat wollte ursprünglich auf Verordnungsstufe die Grenze bei 500 Personen ziehen, musste dann aber davon absehen (vgl. Botschaft AFG vom 14.12.1992, BBl 1993 I 234).
[74] AFG-STEINER, Basel 1999, Art. 2 N 36 mit weiteren Hinweisen.
[75] Botschaft AFG vom 14.12.1992, BBl 1993 I 261.
[76] AFG-STEINER (FN 74), Art. 2 N 37.
[77] FORSTMOSER/MEIER-HAYOZ/NOBEL, Aktienrecht, Bern 1996, § 52 N 90, m.w.H.; ähnlich auch OR-ZINDEL/ISLER, Basel 1994, Art. 652a Rz. 3; PETER BÖCKLI, Schweizer Aktienrecht, 2. A., Zürich 1996, Rz. 194.
[78] BBl 1978 II 604.
[79] Z.B. Schalterhallen von Banken, Verkaufsräume von Warenhäusern, Discountern, Unterhaltungselektronik-Märkten etc.
[80] Ebenso BAUDENBACHER/GLÖCKNER, Lauterkeitsrecht, Basel 2001, Art. 3 lit. k UWG, N 9.

senbriefe sind immer dann als öffentlich zu betrachten, wenn sie an Adressen versandt werden, die von einem Adresshändler gekauft worden sind, nicht aber dann, wenn sie ausschliesslich auf den Adressen des eigenen Kundenstamms basieren. Der Bundesrat hat früher einmal festgelegt, dass als Kunde gelten soll, wer in den letzten zwei Jahren mit dem Absender in geschäftlichen Beziehungen gestanden hat[81]; diese Umschreibung mag immer noch zu genügen. Daher fallen Hinweise auf Kreditmöglichkeiten, die in einem Kontoauszug oder einer Monatsrechnung mit negativem Saldo routinemässig aufgedruckt werden, selbst in zig-tausendfacher Ausfertigung nicht unter die Pflicht zur Angabe eines Fallbeispiels, da es sich hier um typische Mitteilungen an einen klar bestimmten und begrenzten Personenkreis handelt. Demgegenüber ist Internetwerbung wohl immer öffentlich, unabhängig davon, ob sie von jedermann eingesehen werden kann, oder ob es sich um automatisierte Empfehlungen handelt, die erst nach Bekanntgabe der eigenen E-Mail-Adresse auf dem Bildschirm des Adressaten erscheinen.

Immer wenn eine Mehrheit von nicht näher bekannter KonsumentInnen systematisch aufgefordert wird, zur Beschaffung von Waren oder Dienstleistungen einen nicht durch bankübliche Sicherheiten gedeckten Kredit aufzunehmen, muss daher mindestens ein Fallbeispiel genannt werden, aus welchem die spezifischen Kreditkonditionen ersichtlich sind. Bei eigentlichen, gegen Entgelt eingeräumten Kontokorrentratenkrediten, die mit der Möglichkeit angepriesen werden, einen negativen Saldo in fünf oder mehr monatlichen Raten zu begleichen (sog. Kreditoption[82]), und bei denen die Summe der Bezüge und somit auch die Kreditkosten nicht zum vornherein feststehen, ist der Vorschrift Genüge getan, wenn die Vertrags- und Kreditbedingungen unter Annahme der maximalen Ausschöpfung des Kredits und Angabe der höchstens zu bezahlenden Kreditkosten (einschliesslich aller Zinsen, Kommissionen, Spesen etc.) offen gelegt werden. Dabei bleibt es dem werbenden Kreditinstitut unbenommen, auf die Verminderung der Kosten bei entsprechend geringerer Inanspruchnahme des Kredits und beschleunigter Rückzahlung hinzuweisen.

---

[81] Art. 2 Abs. 2 KAV (FN 1) in der Fassung vom 16. Januar 1974 (AS 1974 235), aufgehoben per 31. Dezember 1975 (AS 1975 2420).
[82] Vgl. vorne in Kapitel I.1.2, S. 175 bei FN 20.

1.3 Was ist eine «eindeutige Bezeichnung der Firma»?

Unter der gesetzlich verlangten Angabe der «eindeutigen Bezeichnung der Firma» sind jene Elemente zu verstehen, welche die genaue Identifikation des kreditgebenden Instituts und damit eine persönliche Zustellung von Dokumenten erlauben[83]. In der Konsumkreditwerbung[84] ist jede anonyme Reklame verpönt; offenbar ist befürchtet worden, die notorischen Kredithaie hätten leichteres Spiel, wenn sie anonym auftreten könnten. Ursprünglich wollte man die KreditnehmerInnen wohl auch davor bewahren, ohne es zu merken mit einer im Ausland domizilierten Kreditgeberin in Kontakt zu treten und bei allfälligen Auseinandersetzungen im Ausland klagen zu müssen; seit 1992 können KonsumentInnen im europäischen Raum indessen auf jeden Fall vor einem Gericht an ihrem Wohnort klagen[85]. Neben der exakten Firma gemäss Eintrag im Handelsregister ist auch das Domizil des (in- oder ausländischen) Hauptsitzes oder des Sitzes einer schweizerischen Zweigniederlassung anzugeben; der Hinweis auf eine Chiffre-, Postfach- oder Deckadresse ist jedenfalls ungenügend, da hier keine rechtsverbindlichen Zustellungen erfolgen können und auch kein Gerichtsstand begründet wird. Dagegen gehört die Angabe der geografischen Adresse (Strasse, Hausnummer, Postleitzahl) nicht zur eindeutigen Bezeichnung einer Firma.

2. Mindestanforderungen an Vertragsformulare für Teilzahlungsgeschäfte (Art. 3 lit. m UWG)

Das Lauterkeitsrecht verpönt unvollständige oder unrichtige Angaben in Formularverträgen. Dabei muss es sich nicht unbedingt um gedruckte Formulare handeln, sondern unter diese Bestimmung sollen auch Dokumentvorlagen (document templates) in einem Laptop fallen, die von Fall zu Fall mit individuellen Angaben ergänzt werden. Doch findet diese Bestimmung m.E. keine Anwendung auf Konsumkreditverträge, für welche kein Widerrufsrecht besteht, das heisst auf ohne Kreditoption gewährte Kredite im Zusammenhang mit einem Kredit- oder Kundenkartenkonto sowie in Form eines Überziehungskredits auf laufendem Konto[86]. Dagegen gilt sie im Ge-

---

[83] Ebenso STREULI-YOUSSEF (FN 60), 86, 112.
[84] Nicht aber z.B. in der Personalwerbung einer Anbieterin von Konsumkrediten.
[85] Art. 14 Abs. 1 i.V.m. Art. 13 Abns. 1 Ziff. 2 Lugano-Übereinkommen (SR 0.275.11).
[86] Vgl. vorne in Kapitel I.1.2, S. 175 bei FN 20.

gensatz zu den übrigen Spezialklauseln des Lauterkeitsrechts mit überwiegendem Konsumentenschutzcharakter (Art. 3 lit. k, l und n UWG) auch für Vorauszahlungsverträge gemäss Art. 227 OR.

Der Umstand, dass die Verwendung unvollständiger oder unrichtiger Vertragsformulare im Leasing, bei Kredit- und Kundenkarten sowie für Überziehungskredite nicht von Art. 3 lit. m UWG erfasst wird, heisst natürlich nicht, dass der Gesetzgeber überhaupt keine Sanktionen vorgesehen hätte. Das neue Konsumkreditgesetz verlangt im Gegenteil, dass sowohl Leasingverträge, die vorsehen, dass die vereinbarten Leasingraten bei vorzeitiger Auflösung des Vertrags erhöht werden[87], wie auch Verträge für Überziehungskredite oder für Kredit- und Kundenkartenkonti mit Kreditoption schriftlich abzuschliessen sind und eine ganze Anzahl von als wesentlich erachteten Bestimmungen enthalten müssen[88]; deren Weglassung oder Nichtbekanntgabe bewirkt Nichtigkeit des Vertrags und damit den Verlust von Zinsen und Kosten[89]. Das gleiche gilt auch, wenn eine Kontoüberziehung stillschweigend und während länger als 3 Monaten akzeptiert wird und der Kontoinhaber oder die Kontoinhaberin nicht über den Jahreszins, die in Rechnung gestellten Kosten und alle diesbezüglichen Änderungen informiert wird[90].

Korrektheit ist namentlich erforderlich im Hinblick auf den Vertragsgegenstand[91], den Preis[92], die Zahlungsbedingungen, die Vertragsdauer, das obligatorische Widerrufsrecht[93], das Kündigungsrecht des Kreditnehmers sowie dessen Recht zur vorzeitigen Rückzahlung[94]. Unrichtig könnte beispielsweise die Berechnung des effektiven Jahreszinses oder die Erwähnung eines Widerrufsrechts von fünf statt sieben Tagen sein; im übrigen dürfte aber die Unrichtigkeit von schriftlich niedergelegten Zusagen, wie z.B. von anderen Konditionen als die zuvor mündlich vereinbarten, kaum je nachzuweisen sein.

---

[87] Vgl. Art. 1 Abs. 2 lit. a KKG.
[88] Art. 11 und 12 KKG.
[89] Art. 15 KKG.
[90] Art. 12 Abs. 4 i.V.m. Art. 15 Abs. 1 KKG.
[91] Beispielsweise Darlehensvertrag, Leasingvertrag, Kreditkartenvertrag.
[92] D.h. die Gesamtheit der von der kreditnehmenden Person zu erbringenden Gegenleistungen.
[93] Art. 16 KKG.
[94] Art. 17 KKG.

3. Warnklausel (Art. 3 lit. n UWG)

Werbung für Konsumkredite – wohl aber nicht für Leasingverträge und für mit oder ohne Kreditoption ausgestattete Konti für Kredit- und Kundenkarten sowie für Überziehungskredite[95] – muss darauf hinweisen, dass eine Kreditvergabe verboten ist, falls sie zur Überschuldung der KonsumentInnen führt. Ein solches Verbot findet sich zwar nirgends explizit im neuen Konsumkreditgesetz, doch verliert das Kreditinstitut bei unsorgfältiger Prüfung der Kreditfähigkeit die von ihm gewährte Kreditsumme samt Zinsen und Kosten[96], was natürlich eine sehr empfindliche Sanktion darstellt.

Warnklauseln sind nur in öffentlichen Auskündigungen über Konsumkredite aufzunehmen, das heisst immer – aber auch nur – dort, wo auch Angaben über die Gesamtkosten des Kredits und den effektiven Jahreszins zu machen sind. Blosse Erinnerungswerbung für ein Kreditinstitut oder dessen Markenprodukt stellt noch keine Auskündigung über einen Konsumkredit dar; es kann auf die bereits erfolgten Ausführungen zur Konsumkreditwerbung verwiesen werden[97].

Warnklauseln sind im schweizerischen Werberecht nichts Neues. Solche bestehen bereits für Tabakwaren[98], Arzneimittel[99] und riskante Anlagefonds[100]. Neu ist dagegen deren Verankerung im Gesetz gegen den unlauteren Wettbewerb. Da die Werbung für Konsumkredite ohnehin eine ganze Anzahl informativer Angaben verlangt, sind die Werbemittel in der Regel nur in einer einzigen Sprache abgefasst. Entsprechend muss auch die Warnklausel nur in der Sprache des Inserats oder des Spots wiedergegeben werden.

Damit Warnklauseln überhaupt beachtet werden, müssen sie leicht lesbar sein. Dies wird zwar hier im Gegensatz zu anderen Warnklauseln nicht ausdrücklich verlangt, versteht sich aber von selbst. Bei Kleininseraten ist eine Schriftgrösse von wenigstens 8 Punkt notwendig, bei ganzseitigen Anzeigen und auf Plakaten genügt dies freilich nicht. In der Kinowerbung ist mindestens die für Untertitel übliche Schriftgrösse auf neutralem Hinter-

---

[95] Vgl. vorne in Kapitel I.1.2, S. 175 bei FN 20.
[96] Art. 32 Abs. 1 KKG; vgl. hierzu auch FELIX SCHÖBI, vorne S. 23.
[97] Vgl. vorne, Kap. III.1.1, S. 186.
[98] Art. 10 und 11 Tabakverordnung (TabV, SR 817.06).
[99] Art. 17 Arzneimittel-Werbeverordnung (AWV, SR 812.212.5), in Kraft seit 1. Januar 2002 (AS 2001 3477).
[100] Art. 36 Abs. 6 Anlagefondsgesetz (AFG, SR 951.31).

grund zu verwenden, und in Fernsehspots wäre wohl eine Schriftblockgrösse von mindestens einem Drittel des Gesamtbildes angemessen. Doch wird nicht verlangt, dass der wiedergegebene Hinweis gleichzeitig auch gesprochen wird, und auch die Verwendung der hochdeutschen Sprache ist für Radiowerbung nicht vorgeschrieben.

Bisher hat es sich freilich gezeigt, dass Warnklauseln keinen oder doch zum mindesten keinen nennenswerten Einfluss auf das Konsumverhalten der Bevölkerung haben. Sie stellen sehr oft eine Alibiübung dar, die der Branche zwar nicht besonders weh tut, die Politiker aber zu beruhigen scheint.

4. Verleitung zum Vertragswiderruf (Art. 4 lit. d UWG)

Abgeschlossene Vorauszahlungsverträge und Konsumkreditverträge, einschliesslich jener Leasingverträge, die vorsehen, dass die vereinbarten Leasingraten bei vorzeitiger Auflösung des Vertrags erhöht werden, sowie die mit Kreditoption verbundenen Verträge für Kredit- und Kundenkarten und für Überziehungskredite, können nach neuem Recht vom Kreditnehmer oder von der Kreditnehmerin innerhalb von 7 (früher 5) Tagen ohne nachteilige Folgen widerrufen werden[101]. Die Branche hat befürchtet, dass die Konkurrenz versuchen werde, noch während laufender Widerrufsfrist neue, aber günstigere Konsumkredite zu offerieren und die KonsumentInnen gleichzeitig zu veranlassen, den bereits eingegangenen Vertrag zu widerrufen. Dieser Missbrauch des Widerrufsrechts soll durch Art. 4 lit. d UWG geahndet werden. Da Normzweck dieser Bestimmung nicht Konsumentenschutz, sondern einzig Konkurrenzschutz ist, schützt sie alle Anbieter von Teilzahlungsverträgen, die einem Widerrufsrecht unterstehen, und mithin auch die Anbieter von Verträgen, die ebenfalls als Konsumkreditverträge gelten, aber den Werbebestimmungen für Konsumkredite nicht unterstehen[102].

Grundsätzlich bedeutet die Ausübung des vom Gesetzgeber zugestandenen Widerrufsrechts noch keinen unlauteren Wettbewerb, und entsprechend dürfen auch Dritte dem Kreditnehmer raten, vom Widerrufsrecht Gebrauch zu machen. Doch ist das Verleiten zur Ausübung des Verzichtsrechts zweckwidrig, wenn es zum Abschluss eines eigenen Vertrags eingesetzt wird[103].

---

[101] Art. 16 KKG; vgl. Art. 8 Abs. 1 u. 2 KKG sowie Art. 228 lit. b revOR.
[102] So namentlich die in Art. 1 Abs. 2 und Art. 8 KKG genannten Vertragsarten.
[103] HGer SG in SJZ 86/1990 198 Nr. 40: Autoleasing.

Unlauter ist daher nicht das Verleiten zum Widerruf an sich, sondern erst die Absicht, selbst einen Vertrag mit demjenigen Kreditnehmer abzuschliessen, der den anderen Kreditvertrag widerrufen soll. Dabei genügt es, dass der Konsument seinen Vertrag mit einem Kreditinstitut auf Anstiftung eines Konkurrenten widerruft; nicht notwendig ist es, dass er mit dem Konkurrenten wiederum einen Kreditvertrag abschliesst; der hier vorgestellte Tatbestand ist schon mit der Absicht erfüllt, einen analogen Vertrag anstelle des widerrufenen vorzuschlagen.

Nicht nur Kreditinstitute können Kreditnehmer zum Widerruf eines bereits abgeschlossenen Kleinkreditvertrages verleiten, sondern auch Abzahlungshändler und umgekehrt. Unlauter ist es daher auch, wenn ein Kreditinstitut einem Autokäufer empfiehlt, den mit dem Autoverkäufer geschlossenen Abzahlungsvertrag zu widerrufen, um nachher mit dem Kreditinstitut einen analogen Finanzierungsvertrag abschliessen zu können.

Soweit ersichtlich hat das Verleiten zum Widerruf eines Konsumkredits gerichtlich kaum je eine Rolle gespielt. Das statistische Fehlen solcher Tatbestände besagt entweder, dass sich solches Verhalten kaum je zuträgt, oder dass es zum mindesten kaum je den Behörden zu Ohren kommt. Dies dürfte die Folge davon sein, dass Verstösse gegen das Lauterkeitsrecht nur auf Antrag hin geahndet werden; den Behörden sind die Hände gebunden, um bei festgestellten Missständen auf eigenen Antrieb hin tätig zu werden. Die Branche scheint im übrigen allfällige Missstände achselzuckend hinzunehmen, wohl im Wissen darum, dass möglicherweise auch das Verhalten der eigenen Aussendienstmitarbeiter nicht immer lupenrein zu sein pflegt. Auch ist zu berücksichtigen, dass das Verbot der Verleitung zum Widerruf durch Konkurrenten im Grunde genommen konsumentenfeindlich ist, da ein solcher Widerruf nur dann erfolgt, wenn Aussicht besteht, mit dem Konkurrenten einen günstigeren Vertrag abzuschliessen. Dem Konsumenten pflegt jedenfalls vergleichende Werbung zu nützen, selbst wenn sie während laufender Widerrufsfrist erfolgt und gegebenenfalls zu einem Widerruf führt; sie sollte daher de lege ferenda nicht durch Abwerbungsverbote behindert werden.

IV. Zusammenfassung

Die lauterkeitsrechtlichen Mindestanforderungen an Konsumkreditwerbung und Vertragsformulare für Abzahlungsgeschäfte haben sich gegenüber dem bisherigen Stand kaum verändert; im Rahmen der Gesetzesrevision wurden zwar einzelne Begriffe angepasst, nicht aber die Grundlagen als solche. Auch bei der Verleitung von Kunden zum Widerruf eines vereinbarten Teilzahlungsgeschäftes in der Absicht, selbst einen solchen Vertrag abzuschliessen, ist der Zustand seit 1960 praktisch unverändert geblieben.

Neu ist dagegen die Warnklausel, mit welcher darauf hingewiesen werden muss, dass die Kreditvergabe verboten ist, falls sie zur Überschuldung der Konsumenten führt. Ihr Einfluss auf den Verlauf des Konsumkreditgeschäftes dürfte freilich bescheiden sein.

Neues KKG: Das Übergangsrecht für Leasingverträge

PETER SCHATZ

I.	Problemstellung	197
II.	Die Grundzüge des intertemporalen Rechtes	199
III.	Die Formvorschriften des neuen KKG	201
IV.	Zustimmung des gesetzlichen Vertreters	202
V.	Meldepflichten bei Vertragsabschluss und Verzug	203
VI.	Kreditfähigkeitsprüfung vor Vertragsabschluss	205
VII.	Höchstzinssatz	206
VIII.	Widerruf des Vertragsabschlusses	207
IX.	Kündigungsrecht und dessen finanzielle Folgen	207
X.	Verzug des Leasingnehmers: Rücktritt und Zins	208
XI.	Bewilligungspflicht für Leasinggeber	209
XII.	Einschränkungen bei der Werbung	209

I. Problemstellung

Die Rechtsnatur des Konsumentenleasing und die darauf anwendbaren Normen sind unter dem geltenden Recht höchst umstritten. Es herrscht zwar Einigkeit darüber, dass es sich beim Leasing nicht um eine Veräusserung sondern um eine Gebrauchsüberlassung handelt[1]. Darüber wie sich innerhalb der Gebrauchsüberlassungen das Leasing von der Miete abgrenzt beziehungsweise ob und in welchem Umfang Normen des Mietrechtes aus

---

[1] Wird im Vertrag ein Eigentumsübergang vorgesehen, und sei es auch nur ein bedingter, handelt es sich damit nicht um ein Leasing. Beim Leasing ist der Leasinggegenstand am Ende der Vertragsdauer gegenteils dem Leasinggeber zurückzugeben. Während der ganzen Vertragsdauer bleibt dieser auch Eigentümer (BGE 118 II 150–157; BGE 110 II 249).

Gründen der Analogie auf das Leasing anzuwenden sind, liegen sich Konsumentenschutzkreise und Leasinggeber aber seit Jahren in den Haaren[2]. Die Situation kompliziert sich im Weiteren dadurch, dass Gebrauchsüberlassungen, bei denen der Leasinggegenstand während der ordentlichen Dauer des Vertrages praktisch abbezahlt wird, den Regeln über das Abzahlungsvertragsrecht unterstellt sind[3]. In einigen Kantonen bestehen für das Leasinggeschäft ausserdem öffentlich-rechtliche Einschränkungen. Schliesslich schwebt über Leasingverträgen immer noch das Damoklesschwert des heute geltenden Konsumkreditgesetzes[4]. Zusammengefasst herrscht unter dem geltenden Recht für das Konsumentenleasing also eine höchst komplexe und unklare Rechtssituation, die nur noch von Spezialisten wirklich durchschaut werden kann.

Mit Inkrafttreten des neuen Konsumkreditgesetzes wird sich die beschriebene Situation grundlegend ändern. Das neue KKG sieht nämlich neu eine abschliessende bundesrechtliche Regelung vor für diejenigen Verträge, bei welchen im Falle der vorzeitigen Kündigung die vereinbarten Raten rückwirkend erhöht werden (Art. 1 Abs. 2 lit. a nKKG)[5]. Für die heute weitaus

---

[2] Die Auseinandersetzung dreht sich dabei vor allem um drei Punkte: Ist es erstens zulässig vom Leasingnehmer, der den Leasingvertrag kündigt, auf die verkürzte Vertragsdauer angepasste Leasingzinsen zu fordern. Zweitens geht es darum, ob sich das Leasing an die im Mietrecht vorgesehene Verteilung der Unterhaltspflichten zu halten hat oder ob dem Leasingnehmer vertraglich zusätzliche Unterhaltspflichten auferlegt werden können. Und drittens stellt sich die Frage nach den Grenzen für die Verteilung des Risikos für den zufälligen Untergang der Sache.

[3] Nur wenn die Summe der Leasingraten über die ordentliche Dauer des Vertrages den Wert des Leasinggegenstandes bei Vertragsabschluss erreicht oder sogar übersteigt (sog. Vollamortisation), kann das Leasing für den Leasingnehmer nämlich wirtschaftlich gesehen gleich belastend sein wie bei einem Kauf auf Abzahlung (Art. 226m Abs. 1 OR; BGE 113 II 171; BGE 118 II 54; BGE 122 III 163; ZBJV 1994 S. 99–100; BERND STAUDER, Kommentar zum Schweizerischen Privatrecht, Obligationenrecht I, Basel 1996, N. 27 zu Art. 226m OR). Für die Frage, ob Kündigungsrechte die von solchen Vollamortisationsverträgen ausgehende Belastung dermassen zu reduzieren vermögen, dass das Abzahlungsvertragsrecht trotz Vollamortisation doch nicht zur Anwendung kommt, gibt es umgekehrt eine reichhaltige bundesgerichtliche Rechtsprechung (sog. 20 % Regel; BGE 113 II 171–173; BGE 118 II 54; BGE 122 III 63).

[4] Art. 6 Abs. 1 lit. c KKG sieht eine Unterstellung von Verträgen zwar nur dann vor, wenn es sich um eine Miete handelt, bei welcher das Eigentum letzten Endes auf den Mieter übergeht. Konsumentenschutzkreise und mit ihnen ein Teil der Lehre wollen den Anwendungsbereich aber auf alle Formen der Gebrauchsüberlassung mit Vollamortisation ausdehnen.

[5] Wobei es sich selbstverständlich auch um ein Konsumentenleasing handeln muss, das heisst (1) der Leasinggegenstand eine bewegliche, dem privaten Gebrauch des Leasingnehmers dienende Sache sein muss (Art. 1 Abs. 2 lit. a nKKG), (2) der Leasingnehmer eine natürliche Person sein muss, die den Leasingvertrag nicht zu einem Zweck

häufigste Form des Konsumentenleasing wird die Rechtszersplitterung damit überwunden[6]. Und die Voraussage sei gewagt, dass die im neuen KKG geregelte Form des Konsumentenleasing alle anderen Formen[7] stark in den Hintergrund drängen wird.

Es versteht sich von selbst, dass eine solch grundlegende rechtliche Neuordnung auch umfangreiche übergangsrechtliche Fragen aufwirft. Nach einem kurzen Überblick über die Grundzüge des schweizerischen intertemporalen Rechtes sollen nachfolgend deshalb erste Überlegungen zu übergangsrechtlichen Problemen gegeben werden. Die Ausführungen beschränken sich dabei auf die im neuen KKG vorgesehene Form des Konsumentenleasing und innerhalb desselben vor allem auf diejenigen Bestimmungen, die sich von den Regeln des bisherigen KKG und/oder Abzahlungsvertragsrechtes unterscheiden[8].

II. Die Grundzüge des intertemporalen Rechtes

Das neue KKG enthält keine expliziten Übergangsbestimmungen[9]. Nach allgemeiner Auffassung kommen damit die Allgemeinen Bestimmungen im Schlusstitel zum ZGB zur Anwendung[10]. Diese Bestimmungen gehen da-

---

abschliesst, der ihrer beruflichen oder gewerblichen Tätigkeit zugerechnet werden kann (Art. 3 nKKG), (3) der Leasinggeber eine Person sein muss, die das Leasing gewerbsmässig anbietet (Art. 2 nKKG), und schliesslich (4) keine Ausschlussgründe nach Art. 7 nKKG bestehen dürfen.

[6] Es werden nur noch die Bestimmungen des neuen KKG gelten. Diejenigen über das Abzahlungsvertragsrecht werden formell aufgehoben (Art. 41 nKKG in Verbindung mit Anhang 2); ebenso der Vorbehalt des strengeren eidgenössischen Rechtes (Art. 7 KKG). Ergänzendes kantonales Recht wird ausdrücklich ausgeschlossen (Art. 38 nKKG). Und eine analoge Anwendung des Mietrechtes wird aufgrund des gesetzgeberischen Willens zu einer abschliessenden Regelung nicht mehr angängig sein (BBl 1999 S. 3164, S. 3166, S. 3167, S. 3188).

[7] Das heisst Leasingverträge, die entweder keine vorzeitige Kündigung zulassen oder bei denen solche Kündigungen keine Nachforderungen auslösen.

[8] Zur Zeit der Niederschrift dieses Artikels wird allgemein davon ausgegangen, dass das neue KKG am 1. Januar 2003 in Kraft tritt.

[9] Art. 41 nKKG verweist lediglich auf die im Anhang 2 näher ausgeführte Aufhebung des alten KKG und des Abzahlungsvertragsrechtes. Art. 42 nKKG ermächtigt ausserdem den Bundesrat das Inkrafttreten zu bestimmen.

[10] Und zwar unabhängig davon, ob es sich um Normen mit privatrechtlichem oder um Normen mit öffentlichrechtlichem Charakter handelt (MARKUS VISCHER, Basler Kommentar, Basel 1998, N. 2 zu Art. 1 SchlT ZGB mit Hinweisen auf die entsprechende Judikatur).

von aus, dass das neue Recht erst ab seinem Inkrafttreten wirkt und das alte Recht nur bis zu dessen Ausserkraftsetzung, es also weder zu einer Rückwirkung des neuen Rechtes noch zu einer Weiterwirkung des alten Rechtes kommt[11]. Und diese Regelung bringt es wiederum mit sich, dass nur diejenigen Rechtspositionen weiterwirken können, die auch vom neuen Recht geschützt werden. Altrechtliche Rechtspositionen, die dem neuen Recht widersprechen, fallen mit Inkrafttreten des neuen Rechtes folglich dahin[12].

Immerhin kennen die Schlusstitel zum ZGB auch einen bedeutenden Fall der Weiterwirkung altrechtlicher Rechtspositionen. Rechtspositionen, die durch eine Willenserklärung geschaffen wurden, sollen nämlich auch nach Dahinfallen des alten Rechtes weiterwirken können (Art. 1 Abs. 1 und Abs. 2 SchlT ZGB)[13]. Vorausgesetzt ist hierbei aber zum Ersten, dass es sich tatsächlich um eine Rechtsposition handelt. Hatte das alte Recht bis zu dessen Ausserkrafttreten noch keine Rechte verliehen (sondern zum Beispiel erst Anwartschaften), dann muss das neue Recht darauf selbstverständlich keine Rücksicht nehmen (Art. 4 SchlT ZGB)[14]. Zum Zweiten muss die Rechtsposition tatsächlich durch den Willen des Rechtsinhabers begründet worden sein. Rechtspositionen, die lediglich kraft gesetzlicher Mechanik des alten Rechtes entstanden (wie zum Beispiel ein Haftpflichtanspruch), unterstehen nach Wegfall des alten Rechtes ausschliesslich dem neuen Recht (Art. 3 SchlT ZGB)[15]. Und drittens darf die Rechtsposition nicht dermassen

---

[11] Diese Regelung ergibt sich direkt aus dem Begriff des Inkrafttretens bzw. Ausserkrafttretens eines Erlasses (Art. 1 Abs. 3 SchlT ZGB; Marginale zu Art. 1 SchlT ZGB; Ulrich Häfelin/Georg Müller, Grundriss des Allgemeinen Verwaltungsrechtes, Zürich 1993, S. 59–60).

[12] So wie der Gesetzgeber mit dem alten Recht Rechtspositionen schaffen konnte, so kann er sie mit dem neuen Recht grundsätzlich eben auch wieder dahinfallen lassen. Wobei das Verfassungsrecht dem Gesetzgeber in diesem Bereich aber allenfalls Grenzen setzt, sei es aus Gründen der Rechtsgleichheit, der Verhältnismässigkeit, aus Treu und Glauben oder aus Vertrauensschutz usw. (z.B. BGE 106 Ia 254–262).

[13] Trotz der verwirrlichen systematischen Stellung dieser Normen handelt es sich um eine Ausnahmeregelung. Grundregel ist das Dahinfallen altrechtlicher Rechtspositionen mit Inkrafttreten des neuen Rechtes.

[14] Peter Tuor/Bernhard Schnyder, Das Schweizerische Zivilgesetzbuch, Zürich 1989, S. 807.

[15] Grund dieser Regelung ist eine Art Investitionsschutz. Rechtspositionen, die willentlich begründet wurden, bedurften nämlich in aller Regel einer gewissen Investition der Beteiligten (z.B. vertraglich begründete Rechte: BGE 126 III 421–430, BGE 100 II 105–120, BGE 90 II 105–120; durch prozessuale Handlungen begründete Rechte: BGE 119 II 47–50). Durch die Anordnung der Weiterwirkung solcher Rechtspositionen wird damit die entsprechende Investition geschützt. Ganz anders bei Rechtsposi-

stark mit dem neuen Recht kollidieren, dass sie in dessen Umfeld als untragbarer Fremdkörper oder stossende Ungleichheit empfunden würde (Art. 2 SchlT ZGB)[16]. Eine solche Unvereinbarkeit kann vor allem dann entstehen, wenn der Wechsel vom alten zum neuen Recht auf einem grundlegenden Wandel der Anschauungen beruhte, wohingegen Anpassungen rein technischer Natur, die Weiterwirkung einer altrechtlichen Rechtsposition wohl kaum ausschliessen dürften[17].

III. Die Formvorschriften des neuen KKG

Das neue KKG verlangt Leasingverträge schriftlich abzuschliessen, mit gewissen Angaben zu versehen und eine Kopie dem Leasingnehmer zuzustellen (Art. 11 nKKG). Werden diese Formvorschriften nicht eingehalten, ist der Leasingvertrag nichtig, das heisst der Leasinggegenstand ist zurückzugeben und keine weiteren Leasingraten sind geschuldet (Art. 15 Abs. 1 und Abs. 4 nKKG).

Diese Formvorschriften stammen weitgehend aus dem bestehenden KKG (Art. 8 KKG) und dem Abzahlungsvertragsrecht (Art. 226a OR). Einzig bei der Rechtsfolge der Nichtigkeit besteht ein beachtenswerter Unterschied: Während das Abzahlungsvertragsrecht dem Leasinggeber nach bundesgerichtlicher Rechtsprechung noch einen angemessen Mietzins bis zur Rück-

---

tionen, die lediglich aufgrund der gesetzlichen Mechanik entstanden. Hier sind keine Investitionen der Beteiligten zu schützen. Also lassen die SchlTZGB sie auch nicht weitergelten.

[16] Nach allgemein anerkannter Auffassung genügt es deshalb noch nicht, dass das neue Recht zwingend ist, sich also innerhalb des neuen Rechtes gegenüber vertraglichen Abreden durchsetzt. Es wird – mit einer Formel des Bundesgerichtes – gegenteils gefordert, dass die altrechtlichen Rechtspositionen mit den «Grundpfeilern bzw. grundlegenden sozialpolitischen und ethischen Anschauungen» des neuen Rechts kollidieren (BGE 100 II 112; BGE 119 II 48–50) oder – mit dem Wortlaut des Gesetzes – mit Normen, die «um der öffentlichen Ordnung und Sittlichkeit willen aufgestellt» worden sind (Art. 2 SchlT ZGB).

[17] Die Vereinbarkeit kann, insbesondere wenn die altrechtliche Rechtsposition einen nur noch absehbaren Zeitraum andauert, dabei durchaus weit gehen. So sind zum Beispiel altrechtliche Dienstbarkeiten mit dem neuen Recht vereinbar (BGE 100 II 110–120), ebenso altrechtliche Zuständigkeiten (BGE 119 II 47–50) oder materiellrechtliche Ansprüche (BGE 116 III 120–126). Wo keine grossen Investitionen getätigt werden mussten, besteht immerhin tendenziell weniger Anlass, die altrechtliche Position weiterwirken zu lassen (BGE 117 II 455–456).

gabe des Leasinggegenstandes zugute hielt[18], sieht das neue KKG keine Entschädigung vor (Art. 11 nKKG).

Übergangsrechtlich ist es so, dass die neuen Formvorschriften ab Inkrafttreten des neuen KKG Anwendung finden. Massgebend ist dabei das Datum des Abschlusses des Vertrages (Art. 11 Abs. 1 nKKG). Sofern beide Parteien noch vor dem Jahr 2003 unterschreiben, müssen also die alten Formvorschriften eingehalten werden. Dem Leasingnehmer muss damit im Jahr 2003 nicht nachträglich ein Exemplar eines vorher abgeschlossenen Vertrages zugestellt werden. Sofern hingegen nur eine der Parteien im Jahr 2003 unterschreibt, kommen die neuen Regeln zur Anwendung.

Unter dem geltenden Recht gültig zustande gekommene Leasingverträge begründen Rechtspositionen im Sinne von Art. 3 und Art. 4 SchlT ZGB. Die neuen Formvorschriften sind nicht derart bedeutsam, dass sie diese Rechtspositionen aufheben (Art. 2 SchlT ZGB). Diese bleiben damit auch unter dem neuen KKG gültig.

Etwas ähnliches gilt für die unter dem geltenden Recht nicht gültig zustande gekommenen Verträge. Diese bleiben auch unter dem neuen KKG ungültig[19]. Sie sind damit auch ab dem Jahr 2003 nach den Regeln des bisherigen Rechtes rückabzuwickeln[20].

IV. Zustimmung des gesetzlichen Vertreters

Das Abzahlungsvertragsrecht verlangt für die Gültigkeit die schriftliche Zustimmung des Ehegatten und des gesetzlichen Vertreters (Art. 226b OR). Das geltende KKG kennt kein solches Zustimmungserfordernis. Das neue KKG fordert die Zustimmung des gesetzlichen Vertreters, nicht aber des Ehegatten (Art. 13 nKKG).

---

[18] Diese setzt sich zusammen aus dem Ersatz des Wertverlustes des Fahrzeuges bis zur Rückgabe und den bis dahin angefallenen Kapitalkosten plus Mehrwertsteuer (BGE 110 II 249).

[19] Das neue KKG kennt keine Norm, die solche Verträge nachträglich gültig machen würde. Art. 11 nKKG, das am ehesten die Heilung einer solchen ursprünglichen Ungültigkeit vorsehen würde, bezieht sich ausschliesslich auf die nach Inkrafttreten des neuen KKG abgeschlossenen Verträge.

[20] Die Regeln des neuen KKG beziehen sich ausschliesslich auf Nichtigkeitsfälle wegen Nichteinhaltung von Art. 11 nKKG, also wiederum nur auf Verträge, die ab dem Jahr 2003 abgeschlossen werden.

Die Zustimmung des gesetzlichen Vertreters im neuen KKG muss eingeholt werden, wenn der Leasingnehmer den Vertrag unterschreibt (Art. 13 Abs. 2 nKKG). Aus übergangsrechtlicher Sicht heisst das, dass für Verträge, die vom Leasingnehmer vor dem Jahr 2003 unterschrieben werden, noch die alten Zustimmungserfordernisse gelten, während vom Leasingnehmer danach unterschriebene Verträge dem neuen KKG unterstehen. Wann der Leasinggeber den Vertrag unterschreibt, ist für die übergangsrechtliche Regelung des Zustimmungserfordernisses demgegenüber irrelevant.

Unter geltendem Recht gültig zustande gekommene Verträge bleiben auch unter dem neuen KKG gültig (Art. 3 und Art. 4 SchlT ZGB). Das allenfalls hinzugekommene Zustimmungserfordernis ist nicht dermassen bedeutsam, als dass es solche Verträge nachträglich dahinfallen liesse (Art. 2 SchlT ZGB). Unter dem bisherigen Recht ungültige Verträge werden mit dem Inkrafttreten des neuen KKG umgekehrt nicht gültig[21].

V. Meldepflichten bei Vertragsabschluss und Verzug

Gemäss neuem KKG werden der Informationsstelle die wichtigsten Eckdaten von Leasingverträgen gemeldet werden müssen (Art. 26 nKKG). Übergangsrechtlich ist bedeutsam, dass diese Eckdaten erst nach Abschluss des Leasingvertrages definitiv feststehen. Die Leasinggeber werden deshalb auch nur Verträge melden müssen, die sie nach Inkrafttreten des neuen KKG abschliessen. Verträge, bei welchen beide Unterschriften schon vor dem Jahr 2003 vorliegen, sind folglich nicht an die Informationsstelle zu melden. Und da das neue KKG die Meldepflicht als Gültigkeitsvorschrift für die Leasingzinsen ausgestaltet (Art. 32 Abs. 2 nKKG), kann auch nicht davon ausgegangen werden, dass vor Inkrafttreten des neuen KKG abgeschlossene Verträge nachzumelden sind[22].

---

[21] Das neue KKG kennt keine Norm, die solche Verträge nachträglich heilen würde. Art. 13 nKKG bezieht sich ausschliesslich auf Verträge, die ab dem Jahr 2003 unterzeichnet wurden. Das Fehlen der Zustimmung des Ehegatten nach Art. 226b OR wird mit Inkrafttreten des neuen Rechtes also nicht geheilt.

[22] Bei den Leasingzinsen handelt es sich nämlich um Rechtspositionen im Sinne von Art. 3 und Art. 4 SchlT ZGB und es ist kaum anzunehmen, dass die Meldepflicht des neuen KKG um der öffentlichen Ordnung und Sittlichkeit willen aufgestellt wurde (Art. 2 SchlT ZGB). Es handelt sich bei der Meldepflicht lediglich um eine Vorkehr zur korrekten Ermittlung der Kreditfähigkeit des Leasingnehmers (BBl 1999 S. 3180–3184).

Besteht für altrechtliche Leasingverträgen, wie gezeigt, keine Meldepflicht, werden die diesbezüglichen Verpflichtungen unweigerlich bei der Informationsstelle nicht lückenlos abgerufen werden können. Da die Leasinggeber über die Leasingnehmer oder die ZEK von den altrechtlichen Leasingverpflichtungen erfahren werden[23], wird die Qualität der Kreditfähigkeitsprüfung auch in diesen vier Übergangsjahren aber kaum leiden[24].

Doch nicht nur der Vertragsabschluss, sondern auch der Ausstand von drei Leasingzinsen muss der Informationsstelle gemeldet werden (Art. 26 Abs. 2 nKKG). Sinn und Zweck dieser Meldung besteht darin, die mit der Meldung über den Vertragsschluss gemachten Angaben (Art. 26 Abs. 1 nKKG) zur finanziellen Belastung des Leasingnehmers zu präzisieren und zu aktualisieren[25]. Angaben können freilich nur dann präzisiert und aktualisiert werden, wenn bei der Informationsstelle überhaupt Angaben bestehen. Waren dorthin – sei es aus übergangsrechtlichen oder aus anderen Gründen – keine Angaben zum Vertragsschluss zu machen, müssen diese Angaben selbstverständlich nicht nachträglich mit einer Meldung über den Verzug aktualisiert werden. Zu Verträgen, bei welchem beide Unterschriften schon vor dem Jahr 2003 vorliegen[26], müssen deshalb auch keine Verzugsmeldungen gemacht werden. Die Informationsstelle wird in den ersten vier Jahren aus diesem Grund zwar wiederum keine vollständigen Angaben zur Verfügung haben. Die Qualität der Kreditfähigkeitsprüfung wird darunter aber kaum leiden. Die Ausstände werden sich nämlich auch anhand der Angaben der Leasingnehmer oder der ZEK feststellen lassen (Art. 31 nKKG).

---

[23] Wohl können sich die Leasinggeber im Grundsatz auf die Vollständigkeit der bei der Informationsstelle gemeldeten Verpflichtungen verlassen (ableitbar aus Art. 28 Abs. 3 lit. c nKKG). Verpflichtungen, die sich aus allfälligen Angaben des Leasingnehmers ergeben (Art. 31 nKKG), sind aber selbstverständlich immer zu berücksichtigen.

[24] So weit die gesetzliche Regelung in der praktischen Arbeit als ungenügend erweisen und sich eine vollständige Nachmeldung aufdrängen sollte, dürfte Art. 25 Abs. 3 nKKG eine ausreichende Grundlage bieten, um über die Statuten und Reglemente doch noch eine solche Nachmeldepflicht einzuführen.

[25] BBl 1999 S. 3181. Diese Aktualisierung soll wiederum Sicherheit für die korrekte Ermittlung der Kreditfähigkeitsprüfung des Leasingnehmers geben bzw. einen eine Überschuldung herbeiführenden Vertragsschluss verhindern (BBl 1999 S. 3168 und S. 3181).

[26] Bei welchen entsprechend den obigen Ausführungen aus übergangsrechtlichen Gründen der Vertragsschluss nicht nachzumelden ist.

VI. Kreditfähigkeitsprüfung vor Vertragsabschluss

Beim Erfordernis einer individuellen Kreditfähigkeitsprüfung des Leasingnehmers handelt es sich um eine Neuschöpfung. Das geltende Recht überlässt die Prüfung der Bonität nämlich noch dem freiem Ermessen des Leasinggebers[27].

Die Kreditfähigkeitsprüfung muss vor Vertragsabschluss vorgenommen werden (Art. 29 nKKG). Leasingverträge, welche vor dem Jahr 2003 beidseitig unterschrieben werden, bedürfen damit keiner Kreditfähigkeitsprüfung. Solche, bei welchen eine der Unterschriften erst im Jahre 2003 erfolgt hingegen schon.

Für einmal gültig begründete Leasingverträge muss die Kreditfähigkeitsprüfung nicht nachgeholt werden. Die aus solchen Verträgen abgeleiteten Rechtspositionen werden im Sinne von Art. 3 und Art. 4 SchlT ZGB geschützt. Das mit der Kreditfähigkeitsprüfung verbundene Ziel einer Vermeidung der Überschuldung besteht nämlich auch schon im geltenden KKG. Bei der Kreditfähigkeitsprüfung handelt es sich lediglich um ein weiteres, wenn auch verfeinertes Mittel, um dieses Ziel zu erreichen. Art. 2 SchlT ZGB ist also nicht anwendbar[28].

Die Kreditfähigkeitsprüfung hat den Zweck, die finanzielle Leistungsfähigkeit des Leasingnehmers im Zeitpunkt des Vertragsabschlusses zu prüfen. Dabei ist vom Existenzminimum auszugehen, wie es sich aus den Richtlinien des Wohnsitzkantons des Leasingnehmers ergibt (Art. 29 Abs. 2 nKKG in Verbindung mit Art. 28 Abs. 2 nKKG). Davon sind jedoch gewisse Modifikationen zu machen, insbesondere die bei der Informationsstelle gemelde-

---

[27] Botschaft BBl 1999 S. 3165, S. 3167–3168. Wobei die Kantone Bern und Neuenburg immerhin die Bestimmung kennen, dass Kredite nicht zur einer Überschuldung des Kreditnehmers führen dürfen (BBl 1999 S. 3163).

[28] Schon unter dem geltenden Recht ist es nämlich das Ziel des KKG bzw. des Abzahlungsvertragsrechtes, den Konsumenten vor einer mit dem Abschluss des Leasingvertrages allenfalls ausgelösten Überschuldung zu bewahren. Bis anhin wurde dies aber lediglich mit Vorschriften über die Transparenz, die Vertragsdauer, die Anzahlungspflicht usw. zu erreichen versucht (BBl 1999 S. 3160–3161). Mit dem neuen KKG werden diese für alle Konsumenten einheitlichen Einschränkungen nunmehr durch eine auf die individuellen Gegebenheiten Rücksicht nehmende Bonitätsprüfung ersetzt (BBl 1999 S. 3165, S. 3167–3168). Das Instrumentarium wird mit dem neuen KKG also im Ergebnis verfeinert. Es scheint aber zu weit zu gehen, wenn man die Kreditfähigkeitsprüfung als einen grundsätzlichen Wandel der sozialpolitischen und ethischen Anschauungen bewerten würden.

ten Verpflichtungen zu berücksichtigen (Art. 29 Abs. 2 nKKG in Verbindung mit Art. 28 Abs. 3 lit. c nKKG). Wie gezeigt sind die vor dem Jahr 2003 abgeschlossenen Leasingverträge freilich nur ausnahmsweise aus der Informationsstelle ersichtlich. Der Leasinggeber wird die entsprechenden Verpflichtungen aber über die Angaben des Leasingnehmers zu berücksichtigen haben[29].

VII. Höchstzinssatz

Das Bundesrecht kennt im Moment keinen expliziten Höchstzinssatz. Aus der Regelung über die Übervorteilung (Art. 21 OR) wird aber allgemein ein Höchstzinssatz von 18 Prozent abgeleitet. Einige Kantone, darunter Zürich, Bern, Schaffhausen, Basel-Stadt, Basel-Land und St. Gallen haben den Zinssatz ausserdem schon heute bei 15 Prozent begrenzt. Mit dem neuen KKG wird für die ganze Schweiz ein vom Bundesrat festgelegter einheitlicher Höchstzinssatz eingeführt (Art. 14 nKKG in Verbindung mit Art. 11 Abs. 2 lit. e nKKG). Gemäss bundesrätlichem Entwurf zur Verordnung zum Konsumkreditgesetz kommt ein Satz von 15 Prozent zur Anwendung.

Einzelne vor Inkrafttreten des neuen KKG abgeschlossene Leasingverträge werden einen effektiven Jahreszins von über 15 Prozent aufweisen[30]. Trotzdem werden diese Leasingverträge nicht nichtig (Art. 15 nKKG). Bei 15 Prozent übersteigenden Zinsanspruch handelt es sich nämlich um eine Rechtsposition im Sinne von Art. 3 und Art. 4 SchlT ZGB. Die Reduktion von früher maximal 18 Prozent auf neu maximal 15 Prozent dürfte auch kein Grundpfeiler der neuen Rechtsordnung sein; – sonst hätte der Gesetzgeber die Wahl der Höhe wohl kaum dem Bundesrat überlassen. Tatsächlich ging es mit Erlass der neuen Höchstzinsvorschrift weniger um eine Reduktion des Höchstzinses als um eine Vereinheitlichung für die ganze Schweiz[31]. Art. 2 SchlT ZGB ist damit nicht anwendbar[32].

---

[29] Was die Abklärung solcher Verpflichtungen betrifft, wird sich der Leasinggeber aber selbstverständlich auf die Angaben des Leasingnehmers verlassen dürfen (Art. 31 nKKG).
[30] Wobei es sich hier eher um Einzelfälle handeln dürfte. Das Zinsniveau bei Leasingverträgen bewegte sich in den letzen Jahren nämlich zwischen 9 und 12 Prozent.
[31] BBl 1999 S. 3164 und S. 3178.
[32] Anders ZR 96 (1997) Nr. 49 zur Einführung des Zürcher § 213 Abs. 1 EG ZGB. Bei jener Gesetzesänderung ging es freilich auch ausschliesslich um die Reduktion und nicht wie bei Art. 14 nKKG um die Vereinheitlichung des Höchstzinssatzes.

VIII. Widerruf des Vertragsabschlusses

Das neue KKG ermächtigt den Leasingnehmer den Vertrag innert sieben Tagen ab Zustellung der Vertragskopie zu widerrufen (Art. 16 nKKG). Dieses Widerrufsrecht wird die aus dem heutigen Abzahlungsvertragsrecht stammende Verzichtsmöglichkeit ablösen (Art. 226c OR).

Leasingverträge, die noch im Jahr 2002 abgeschlossen werden, können nach Inkrafttreten des neuen Rechtes nicht widerrufen werden, selbst dann nicht, wenn die Siebentagesfrist des neuen Rechtes ins Jahr 2003 hineinreichen würde. Während des Jahres 2002 ist das selbstverständlich, besteht in diesem Zeitpunkt ja noch kein Widerrufsrecht im Sinne von Art. 16 nKKG. Und für das nächste Jahr ergibt sich dies daraus, dass es bei den Verträgen um Rechtspositionen im Sinne von Art. 3 und Art. 4 SchlT ZGB handelt, die vom neuen Recht nicht negiert werden können.

IX. Kündigungsrecht und dessen finanzielle Folgen

Für Leasingverträge besteht bis heute kein gesetzliches Kündigungsrecht. Weder das Abzahlungsvertragsrecht noch das geltende KKG sehen ein solches vor[33]. Das neue KKG führt nunmehr ein Recht auf Kündigung auf das Ende einer dreimonatigen Vertragsdauer ein (Art. 17 Abs. 3 nKKG). Gleichzeitig wird klargestellt, dass der Leasinggeber bei vorzeitigen Kündigungen eine Entschädigung verlangen kann, sofern diese gewissen inhaltlichen und formellen Anforderungen genügt (Art. 17 Abs. 3 nKKG in Verbindung mit Art. 11 Abs. 2 lit. g nKKG).

Diese Regelung derogiert selbstverständlich anderweitige Kündigungsbestimmungen von ab dem Jahr 2003 abgeschlossenen Leasingverträgen. Nach Ansicht des Verfassers muss das aber auch für die vor 2003 abgeschlossenen Leasingverträge gelten. Beim Kündigungsrecht von Art. 17 Abs. 3 nKKG handelt es sich im Bereich des Leasing nämlich vermutlich um die wichtigste Neuerung des neuen KKG. Es wird Leasingnehmern damit erstmals von

---

[33] Es ist aber immerhin umstritten, ob nicht der mietrechtliche Artikel 266k OR analog anzuwenden ist (vgl. Fussnote 2). Dieser würde ein Kündigungsrecht auf das Ende eines Quartales vorsehen.

Gesetzes wegen das Recht zuerkannt, sich von einer einmal eingegangenen Verpflichtung wieder loszusagen. Dies ist aus sozialpolitischen Überlegungen äusserst bedeutsam, erlaubt es dem Leasingnehmer doch, den Umfang seiner Verpflichtungen bei allfälligen Veränderungen in seiner finanziellen Leistungsfähigkeit (z.B. wegen Eintrittes der Arbeitslosigkeit, wegen Unfall oder ähnlichem) zu reduzieren[34]. Es handelt sich deshalb um eine der öffentlichen Ordnung willen aufgestellte Vorschrift (Art. 2 SchlT ZGB)[35].

Die heutigen Kündigungseinschränkungen gelten ab 1. Januar 2003 folglich nicht mehr. An deren Stelle treten das Kündigungsrecht und die Entschädigungsfolgen des neuen Art. 17 Abs. 3 nKKG. Das entsprechende Kündigungsrecht kann erstmals am 1. Januar 2003 per Ende Januar 2003 ausgeübt werden[36]. Kündigungen, die vor dem 1. Januar 2003 bei den Leasinggebern eintreffen, werden noch nach geltendem Recht abgewickelt.

X. Verzug des Leasingnehmers: Rücktritt und Zins

In Anlehnung an den geltenden Art. 226h OR wird der Leasinggeber im neuen KKG erst ab einem Ausstand von mindestens drei Monatsraten vom Vertrag zurücktreten können (Art. 18 Abs. 2 nKKG). Auch wird er in der Höhe des Verzugszinses eingeschränkt (Art. 18 Abs. 3 nKKG).

Diese Regelung derogiert anderweitigen Bestimmungen von ab dem Jahr 2003 abgeschlossenen Leasingverträgen, nicht aber Bestimmungen aus Verträgen, die vor dem Jahr 2003 abgeschlossen wurden. Bei letzteren Verträgen handelt es sich nämlich um Rechtspositionen im Sinne von Art. 3 und Art. 4 SchlT ZGB. Sie gelten unter der Herrschaft des neuen KKG weiter. Ihre Auflösung und Abwicklung richtet sich nach den unter dem bisherigen Recht zulässigen vertraglich vorgesehenen Rücktritts- und Verzugsbestimmungen.

---

[34] Als Ergänzung zu dem mit der Kreditfähigkeitsprüfung versuchten Schutz vor einer von vornherein absehbaren Überschuldung-Situation.
[35] Die über das nächste Quartal hinausgehenden Leasingzinsforderungen fallen damit dahin.
[36] Falls es sich bei Ende Januar 2002 um das Ende einer dreimonatigen Leasingdauer handelt. Sonst verschiebt es sich bis maximal Ende März 2002.

XI. Bewilligungspflicht für Leasinggeber

Unter dem geltenden Recht haben die Kantone das Recht, das Leasinggeschäft vom Besitz einer Bewilligung abhängig zu machen. Das neue KKG verpflichtet die Kantone nun zur Einführung einer solchen Bewilligungspflicht (Art. 39 Abs. 1 nKKG). Der neue Art. 40 nKKG enthält auch gewisse materielle Angaben zu den Bewilligungsvoraussetzungen. Weitere werden vom Bundesrat in der Verordnung zum Konsumkreditgesetz festgelegt (Art. 40 Abs. 3 nKKG). Alles Weitere, insbesondere die Regelung von Verfahrensfragen und Sanktionen, wird aber wohl dem kantonalen Recht überlassen bleiben. Es wird deshalb auch Aufgabe dieser kantonalen Regelung sein, zu bestimmen, bis wann die Leasinggeber spätestens um die Bewilligung nachsuchen müssen, ohne Sanktionen gewärtigen zu müssen[37].

XII. Einschränkungen bei der Werbung

Mit dem neuen KKG ist auch eine Änderung des UWG verbunden. Im neuen Art. 3 lit. k, lit. l und lit. n UWG werden den Leasinggebern zusätzliche Auflagen zur Werbung für das Leasing gemacht. Da all diese Vorschriften an die öffentliche Ankündigung anknüpfen, werden sie nicht nur von denjenigen Werbekampagnen zu berücksichtigen sein, die nächstes Jahr starten, sondern auch von denjenigen, die noch in diesem Jahr geplant werden und sich bis in das nächste Jahr hineinziehen.

---

[37] Unklar ist in diesem Zusammenhang die Bestimmung von Artikel 8 des bundesrätlichen Entwurfes zur Verordnung zum Konsumkreditgesetz, wonach bisherige kantonale Bewilligungen zeitlich uneingeschränkt gültig bleiben.

Bundesgesetz über den Konsumkredit (KKG)

vom 23. März 2001

Die Bundesversammlung der Schweizerischen Eidgenossenschaft,
gestützt auf die Artikel 97 und 122 der Bundesverfassung[1],
nach Einsicht in die Botschaft des Bundesrates vom 14. Dezember 1998[2],
beschliesst:

1. Abschnitt: Begriffe

Art. 1 Konsumkreditvertrag

[1] Der Konsumkreditvertrag ist ein Vertrag, durch den eine kreditgebende Person (Kreditgeberin) einer Konsumentin oder einem Konsumenten einen Kredit in Form eines Zahlungsaufschubs, eines Darlehens oder einer ähnlichen Finanzierungshilfe gewährt oder zu gewähren verspricht.

[2] Als Konsumkreditverträge gelten auch:
 a. Leasingverträge über bewegliche, dem privaten Gebrauch des Leasingnehmers dienende Sachen, die vorsehen, dass die vereinbarten Leasingraten erhöht werden, falls der Leasingvertrag vorzeitig aufgelöst wird;
 b. Kredit- und Kundenkarten sowie Überziehungskredite, wenn sie mit einer Kreditoption verbunden sind; als Kreditoption gilt die Möglichkeit, den Saldo einer Kredit- oder Kundenkarte in Raten zu begleichen.

Art. 2 Kreditgeberin

Als Kreditgeberin gilt jede natürliche oder juristische Person, die gewerbsmässig Konsumkredite gewährt.

Art. 3 Konsumentin oder Konsument

Als Konsumentin oder Konsument gilt jede natürliche Person, die einen Konsumkreditvertrag zu einem Zweck abschliesst, der nicht ihrer beruflichen oder gewerblichen Tätigkeit zugerechnet werden kann.

---

[1] SR **101**
[2] BBl **1999** 3155

Art. 4 Kreditvermittlerin

Als Kreditvermittlerin gilt jede natürliche oder juristische Person, die gewerbsmässig Konsumkreditverträge vermittelt.

Art. 5 Gesamtkosten des Kredits für die Konsumentin oder den Konsumenten

Als Gesamtkosten des Kredits für die Konsumentin oder den Konsumenten gelten sämtliche Kosten, einschliesslich der Zinsen und sonstigen Kosten, welche die Konsumentin oder der Konsument für den Kredit zu bezahlen hat.

Art. 6 Effektiver Jahreszins

Der effektive Jahreszins drückt die Gesamtkosten des Kredits für die Konsumentin oder den Konsumenten in Jahresprozenten des gewährten Kredits aus.

2. Abschnitt: Geltungsbereich

Art. 7 Ausschluss

[1] Dieses Gesetz gilt nicht für:
  a. Kreditverträge oder Kreditversprechen, die direkt oder indirekt grundpfandgesichert sind;
  b. Kreditverträge oder Kreditversprechen, die durch hinterlegte bankübliche Sicherheiten oder durch ausreichende Vermögenswerte, welche die Konsumentin oder der Konsument bei der Kreditgeberin hält, gedeckt sind;
  c. Kredite, die zins- und gebührenfrei gewährt oder zur Verfügung gestellt werden;
  d. Kreditverträge, nach denen keine Zinsen in Rechnung gestellt werden, sofern die Konsumentin oder der Konsument sich bereit erklärt, den Kredit auf einmal zurückzuzahlen;
  e. Verträge über Kredite von weniger als 500 Franken oder mehr als 80 000 Franken;
  f. Kreditverträge, nach denen die Konsumentin oder der Konsument den Kredit entweder innert höchstens drei Monaten oder in nicht mehr als vier Raten innert höchstens zwölf Monaten zurückzahlen muss;
  g. Verträge über die fortgesetzte Erbringung von Dienstleistungen oder Leistungen von Versorgungsbetrieben, nach denen die Konsumentin oder der Konsument berechtigt ist, während der Dauer der Erbringung Teilzahlungen zu leisten.

[2] Der Bundesrat kann die Beträge gemäss Absatz 1 Buchstabe e den veränderten Verhältnissen anpassen.

Art. 8 Einschränkung

[1] Leasingverträge im Sinne von Artikel 1 Absatz 2 Buchstabe a unterstehen nur den Artikeln 11, 13–16, 17 Absatz 3, 18 Absätze 2 und 3, 19–21, 26, 29, 31–35, 37 und 38.

[2] Konti für Kredit- und Kundenkarten mit Kreditoption sowie Überziehungskredite auf laufendem Konto unterstehen nur den Artikeln 12–16, 17 Absätze 1 und 2, 18 Absätze 1 und 3, 19–21, 27, 30–35, 37 und 38.

3. Abschnitt: Form und Inhalt des Vertrags

Art. 9 Barkredite

[1] Konsumkreditverträge sind schriftlich abzuschliessen; die Konsumentin oder der Konsument erhält eine Kopie des Vertrags.

[2] Der Vertrag muss angeben:
  a. den Nettobetrag des Kredits;
  b. den effektiven Jahreszins oder, wenn dies nicht möglich ist, den Jahreszins und die bei Vertragsschluss in Rechnung gestellten Kosten;
  c. die Bedingungen, unter denen der Zinssatz und die Kosten nach Buchstabe b geändert werden können;
  d. die Elemente der Gesamtkosten des Kredits, die für die Berechnung des effektiven Jahreszinses nicht berücksichtigt worden sind (Art. 34), mit Ausnahme der bei Nichterfüllung der vertraglichen Verpflichtungen entstehenden Kosten; ist der genaue Betrag dieser Kostenelemente bekannt, so ist er anzugeben; andernfalls ist, soweit möglich, entweder eine Berechnungsmethode oder eine realistische Schätzung aufzuführen;
  e. die allfällige Höchstgrenze des Kreditbetrags;
  f. die Rückzahlungsmodalitäten, insbesondere den Betrag, die Anzahl und die zeitlichen Abstände oder den Zeitpunkt der Zahlungen, welche die Konsumentin oder der Konsument zur Tilgung des Kredits und zur Entrichtung der Zinsen und sonstigen Kosten vornehmen muss, sowie, wenn möglich, den Gesamtbetrag dieser Zahlungen;
  g. dass die Konsumentin oder der Konsument bei vorzeitiger Rückzahlung Anspruch auf Erlass der Zinsen und auf eine angemessene Ermässigung der Kosten hat, die auf die nicht beanspruchte Kreditdauer entfallen;
  h. das Widerrufsrecht und die Widerrufsfrist (Art. 16);
  i. die allfällig verlangten Sicherheiten;
  j. den pfändbaren Teil des Einkommens, der der Kreditfähigkeitsprüfung zu Grunde gelegt worden ist (Art. 28 Abs. 2 und 3); Einzelheiten können in einem vom Konsumkreditvertrag getrennten Schriftstück festgehalten werden; dieses bildet einen integrierenden Bestandteil des Vertrags.

Art. 10 Verträge zur Finanzierung des Erwerbs von Waren oder Dienstleistungen

Dient der Kreditvertrag der Finanzierung des Erwerbs von Waren oder Dienstleistungen, so muss er auch folgende Angaben enthalten:
a. die Beschreibung der Waren oder Dienstleistungen;
b. den Barzahlungspreis und den Preis, der im Rahmen des Kreditvertrags zu bezahlen ist;
c. die Höhe der allfälligen Anzahlung, die Anzahl, die Höhe und die Fälligkeit der Teilzahlungen oder das Verfahren, nach dem diese Elemente bestimmt werden können, falls sie bei Vertragsschluss noch nicht bekannt sind;
d. den Namen der Eigentümerin oder des Eigentümers der Waren, falls das Eigentum daran nicht unmittelbar auf die Konsumentin oder den Konsumenten übergeht, und die Bedingungen, unter denen die Ware in das Eigentum der Konsumentin oder des Konsumenten übergeht;
e. den Hinweis auf die allfällig verlangte Versicherung und, falls die Wahl des Versicherers nicht der Konsumentin oder dem Konsumenten überlassen ist, die Versicherungskosten.

Art. 11 Leasingverträge

¹ Leasingverträge sind schriftlich abzuschliessen; der Leasingnehmer erhält eine Kopie des Vertrags.
² Der Vertrag muss angeben:
a. die Beschreibung der Leasingsache und ihren Barkaufpreis im Zeitpunkt des Vertragsabschlusses;
b. die Anzahl, die Höhe und die Fälligkeit der Leasingraten;
c. die Höhe einer allfälligen Kaution;
d. den Hinweis auf die allfällig verlangte Versicherung und, falls die Wahl des Versicherers nicht dem Leasingnehmer überlassen ist, die Versicherungskosten;
e. den effektiven Jahreszins;
f. den Hinweis auf das Widerrufsrecht und die Widerrufsfrist;
g. eine nach anerkannten Grundsätzen erstellte Tabelle, aus der hervorgeht, was der Leasingnehmer bei einer vorzeitigen Beendigung des Leasingvertrags zusätzlich zu den bereits entrichteten Leasingraten zu bezahlen hat und welchen Restwert die Leasingsache zu diesem Zeitpunkt hat;
h. die Elemente, die der Kreditfähigkeitsprüfung zu Grunde gelegt worden sind (Art. 29 Abs. 2); Einzelheiten können in einem vom Leasingvertrag getrennten Schriftstück festgehalten werden; dieses bildet einen integrierenden Bestandteil des Vertrags.

Art. 12 Überziehungskredit auf laufendem Konto oder Kredit- und Kundenkartenkonto mit Kreditoption

[1] Verträge, mit denen eine Kreditgeberin einen Kredit in Form eines Überziehungskredits auf laufendem Konto oder auf einem Kredit- und Kundenkartenkonto mit Kreditoption gewährt, sind schriftlich abzuschliessen; die Konsumentin oder der Konsument erhält eine Kopie des Vertrags.

[2] Der Vertrag muss angeben:
  a. die Höchstgrenze des Kreditbetrags;
  b. den Jahreszins und die bei Vertragsabschluss in Rechnung gestellten Kosten sowie die Bedingungen, unter denen diese geändert werden können;
  c. die Modalitäten einer Beendigung des Vertrags;
  d. die Elemente, die der Kreditfähigkeitsprüfung zu Grunde gelegt worden sind (Art. 30 Abs. 1); Einzelheiten können in einem vom Kredit- oder Kundenkartenvertrag getrennten Schriftstück festgehalten werden; dieses bildet einen integrierenden Bestandteil des Vertrags.

[3] Während der Vertragsdauer ist die Konsumentin oder der Konsument über jede Änderung des Jahreszinses oder der in Rechnung gestellten Kosten unverzüglich zu informieren; diese Information kann in Form eines Kontoauszugs erfolgen.

[4] Wird eine Kontoüberziehung stillschweigend akzeptiert und das Konto länger als drei Monate überzogen, so ist die Konsumentin oder der Konsument zu informieren über:
  a. den Jahreszins und die in Rechnung gestellten Kosten;
  b. alle diesbezüglichen Änderungen.

Art. 13 Zustimmung des gesetzlichen Vertreters

[1] Ist die Konsumentin oder der Konsument minderjährig, so bedarf der Konsumkreditvertrag zu seiner Gültigkeit der schriftlichen Zustimmung der gesetzlichen Vertreterin oder des gesetzlichen Vertreters.

[2] Die Zustimmung ist spätestens abzugeben, wenn die Konsumentin oder der Konsument den Vertrag unterzeichnet.

Art. 14 Höchstzinssatz

Der Bundesrat legt den höchstens zulässigen Zinssatz nach Artikel 9 Absatz 2 Buchstabe b fest. Er berücksichtigt dabei die von der Nationalbank ermittelten, für die Refinanzierung des Konsumkreditgeschäftes massgeblichen Zinssätze. Der Höchstzinssatz soll in der Regel 15 Prozent nicht überschreiten.

Art. 15 Nichtigkeit

[1] Die Nichteinhaltung der Artikel 9–11, 12 Absätze 1, 2 und 4 Buchstabe a, 13 und 14 bewirkt die Nichtigkeit des Konsumkreditvertrags.

² Ist der Konsumkreditvertrag nichtig, so hat die Konsumentin oder der Konsument die bereits empfangene oder beanspruchte Kreditsumme bis zum Ablauf der Kreditdauer zurückzuzahlen, schuldet aber weder Zinsen noch Kosten.

³ Die Kreditsumme ist in gleich hohen Teilzahlungen zurückzuzahlen. Wenn der Vertrag keine längeren Zeitabstände vorsieht, liegen die Teilzahlungen jeweils einen Monat auseinander.

⁴ Bei einem Leasingvertrag hat die Konsumentin oder der Konsument den ihr oder ihm überlassenen Gegenstand zurückzugeben und die Raten zu zahlen, die bis zu diesem Zeitpunkt geschuldet sind. Ein damit nicht abgedeckter Wertverlust geht zu Lasten der Leasinggeberin.

Art. 16   Widerrufsrecht

¹ Die Konsumentin oder der Konsument kann den Antrag zum Vertragsabschluss oder die Annahmeerklärung innerhalb von sieben Tagen schriftlich widerrufen. Kein Widerrufsrecht besteht im Falle von Artikel 12 Absatz 4.

² Die Widerrufsfrist beginnt zu laufen, sobald die Konsumentin oder der Konsument nach den Artikeln 9 Absatz 1, 11 Absatz 1 oder 12 Absatz 1 eine Kopie des Vertrags erhalten hat. Die Frist ist eingehalten, wenn die Widerrufserklärung am siebenten Tag der Post übergeben wird.

³ Ist das Darlehen bereits vor dem Widerruf des Vertrags ausbezahlt worden, so gilt Artikel 15 Absätze 2 und 3. Im Falle eines Abzahlungskaufs, einer auf Kredit beanspruchten Dienstleistung oder eines Leasingvertrags gilt Artikel 40*f* des Obligationenrechts[3].

4. Abschnitt: Rechte und Pflichten der Parteien

Art. 17   Vorzeitige Rückzahlung

¹ Die Konsumentin oder der Konsument kann die Pflichten aus dem Konsumkreditvertrag vorzeitig erfüllen.

² In diesem Fall besteht ein Anspruch auf Erlass der Zinsen und auf eine angemessene Ermässigung der Kosten, die auf die nicht beanspruchte Kreditdauer entfallen.

³ Der Leasingnehmer kann mit einer Frist von mindestens 30 Tagen auf Ende einer dreimonatigen Leasingdauer kündigen. Der Anspruch des Leasinggebers auf Entschädigung richtet sich nach der Tabelle gemäss Artikel 11 Absatz 2 Buchstabe g.

---

[3]   SR **220**

Art. 18 Verzug

¹ Die Kreditgeberin kann vom Vertrag zurücktreten, wenn Teilzahlungen ausstehend sind, die mindestens 10 Prozent des Nettobetrags des Kredits beziehungsweise des Barzahlungspreises ausmachen.

² Der Leasinggeber kann vom Vertrag zurücktreten, wenn Teilzahlungen ausstehend sind, die mehr als drei monatlich geschuldete Leasingraten ausmachen.

³ Der Verzugszins darf den für den Konsumkredit oder Leasingvertrag vereinbarten Zinssatz (Art. 9 Abs. 2 Bst. b) nicht übersteigen.

Art. 19 Einreden

Die Konsumentin oder der Konsument hat das unabdingbare Recht, die Einreden aus dem Konsumkreditvertrag gegenüber jedem Abtretungsgläubiger geltend zu machen.

Art. 20 Zahlung und Sicherheit in Form von Wechseln

¹ Die Kreditgeberin darf weder Zahlungen in Form von Wechseln, einschliesslich Eigenwechseln, noch Sicherheiten in Form von Wechseln, einschliesslich Eigenwechseln und Checks, annehmen.

² Ist ein Wechsel oder ein Check entgegen Absatz 1 angenommen worden, so kann ihn die Konsumentin oder der Konsument jederzeit von der Kreditgeberin zurückverlangen.

³ Die Kreditgeberin haftet für den Schaden, welcher der Konsumentin oder dem Konsumenten aus der Begebung des Wechsels oder Checks entstanden ist.

Art. 21 Mangelhafte Erfüllung des Erwerbsvertrags

¹ Wer im Hinblick auf den Erwerb von Waren oder Dienstleistungen einen Konsumkreditvertrag mit einer anderen Person als dem Lieferanten abschliesst, kann gegenüber der Kreditgeberin alle Rechte geltend machen, die ihm gegenüber dem Lieferanten zustehen, wenn folgende Bedingungen erfüllt sind:
  a. Zwischen der Kreditgeberin und dem Lieferanten besteht eine Abmachung, wonach Kredite an Kunden dieses Lieferanten ausschliesslich von der Kreditgeberin gewährt werden.
  b. Die Konsumentin oder der Konsument erhält den Kredit im Rahmen dieser Abmachung.
  c. Die unter den Konsumkreditvertrag fallenden Waren oder Dienstleistungen werden nicht oder nur teilweise geliefert oder entsprechen nicht dem Liefervertrag.
  d. Die Konsumentin oder der Konsument hat die Rechte gegenüber dem Lieferanten erfolglos geltend gemacht.
  e. Der Betrag des betreffenden Einzelgeschäfts liegt über 500 Franken.

² Der Bundesrat kann den Betrag gemäss Absatz 1 Buchstabe e den veränderten Verhältnissen anpassen.

5. Abschnitt: Kreditfähigkeit

Art. 22 Grundsatz

Die Kreditfähigkeitsprüfung bezweckt die Vermeidung einer Überschuldung der Konsumentin oder des Konsumenten infolge eines Konsumkreditvertrags.

Art. 23 Informationsstelle für Konsumkredit

[1] Die Kreditgeberinnen gründen eine Informationsstelle für Konsumkredit (Informationsstelle). Diese gemeinsame Einrichtung bearbeitet die Daten, die im Rahmen der Artikel 25–27 anfallen.

[2] Die Statuten der Informationsstelle müssen vom zuständigen Departement[4] genehmigt werden. Sie regeln insbesondere:
  a. die Verantwortung für die Datenbearbeitung;
  b. die Kategorien der zu erfassenden Daten sowie deren Aufbewahrungsdauer, Archivierung und Löschung;
  c. die Zugriffs- und Bearbeitungsberechtigungen;
  d. die Zusammenarbeit mit beteiligten Dritten;
  e. die Datensicherheit.

[3] Die Informationsstelle gilt als Bundesorgan im Sinne von Artikel 3 Buchstabe h des Bundesgesetzes vom 19. Juni 1992[5] über den Datenschutz. Der Bundesrat erlässt die Vollzugsbestimmungen.

[4] Vorbehältlich der Zuständigkeit gemäss Bundesgesetz vom 19. Juni 1992 über den Datenschutz untersteht die Informationsstelle der Aufsicht des Departements.

[5] Der Bundesrat kann den Kreditgeberinnen eine Frist setzen, binnen der die gemeinsame Einrichtung errichtet sein muss. Kommt die Gründung der gemeinsamen Einrichtung nicht zu Stande oder wird diese später aufgelöst, so richtet der Bundesrat die Informationsstelle ein.

Art. 24 Datenzugang

[1] Zugang zu den von der Informationsstelle gesammelten Daten haben ausschliesslich die diesem Gesetz unterstellten Kreditgeberinnen, soweit sie die Daten zur Erfüllung ihrer Pflichten nach diesem Gesetz benötigen.

[2] Im Einzelfall haben auch die von den Kantonen bezeichneten und unterstützten Institutionen der Schuldensanierung Zugang, sofern der Schuldner zustimmt.

Art. 25 Meldepflicht

[1] Die Kreditgeberin muss der Informationsstelle den von ihr gewährten Konsumkredit melden.

---

[4] Zurzeit Eidgenössisches Justiz- und Polizeidepartement.
[5] SR **235.1**

² Sie muss der Informationsstelle auch melden, wenn Teilzahlungen ausstehend sind, die mindestens 10 Prozent des Nettobetrags des Kredits beziehungsweise des Barzahlungspreises ausmachen (Art. 18 Abs. 1).

³ Die Informationsstelle bestimmt in ihren Statuten oder einem darauf gestützten Reglement das Nähere zu Inhalt, Form und Zeitpunkt der Meldung.

Art. 26 Meldepflicht bei Leasing

¹ Bei einem Leasingvertrag meldet die Kreditgeberin der Informationsstelle:
  a. die Höhe der Leasingverpflichtung;
  b. die Vertragsdauer;
  c. die monatlichen Leasingraten.

² Sie muss der Informationsstelle auch melden, wenn drei Leasingraten ausstehen.

Art. 27 Meldepflicht bei Kredit- und Kundenkartenkonti

¹ Hat die Konsumentin oder der Konsument dreimal hintereinander von der Kreditoption Gebrauch gemacht, so ist der ausstehende Betrag der Informationsstelle zu melden. Keine Pflicht zur Meldung besteht, wenn der ausstehende Betrag unter 3000 Franken liegt.

² Der Bundesrat wird ermächtigt, die in Absatz 1 genannte Meldelimite von 3000 Franken mittels Verordnung periodisch der Entwicklung des schweizerischen Indexes der Konsumentenpreise anzupassen.

Art. 28 Prüfung der Kreditfähigkeit

¹ Die Kreditgeberin muss vor Vertragsabschluss nach Artikel 31 die Kreditfähigkeit der Konsumentin oder des Konsumenten prüfen.

² Die Konsumentin oder der Konsument gilt dann als kreditfähig, wenn sie oder er den Konsumkredit zurückzahlen kann, ohne den nicht pfändbaren Teil des Einkommens nach Artikel 93 Absatz 1 des Bundesgesetzes vom 11. April 1889[6] über Schuldbetreibung und Konkurs beanspruchen zu müssen.

³ Der pfändbare Teil des Einkommens wird nach den Richtlinien über die Berechnung des Existenzminimums des Wohnsitzkantons der Konsumentin oder des Konsumenten ermittelt. Bei der Ermittlung zu berücksichtigen sind in jedem Fall:
  a. der tatsächlich geschuldete Mietzins;
  b. die nach Quellensteuertabelle geschuldeten Steuern;
  c. Verpflichtungen, die bei der Informationsstelle gemeldet sind.

⁴ Bei der Beurteilung der Kreditfähigkeit muss von einer Amortisation des Konsumkredits innerhalb von 36 Monaten ausgegangen werden, selbst wenn vertraglich eine längere Laufzeit vereinbart worden ist. Dies gilt auch für frühere Konsumkredite, soweit diese noch nicht zurückbezahlt worden sind.

---

[6] SR **281.1**

Art. 29 Prüfung der Kreditfähigkeit des Leasingnehmers

[1] Der Leasinggeber muss vor Vertragsabschluss die Kreditfähigkeit des Leasingnehmers prüfen.

[2] Die Kreditfähigkeit ist zu bejahen, wenn der Leasingnehmer die Leasingraten ohne Beanspruchung des nicht pfändbaren Teils des Einkommens nach Artikel 28 Absätze 2 und 3 finanzieren kann oder wenn Vermögenswerte, die dem Leasingnehmer gehören, die Zahlung der Leasingraten sicherstellen.

Art. 30 Prüfung der Kreditfähigkeit bei Kredit- und Kundenkartenkonti

[1] Räumt die Kreditgeberin oder das Kreditkartenunternehmen im Rahmen eines Kredit- oder Kundenkartenkontos mit Kreditoption oder eines Überziehungskredits auf laufendem Konto eine Kreditlimite ein, so prüfen sie zuvor summarisch die Kreditfähigkeit der Antragstellerin oder des Antragstellers. Sie stützen sich dabei auf deren oder dessen Angaben über die Vermögens- und Einkommensverhältnisse. Die Kreditlimite muss den Einkommens- und Vermögensverhältnissen der Konsumentin oder des Konsumenten Rechnung tragen. Dabei sind die bei der Informationsstelle vermeldeten Konsumkredite zu berücksichtigen.

[2] Die Kreditfähigkeitsprüfung nach Absatz 1 ist zu wiederholen, wenn der Kreditgeber oder das Kreditkartenunternehmen über Informationen verfügt, wonach sich die wirtschaftlichen Verhältnisse der Konsumentin oder des Konsumenten verschlechtert haben.

Art. 31 Bedeutung der Angaben der Konsumentin oder des Konsumenten

[1] Die Kreditgeberin darf sich auf die Angaben der Konsumentin oder des Konsumenten zu den finanziellen Verhältnissen (Art. 28 Abs. 2 und 3) oder zu den wirtschaftlichen Verhältnissen (Art. 29 Abs. 2 und 30 Abs. 1) verlassen.

[2] Vorbehalten bleiben Angaben, die offensichtlich unrichtig sind oder denjenigen der Informationsstelle widersprechen.

[3] Zweifelt die Kreditgeberin an der Richtigkeit der Angaben der Konsumentin oder des Konsumenten, so muss sie deren Richtigkeit anhand einschlägiger amtlicher oder privater Dokumente wie des Auszugs aus dem Betreibungsregister oder eines Lohnausweises überprüfen.

Art. 32 Sanktion

[1] Verstösst die Kreditgeberin in schwerwiegender Weise gegen die Artikel 28, 29 oder 30, so verliert sie die von ihr gewährte Kreditsumme samt Zinsen und Kosten. Die Konsumentin oder der Konsument kann bereits erbrachte Leistungen nach den Regeln über die ungerechtfertigte Bereicherung zurückfordern.

[2] Verstösst die Kreditgeberin gegen Artikel 25, 26 oder 27 Absatz 1 oder in geringfügiger Weise gegen die Artikel 28, 29 oder 30, so verliert sie nur die Zinsen und die Kosten.

6. Abschnitt: Berechnung des effektiven Jahreszinses

Art. 33 Zeitpunkt und Berechnungsmethode

[1] Der effektive Jahreszins ist beim Abschluss des Konsumkreditvertrags nach der im Anhang 1 aufgeführten mathematischen Formel zu berechnen.

[2] Die Berechnung beruht auf der Annahme, dass der Kreditvertrag für die vereinbarte Dauer gültig bleibt und dass die Parteien ihren Verpflichtungen zu den vereinbarten Terminen nachkommen.

[3] Lässt der Kreditvertrag eine Anpassung der Zinsen oder anderer Kosten zu, die in die Berechnung einzubeziehen sind, jedoch zu deren Zeitpunkt nicht beziffert werden können, so beruht die Berechnung auf der Annahme, dass der ursprüngliche Zinssatz und die ursprünglichen anderen Kosten bis zum Ende des Kreditvertrags unverändert bleiben.

[4] Bei Leasingverträgen wird der effektive Jahreszins auf der Grundlage des Barkaufpreises der Leasingsache bei Vertragsabschluss (Kalkulationsbasis) und bei Vertragsende (Restwert) sowie der einzelnen Tilgungszahlungen (Leasingraten) berechnet.

Art. 34 Massgebende Kosten

[1] Für die Berechnung des effektiven Jahreszinses sind die Gesamtkosten des Kredits für die Konsumentin oder den Konsumenten im Sinne von Artikel 5, einschliesslich des Kaufpreises, massgebend.

[2] Nicht zu berücksichtigen sind:
  a. die Kosten, welche die Konsumentin oder der Konsument bei Nichterfüllung einer im Vertrag aufgeführten Verpflichtung bezahlen muss;
  b. die Kosten, welche die Konsumentin oder der Konsument durch den Erwerb von Waren oder Dienstleistungen unabhängig davon zu tragen hat, ob es sich um ein Bar- oder um ein Kreditgeschäft handelt;
  c. die Mitgliederbeiträge für Vereine oder Gruppen, die aus anderen als den im Kreditvertrag vereinbarten Gründen entstehen.

[3] Die Überweisungskosten sowie Kosten für die Führung eines Kontos, das für die Kreditrückzahlung sowie für die Zahlung der Zinsen oder anderer Kosten dienen soll, sind nur dann zu berücksichtigen, wenn die Konsumentin oder der Konsument nicht über eine angemessene Wahlfreiheit in diesem Bereich verfügt und sie ungewöhnlich hoch sind. In die Berechnung einzubeziehen sind jedoch die Inkassokosten dieser Rückzahlungen oder Zahlungen, unabhängig davon, ob sie in bar oder in anderer Weise erhoben werden.

[4] Die Kosten für Versicherungen und Sicherheiten sind so weit zu berücksichtigen, als sie:
  a. die Kreditgeberin für die Kreditgewährung zwingend vorschreibt; und
  b. der Kreditgeberin bei Tod, Invalidität, Krankheit oder Arbeitslosigkeit der Konsumentin oder des Konsumenten die Rückzahlung eines Betrags sicherstellen

sollen, der gleich hoch oder geringer ist als der Gesamtbetrag des Kredits, einschliesslich Zinsen und anderer Kosten.

7. Abschnitt: Kreditvermittlung

Art. 35

[1] Die Konsumentin oder der Konsument schuldet der Kreditvermittlerin für die Vermittlung eines Konsumkredits keine Entschädigung.

[2] Die Aufwendungen der Kreditgeberin für die Kreditvermittlung bilden Teil der Gesamtkosten (Art. 5 und 34 Abs. 1); sie dürfen dem Konsumenten oder der Konsumentin nicht gesondert in Rechnung gestellt werden.

8. Abschnitt: Werbung

Art. 36

Die Werbung für Konsumkredite richtet sich nach dem Bundesgesetz vom 19. Dezember 1986[7] gegen den unlauteren Wettbewerb.

9. Abschnitt: Zwingendes Recht

Art. 37

Von den Bestimmungen dieses Gesetzes darf nicht zu Ungunsten der Konsumentin oder des Konsumenten abgewichen werden.

10. Abschnitt: Zuständigkeiten

Art. 38   Verhältnis zum kantonalen Recht

Der Bund regelt die Konsumkreditverträge abschliessend.

Art. 39   Bewilligungspflicht

[1] Die Kantone müssen die Gewährung und die Vermittlung von Konsumkrediten einer Bewilligungspflicht unterstellen.

[2] Zuständig für die Erteilung der Bewilligung ist der Kanton, in dem die Kreditgeberin oder die Kreditvermittlerin ihren Sitz hat. Hat die Kreditgeberin oder die Kreditvermittlerin ihren Sitz nicht in der Schweiz, so ist der Kanton für die Ertei-

---

[7] SR **241**

lung der Bewilligung zuständig, auf dessen Gebiet die Kreditgeberin oder die Kreditvermittlerin hauptsächlich tätig zu werden gedenkt. Die von einem Kanton erteilte Bewilligung gilt für die ganze Schweiz.

3 Keine Bewilligung nach Absatz 2 ist erforderlich, wenn die Kreditgeberin oder die Kreditvermittlerin:
  a. dem Bankengesetz vom 8. November 1934[8] untersteht;
  b. Konsumkredite zur Finanzierung des Erwerbs ihrer Waren oder der Beanspruchung ihrer Dienstleistungen gewährt oder vermittelt.

Art. 40 Bewilligungsvoraussetzungen

1 Die Bewilligung ist zu erteilen, wenn der Gesuchsteller:
  a. zuverlässig ist und in geordneten Vermögensverhältnissen lebt;
  b. die allgemeinen kaufmännischen und fachlichen Kenntnisse und Fertigkeiten besitzt, die zur Ausübung der Tätigkeit erforderlich sind;
  c. über eine ausreichende Berufshaftpflichtversicherung verfügt.

2 Gesellschaften und juristischen Personen wird die Bewilligung nur erteilt, wenn alle Mitglieder der Geschäftsleitung die in Absatz 1 Buchstabe b erwähnten Kenntnisse und Fertigkeiten besitzen.

3 Der Bundesrat regelt in einer Verordnung das Nähere zu den Bewilligungsvoraussetzungen nach Absatz 2.

11. Abschnitt: Schlussbestimmungen

Art. 41 Aufhebung und Änderung bisherigen Rechts

Die Aufhebung und die Änderung bisherigen Rechts werden im Anhang 2 geregelt.

Art. 42 Referendum und Inkrafttreten

1 Dieses Gesetz untersteht dem fakultativen Referendum.
2 Der Bundesrat bestimmt das Inkrafttreten.

Nationalrat, 23. März 2001 Ständerat, 23. März 2001
Der Präsident: Peter Hess Die Präsidentin: Françoise Saudan
Der Protokollführer: Ueli Anliker Der Sekretär: Christoph Lanz

Datum der Veröffentlichung: 3. April 2001[9]
Ablauf der Referendumsfrist: 12. Juli 2001

---

[8] SR **952.0**
[9] BBl **2001** 1344

Anhang 1
(Art. 33)

Formel zur Berechnung des effektiven Jahreszinses

$$\sum_{K=1}^{K=m} \frac{A_K}{(1+i)^{t_K}} \quad \sum_{K'=1}^{K'=m'} \frac{A'_{K'}}{(1+i)^{t_{K'}}}$$

Die in der Formel verwendeten Buchstaben und Symbole haben folgende Bedeutung:

- K laufende Nummer eines Kredits,
- K' laufende Nummer einer Tilgungszahlung oder einer Zahlung von Kosten,
- A_K Betrag des Kredits mit der Nummer K,
- $A'_{K'}$ Betrag der Tilgungszahlung oder der Zahlung von Kosten mit der Nummer K',
- Σ Summationszeichen,
- m laufende Nummer des letzten Kredits,
- m' laufende Nummer der letzten Tilgungszahlung oder der letzten Zahlung von Kosten,
- t_K in Jahren oder Jahresbruchteilen ausgedrückter Zeitabstand zwischen dem Zeitpunkt der Kreditvergabe mit der Nummer 1 und den Zeitpunkten der späteren Kredite mit der Nummer 2 bis m,
- $t_{K'}$ in Jahren oder Jahresbruchteilen ausgedrückter Zeitabstand zwischen dem Zeitpunkt der Kreditvergabe mit der Nummer 1 und den Zeitpunkten der Tilgungszahlung oder Zahlungen von Kosten mit der Nummer 1 bis m',
- i effektiver Zinssatz, der entweder algebraisch oder durch schrittweise Annäherungen oder durch ein Computerprogramm errechnet werden kann, wenn die sonstigen Gleichungsgrössen aus dem Vertrag oder auf andere Weise bekannt sind.

Anhang 2
(Art. 41)

Aufhebung und Änderung bisherigen Rechts

I

Das Bundesgesetz vom 8. Oktober 1993[10] über den Konsumkredit wird aufgehoben.

II

Die nachstehenden Bundesgesetze werden wie folgt geändert:

1. Obligationenrecht[11]

Art. 162 Abs. 2
Aufgehoben

Art. 226a–226d und 226f–226m
Aufgehoben

Art. 227a Abs. 2 Ziff. 7
² Der Vorauszahlungsvertrag ist nur gültig, wenn er in schriftlicher Form abgeschlossen wird und folgende Angaben enthält:
    7. das Recht des Käufers, innert sieben Tagen den Verzicht auf den Vertragsabschluss zu erklären;

Art. 227c Abs. 2 und 3
² *Aufgehoben*
³ Hat der Käufer mehrere Sachen gekauft oder sich das Recht zur Auswahl vorbehalten, so ist er befugt, die Ware in Teillieferungen abzurufen, es sei denn, es handle sich um eine Sachgesamtheit. Ist nicht der ganze Kaufpreis beglichen worden, so kann der Verkäufer nur dann zu Teillieferungen verpflichtet werden, wenn ihm 10 Prozent der Restforderung als Sicherheit verbleiben.

Art. 227h Abs. 2 und 4
² Tritt der Verkäufer von einem Vertrag zurück, dessen Dauer höchstens ein Jahr beträgt, so kann er vom Käufer nur einen angemessenen Kapitalzins sowie Ersatz für eine seit Vertragsabschluss eingetretene Wertverminderung der Kaufsache beanspruchen. Eine allfällige Konventionalstrafe darf 10 Prozent des Barkaufpreises nicht übersteigen.

---

[10] AS **1994** 367
[11] SR **220**

⁴ Ist jedoch die Kaufsache schon geliefert worden, so ist jeder Teil verpflichtet, die empfangenen Leistungen zurückzuerstatten. Der Verkäufer hat überdies Anspruch auf einen angemessenen Mietzins und eine Entschädigung für ausserordentliche Abnützung der Sache. Er kann jedoch nicht mehr fordern, als er bei der rechtzeitigen Erfüllung des Vertrages erhielte.

Art. 228 Anwendung des Konsumkreditgesetzes

Folgende für den Konsumkreditvertrag geltenden Bestimmungen des Bundesgesetzes vom 23. März 2001[12] über den Konsumkredit gelten auch für den Vorauszahlungsvertrag:
  a. Artikel 13 (Zustimmung des gesetzlichen Vertreters);
  b. Artikel 16 (Widerrufsrecht);
  c. Artikel 19 (Einreden);
  d. Artikel 20 (Zahlung und Sicherheit in Form von Wechseln);
  e. Artikel 21 (Mangelhafte Erfüllung des Erwerbsvertrags).

2. Bundesgesetz vom 19. Dezember 1986[13] gegen den unlauteren Wettbewerb

Art. 3 Bst. k–n
Unlauter handelt insbesondere, wer:
  k. es bei öffentlichen Auskündigungen über einen Konsumkredit unterlässt, seine Firma eindeutig zu bezeichnen oder den Nettobetrag des Kredits, die Gesamtkosten des Kredits und den effektiven Jahreszins deutlich anzugeben;
  l. es bei öffentlichen Auskündigungen über einen Konsumkredit zur Finanzierung von Waren oder Dienstleistungen unterlässt, seine Firma eindeutig zu bezeichnen oder den Barzahlungspreis, den Preis, der im Rahmen des Kreditvertrags zu bezahlen ist, und den effektiven Jahreszins deutlich anzugeben;
  m. im Rahmen einer geschäftlichen Tätigkeit einen Konsumkreditvertrag oder einen Vorauszahlungskauf anbietet oder abschliesst und dabei Vertragsformulare verwendet, die unvollständige oder unrichtige Angaben über den Gegenstand des Vertrags, den Preis, die Zahlungsbedingungen, die Vertragsdauer, das Widerrufs- oder Kündigungsrecht des Kunden oder über sein Recht zu vorzeitiger Bezahlung der Restschuld enthalten;
  n. es bei öffentlichen Auskündigungen über einen Konsumkredit (Bst. k) oder über einen Konsumkredit zur Finanzierung von Waren oder Dienstleistungen (Bst. l) unterlässt, darauf hinzuweisen, dass die Kreditvergabe verboten ist, falls sie zur Überschuldung der Konsumentin oder des Konsumenten führt.

---

[12] SR ...; AS ... (BBl **2001** 1344)
[13] SR **241**

Art. 4 Bst. d

Unlauter handelt insbesondere, wer:

d. einen Käufer oder Kreditnehmer, der einen Vorauszahlungskauf oder einen Konsumkreditvertrag abgeschlossen hat, veranlasst, den Vertrag zu widerrufen, oder wer einen Käufer, der einen Vorauszahlungskauf abgeschlossen hat, veranlasst, diesen zu kündigen, um selber mit ihm einen solchen Vertrag abzuschliessen.

Federal Law on Consumer Credit* (FLCC)

of 23 March 2001

The Federal Assembly of the Swiss Confederation (Swiss parliament),
Having regard to sections 97 and 122 of the Constitution[1],
Having regard to the Federal Council's (Swiss government) report of 14 December 1998[2],
adopts the following rules:

Section 1: Definitions

Article 1   Consumer credit agreement

[1] A «consumer credit agreement» is a contract whereby a creditor grants or promises to grant credit to a consumer in the form of a deferred payment, a loan or other similar financial accommodation.

[2] The following agreements are also considered as consumer credit agreements:
  a. leasing contracts on movable goods intended for the private use of the lessee providing that there will be extra charges on the agreed installments in case of early termination of the contract;
  b. Credit and customer cards agreements as well as credit given as current account advances and linked to a credit option; a credit option being the possibility to pay back the credit or customer card debit in installments.

Article 2   Creditor

«Creditor» means a natural or legal person who regularly grants credit in the course of his business.

Article 3   Consumer

«Consumer» means a natural person who enters a consumer credit agreement for purposes which can be regarded as outside his business or professional activities.

---

[*] Unofficial translation made by Nathalie Wharton, Federal Office of Justice, Berne, March 2002.
[1] Systematic Classification of Laws (Recueil systématique; RS) 101.
[2] Federal Bulletin (Feuille fédérale; FF) 1999 2879.

Article 4 Credit broker

A «credit broker» means a natural or legal person who regularly acts as an intermediary in the making of a consumer credit agreement in the course of his business.

Article 5 Total cost of the credit to the consumer

The «total cost of the credit to the consumer» means all the costs of the credit including interest and other charges the consumer has to pay for the credit.

Article 6 Annual global and effective percentage rate of charge

The «annual global and effective percentage rate of charge» means the total cost of the credit to the consumer, expressed as an annual percentage of the amount of the credit granted.

Section 2: Scope of the law

Article 7 Exclusion

[1] This law shall not apply to:
  a. credit agreements or agreements promising to grant credit secured directly or indirectly by mortgage on immovable property;
  b. credit agreements or agreements promising to grant credit secured by an ordinary bank warranty or for which the consumer has deposited with the creditor money or assets important enough to cover the loan;
  c. credit granted or made available without any interest or other charges:
  d. credit agreements under which no interest is charged provided the consumer agrees to repay the credit in a single payment;
  e. credit agreements involving amounts less than CHF 500 or more than CHF 80.000;
  f. credit agreements under which the consumer is required to repay the credit either within a period not exceeding three months or by a maximum number of four payments within a period not exceeding 12 months;
  g. agreements providing the consumer with private or public services over a period of time and under which the consumer has the right to pay for the cost of those services, as long as they are provided, through periodic installments.

[2] The Federal Council can adapt the amounts in paragraph 1, letter e, to changing circumstances.

Article 8 Limitation

[1] Only articles 11, 13 to 16, 17, paragraph 3, 18, paragraphs 2 and 3, 19 to 21, 26, 29, 31 to 35, 37 and 38 apply to leasing contracts as defined in article 1, paragraph 2, letter a.

² Only articles 12 to 16, 17, paragraphs 1 and 2, 18, paragraphs 1 and 3, 19 to 21, 27, 30 to 35, 37 and 38 apply to credit card or customer card accounts with a credit option and credits in the form of current account overdraft.

Section 3: Form and content of the contract

Article 9 Cash credit

¹ Credit agreements shall be made in writing; the consumer shall receive a copy of the written agreement.
² The written agreement shall include:
  a. a statement of the net amount of the credit;
  b. a statement of the annual global and effective percentage rate of charge or the annual rate of interest and the charges applicable from the time the agreement is concluded;
  c. a statement of the conditions under which the charges mentioned in letter b above may be amended;
  d. a statement of the cost items not taken into account in calculating the annual global and effective percentage rate of charge (article 34), with the exception of charges arising from a breach of contract; if the exact amount of these cost items is determined, this amount must be stated; otherwise, and if possible, the contract will stipulate a method of calculating these costs or a realistic estimate of their amount;
  e. a statement of the credit limit, if any;
  f. a statement of the amount, number and frequency or dates of the payments which the consumer must make to repay the credit, as well as of the payments for interest and other charges; the total amount of these payments should also be indicated where possible;
  g. a statement of the right to being freed from paying any further interest and an equitable reduction of the charges related to unused part of the credit in case of early repayment of the credit;
  h. a statement of the right to cancel the contract and the cooling-off period (article 16);
  i. a statement of the security required, if any;
  j. a statement of the portion of the consumer's revenue that can be seized as ascertained in the evaluation process of the consumer's financial capacity to enter a credit agreement (article 28, paragraphs 2 and 3) the details of which can be described in a separate document which will become part of the credit agreement.

Article 10 Credit agreement for financing the supply of goods or services

The credit agreement for financing the supply of goods or services shall include:
  a. a description of the goods or services covered by the agreement;

b. the cash price and the price payable under the credit agreement;
c. the amount of the deposit, if any, the number and amount of installments and the dates on which they fall due, or the method of ascertaining any of the same if unknown at the time the agreement is concluded;
d. who owns the goods if ownership does not pass immediately to the consumer and the terms on which the consumer becomes the owner of them;
e. an indication of the insurance required, if any, and, when the choice of insurer is not left to the consumer, an indication of the cost thereof.

Article 11 Leasing agreement

[1] The leasing agreement shall be made in writing; the lessee shall receive a written copy of the leasing agreement.

[2] The agreement shall include:
  a. a description of the object being leased and its cash price at the time the agreement was concluded;
  b. the number and amount of installments and the dates on which they fall due;
  c. the amount of the security, if any;
  d. an indication of the insurance required, if any, and, when the choice of insurer is not left to the consumer, an indication of the cost thereof;
  e. the annual global and effective percentage rate of charge;
  f. the right to cancel and the cooling-off period;
  g. a chart, elaborated on the basis of recognized principles, showing on the one hand the amount the lessee has to pay in addition to the installments already paid if the agreement is terminated early and on the other hand the residual value of the object leased on termination;
  h. the elements taken into account when the lessee's capacity to enter a leasing agreement was ascertained (article 29, paragraph 2) the details of which can be described in a separate document which will become part of the credit agreement.

Article 12 Credit agreements operated by running account or by an account operated by a credit card or a customer card with a credit option

[1] If the creditor gives the consumer a credit by running account or by an account operated by a credit card or a customer card with a credit option, the agreement shall be in writing; the consumer shall receive a written copy of the agreement.

[2] The agreement shall include:
  a. the amount of the credit limit;
  b. the annual rate of interest and the charges applicable from the time the agreement is concluded and the conditions under which these may be amended;
  c. the conditions under which the agreement can be terminated;
  d. the elements taken into account when the consumer's capacity to enter a leasing agreement was ascertained (article 30, paragraph 1) the details of which

can be can be described in a separate document which will become part of the credit agreement.

³ During the course of the agreement the consumer must be immediately informed of any modification of the annual interest rate or of the charges; this information can be given on a bank statement.

⁴ If a bank overdraft is tacitly accepted and extends over a period of three months or more, the consumer must be informed:
  a. of the annual interest rate and of possible further charges;
  b. of any modification of the above.

Article 13 Legal representative consent

¹ The validity of a consumer credit agreement entered into by a minor depends on his legal representative consenting to it in writing.

² This consent must be given at the latest when the consumer signs the agreement.

Article 14 Maximum interest rate

The Federal Council determines the maximum admissible interest rate of article 9, paragraph 2, letter b. In order to do so, the Federal Council takes into account the interest rate ascertained by the National Bank that applies to the refinancing of consumer credit. As a general rule, the maximum rate should not exceed 15%.

Article 15 Avoidance

¹ Violation of articles 9 to 11, 12, paragraphs 1, 2 and 4, letter a, 13 and 14 causes the agreement to be void.

² If the agreement is void, the consumer must pay back the amounts he received or used up to the expiry time of the agreement; but he owes neither interest nor charges.

³ The credit can be paid back by equal monthly installments unless the agreement provides longer intervals of time.

⁴ In the case of a leasing contract, the lessee must return the hired object and pay the hire installments due up to that time. The lessor must bear the loss of value of the object which is not covered by the installments.

Article 16 Right to cancel the agreement

¹ The consumer can cancel his offer or acceptation of the agreement in writing within a seven days period. The right to cancel does not apply to cases covered by article 12, paragraph 4.

² The cooling-off period starts when the consumer gets a copy of the agreement according to articles 9, paragraph 1, 11, paragraph 1 or 12, paragraph 1. The time-limit is considered respected if the cancellation notice is posted on the seventh day.

[3] If the loan is paid before the end of the cooling-off period, article 15, paragraphs 2 and 3, applies. Article 40f of the Code of Obligations[3] applies to installment sales, credit agreements relating to the financing of services and to leasing agreements.

Section 4: Rights and duties of the parties

Article 17   Early repayment

[1] The consumer has the right to execute in advance duties that arise from the credit agreement.

[2] In that case he has the right to be freed from paying any further interest and to a equitable reduction of the charges related to the unused part of the credit.

[3] The lessee in a leasing agreement can terminate the contract provided he gives a 30 days notice period before the end of a trimester of the agreement. The article 11, paragraph 2, letter g, chart determines the indemnity the lessee must pay upon termination.

Article 18   Default

[1] The creditor can only terminate the contract if the unpaid installments amount to 10% of the net credit or of the cash price.

[2] The lessor in a leasing agreement can only terminate the contract if the lessee owes an amount that exceeds three monthly installments.

[3] The interest for default cannot exceed the interest rate that was agreed on for the credit or in the leasing agreement (article 9, paragraph 2, letter b).

Article 19   Defenses of the consumer

The consumer has the inalienable right to set up defenses he has against the creditor arising from the consumer credit agreement against any assignee.

Article 20   Payment and security in the form of a bill of exchange

[1] The creditor cannot accept payment of the credit in the form of bills of exchange, including promissory notes, and cannot receive security in the form of bills of exchange, including promissory notes and cheques.

[2] If, thereby violating paragraph 1, the creditor accepts a bill of exchange or a cheque, the consumer can demand its restitution at all times.

[3] The creditor is responsible for any loss to the consumer caused by the issuing of the bill of exchange or by the cheque.

---

[3]   RS 220

Article 21 Faulty execution of the acquisition contract

[1] The consumer who enters a credit agreement with someone else than the supplier of goods or services in order to acquire goods or services can exercise against the creditor all the rights he has in his agreement with the supplier when the following conditions are met:
  a. there is an agreement between the creditor and the supplier whereby a credit will be exclusively given by this creditor to the customers of this supplier;
  b. the consumer has been given a credit because of this agreement;
  c. the goods or services that are part of the credit agreement are not delivered, are only partly delivered or are not in conformity with the agreement;
  d. the consumer has exercised his rights against the supplier but has not been successful in doing so;
  e. the agreements involve a sum of money exceeding CHF 500.

[2] The Federal Council can adapt the sum of money in paragraph 1, letter e, to any new circumstances.

Section 5: Capacity to enter a credit agreement

Article 22 In general

The evaluation of the consumer's capacity to enter a credit agreement is aimed at preventing excessive indebtedness a credit agreement could cause.

Article 23 Information Center

[1] Creditors set up an Information Center on consumer credit (Information Center). This center deals with the data defined by articles 25 to 27.

[2] The regulation of the Information Center must be approved by the relevant department[4]. They contain rules governing:
  a. liability regarding the treatment of data;
  b. the categories of data that can be collected, how long they can be kept for, how they are archived and erased;
  c. the access to and the treatment of the data;
  d. collaboration with the third parties involved;
  e. the security of the data.

[3] The Information Center is a federal entity within the meaning of article 3, letter h, of the Federal Law of June 19 1992 on data protection[5]. The Federal Council adopts execution regulation.

---

[4] The Federal Department of Justice and Police.
[5] RS 235.1

⁴ The relevant department is in charge of controlling the Information Center except for matters covered by the Federal Law of June 19 1992 on data protection.
⁵ The Federal Council can establish a time-limit within which creditors must set up the Information Center. If the center is not created or if it is dismantled after having been set up, the Federal Council sets it up.

Article 24   Data access

¹ Only creditors who must obey the rules of the present law have access to the data collected by the Information Center and they must use this data solely for the purpose of fulfilling their duties under the present law.
² However, the public institutions of debt reorganization chosen and supported by the cantons also have access to the data of the Information Center provided the debtor's consent has been given in every occurrence.

Article 25   Duty to give notice

¹ Every creditor has a duty to inform the Information Center of the credits he has given.
² He must also give notice of all cases where the unpaid installments amount to at least 10% of the net credit amount or of the cash price (article 18, paragraph 1).
³ The Information Center regulates in its articles or in regulations set out in the articles, the rules governing the content, form and the announcement time of the compulsory notice.

Article 26   Duty to give notice of leasing agreements

¹ In the case of a leasing agreement, the lessor must give notice to the Information Center of:
   a. the total amount due;
   b. the duration of the agreement
   c. the amount of the monthly installments.
² He must also announce cases in which the unpaid installments amount to three monthly installments.

Article 27   Duty to give notice of accounts linked to a credit card or to a customer card with a credit option or credit given as a current account overdraft

¹ When the consumer exercises his credit option three times in succession, the creditor must give notice of it to the Information Center. The notice is not compulsory when the remaining amount to be paid is less than CHF 3000.–.
² The Federal Council can adapt the 3000 francs limit set out in paragraph 1 periodically through an ordinance based on the Swiss consumer price index.

Article 28 Evaluation of the consumer's capacity to enter a credit agreement

¹ Before the contract is concluded, the creditor must check, according to article 31, that the consumer has the financial capacity to enter a credit agreement.

² The consumer is considered as having the financial capacity to enter a credit agreement if he can repay the credit without burdening the portion of revenue that cannot be seized according to article 93, paragraph 1 of the Federal Law of April 11 1889 on Debt Enforcement and Bankruptcy[6].

³ The portion of revenue that can be seized is determined on the basis of the minimum subsistence figure calculation directives by the canton where the consumer is domiciled. In all cases, the following elements will be taken into account:
  a. the effective rent due by the debtor;
  b. the income tax, calculated on the basis of the taxation at source;
  c. the liabilities communicated to the Information Center.

⁴ The capacity to enter a consumer credit agreement is evaluated on the basis of a credit repayment over a period of 36 months, even if according to the agreement the installments cover a longer period. The unpaid amounts on credits which have already been given must be taken into account in this evaluation.

Article 29 Evaluation of the lessee's financial situation

¹ The lessor must evaluate the lessee's financial situation before concluding the contract.

² The lessee has the capacity to enter a leasing agreement when he can pay the installments without burdening the portion of revenue that cannot be seized according to article 28, paragraphs 2 and 3 or when assets belonging to the lessee can secure the payment of the installments.

Article 30 Evaluation of the capacity to enter a credit agreement for accounts linked to a credit card or a customer card with a credit option and for credit related to current accounts overdrafts

¹ The credit limit for an account linked to a credit card or a customer card with a credit option or a credit related to current accounts overdrafts must be ascertained at the time the contract is concluded. To determine this limit the creditor must take into account, through a summary evaluation of the credit, the consumer's revenue and fortune situation according to the information given by the person asking for the credit. The credits announced to the Information Center must also be taken into account.

² The evaluation of the capacity to enter a credit agreement according to paragraph 1 must be renewed when the creditor or the credit company has information indicating that the consumer's financial situation has worsened.

---

[6]   RS 281.1

Article 31 Extent of the creditor's duty of investigation into the consumer's financial situation

[1] The creditor can limit his investigations to the information provided by the consumer about his revenue source and his financial obligations (article 28, paragraphs 2 and 3) or on his financial situation (article 29, paragraph 2 and article 30, paragraph 1).

[2] However, the limitation in paragraph 1 does not apply where the consumer's information is obviously false or does not fit in with the data of the Information Center.

[3] If the creditor is suspicious of the truth of the information given by the consumer, he verifies it with official or private documents, for instance a debt collection register extract or a salary certificate.

Article 32 Sanction

[1] If the creditor seriously violates articles 28, 29 or 30, he loses the amount of the credit as well as the interest and the charges. The consumer can ask for the repayment of the amounts he has already paid according to the rules of the action for money had and received.

[2] If the creditor violates articles 25, 26 or 27, paragraph 1 or if he slightly violates articles 28, 29 or 30, he only loses the interest and the charges.

Section 6. Annual effective global interest rate

Article 33 Time and method of calculation

[1] The annual effective global interest rate is calculated at the time the consumer credit agreement was concluded, according to the formula in annex 1.

[2] The calculation is based on the hypothesis that the credit agreement remains in effect during its agreed on duration and where the creditor and the consumer fulfill their obligations within the agreed time limits and at the agreed dates.

[3] If the credit agreement contains a clause allowing a modification of the interest rate or of the other charges that must be taken into account but cannot be put into numbers at the time of calculation, the annual effective global interest rate is calculated by making the hypothesis that the interest rate and the other charges remain stable compared with their initial level and that they apply until the credit agreement ends.

[4] For a leasing agreement, the annual effective global interest rate is calculated on the basis of the purchase cash price of the object of the leasing at the time the agreement was concluded (basis of calculation) and at the end (residual value), as well as on the basis of the amount of each installment.

Article 34 Relevant charges

¹ In order to calculate the annual effective global interest rate the total cost of the consumer credit as defined in article 5 including the purchase price has to be determined.

² The following charges are not taken into account:
   a. charges incurred by the consumer because of a breach of the credit agreement;
   b. charges incurred by the consumer while acquiring the goods or services whether cash or by credit;
   c. contributions related to joining associations or groups and deriving from agreements that are distinct from the credit agreement.

³ The funds transfer charges and the charges related to managing the account receiving the amounts debited as repayment of the credit, receiving the payment of the interest or of the other charges, must only be taken into account if the consumer does not have sufficient reasonable freedom of choice on that matter and if those charges are extraordinarily high. However, the receipt charges of the payments or repayments must be taken into account whether these payments are made cash or otherwise.

⁴ The insurance or security charges are taken into account:
   a. if the creditor makes them compulsory in order to enter the credit agreement; and
   b. if their goal is to insure the creditor against the death, invalidity, illness or unemployment of the consumer by a repayment of an amount equal or inferior to the total amount of the credit including the interest and other charges.

Section 7: Credit brokerage

Article 35

¹ The consumer owes no indemnity to the credit broker who has allowed him to enter a credit agreement.

² The creditor expenses for the credit broker's activities are part of the total cost of the credit (articles 5 and 34, paragraph 1); they cannot be billed to the consumer as an itemized statement of account.

Section 8: Advertising

Article 36

Advertising consumer credit is governed by the Federal Law of December 19 1986 on Unfair Competition[7].

---

[7] RS 241

Section 9: Mandatory legal provisions

Article 37

The parties cannot derogate to any of the rules of the present law unless it is in favor of the consumer.

Section 10: Competence

Article 38 Relationship to the cantonal law

The Confederation regulates consumer credit agreement in an exhaustive way.

Article 39 Authorization regime

[1] The cantons must impose a duty to seek an authorization upon creditors giving consumer credit and upon credit broker.

[2] The canton in which the creditor or credit broker has its registered place of business delivers the authorization. If the creditor or the credit broker has no registered place of business in Switzerland, the authorization is delivered by the canton in which the creditor or the credit broker intends to make main business. The authorization given by one canton is valid in the whole of Switzerland.

[3] An authorization according to paragraph 2 is not necessary if the creditor's or the credit broker's activities:
  a. come under the Federal Law of November 8 1934 relating to Banks and Savings Banks[8];
  b. consist of giving or acting as a broker for consumer credits to finance the acquisition of goods or services that they themselves offer.

Article 40 Conditions of the authorization

[1] The authorization is given if the person seeking it:
  a. is reliable and has a sound financial situation;
  b. has the necessary knowledge and business skills to work in that trade;
  c. has an adequate civil liability insurance.

[2] The authorization is given to companies and legal persons only if all the managing directors have the knowledge and skills set out in paragraph 1, letter b.

[3] The Federal Council details the conditions to be met in order to obtain an authorization according to paragraph 2 in an ordinance.

---

[8] RS 952.0

Section 11: Final provisions

Article 41   Abrogation and modification of legal provisions heretofore in force

The abrogation and modification of legal provisions heretofore in force are set out in annex II.

Article 42   Referendum and entry into force

[1] The present law is subject to referendum.
[2] The Federal Council sets up the date of entry into force[9].

---

[9]   Date of publication: 3 April 2001 (FF 2001 1263).

Annex 1
(Art. 33)

Math equation for calculating the annual effective global rate of interest

$$\sum_{K=1}^{K=m} \frac{A_K}{(1+i)^{t_K}} \quad \sum_{K'=1}^{K'=m'} \frac{A'_{K'}}{(1+i)^{t_{K'}}}$$

Meaning of letters and symbols:

- K   is the number of a loan
- K'   is the number of a repayment or a payment of charges
- A_K is the amount of loan number K
- $A'_{K'}$ is the amount of repayment number K
- Σ   represents a sum
- m   is the number of the last loan
- m'   is the number of the last repayment or payment of charges
- t_K is the interval, expressed in years and fractions of a year, between the date of loan No 1 and those of subsequent loans Nos 2 to m
- $t_{K'}$ is the interval expressed in years and fractions of a year between the date of loan No 1 and those of repayments or payments of charges Nos 2 to m
- i   is the effective global percentage rate that can be calculated (either by algebra, by successive approximations, or by a computer program) where the other terms in the equation are known from the contract or otherwise.

Annex 2
(Article 41)

Abrogation and modification of legal provisions heretofore in force

I

The Federal Law of October 8 1993 on consumer credit[10] is abrogated.

II

The legal provisions heretofore in force are modified as follows:

1. Code of Obligations[11]

Article 162, paragraph 2
Abrogated

Articles 226a to 226d and 226f to 226m
Abrogated

Article 227a, paragraph 2, number 7
² The prepayment contract is not valid unless it is made in writing and contains the following particulars:
　　7. The right for the purchaser to declare the contract canceled within seven days;

Article 227c, paragraphs 2 and 3
² *Abrogated*
³ If the purchaser has purchased several things or reserved the right of selection, he is entitled to request partial delivery of the goods unless the deal involves an aggregation of things. If less than the total sales price has been paid, the seller may be required to make partial deliveries only when the is left holding 10 percent of the remaining claim as security.

Article 227h, paragraphs 3 and 4
² If the seller cancels a contract concluded for not more than a year, he may only demand from the purchaser a reasonable interest on capital as well as compensation for the decreased value of the object of the sale which occurred after the conclusion of the contract. A contingent penalty may not exceed ten percent of the cash price.
⁴ If the object of the sale has already been delivered, each party is obliged to return the consideration already received. In addition the seller is entitled to receive a reasonable rental and compensation for excessive wear and tear of the object. In

---

[10]　RO 1994 367
[11]　RS 220

any case, he may not demand more than he should have received, in case of a timely performance of the terms of the contract.

Article 228 Application of the Federal Law on consumer credit

The following articles of the Law of March 23 2001 on Consumer Credit[12] apply to prepayment contracts:
  a. Article 13 (legal representative consent)
  b. Article 16 (right to cancel the contract)
  c. Article 19 (consumer's defenses)
  d. Article 20 (payment and security in the form of a bill of exchange)
  e. Article 21 (defective execution of the acquisition contract)

2. The Federal Law of December 19 1986 on Unfair Competition[13]:

Article 3, letters k to n
A person commits an act of unfair competition when he:
  k. omits to indicate clearly his company name, the net amount of the credit, the total cost of the credit and the annual effective global interest rate in public advertising of consumer credit;
  l. omits to indicate clearly his company name, the cash price, the credit agreement price and the annual effective global interest rate in public advertising of consumer credit relating to goods and services;
  m. offers to conclude or concludes a consumer credit agreement or a prepayment contract in the course of his business by using agreement forms containing incomplete or inaccurate indications about the object of the contract, the price, the payment modalities, the duration of the contract, the client's right to cancel or to terminate the contract or the client's right to repay early;
  n. omits to indicate that it is forbidden to give credit to a consumer if it causes him to be indebted in public advertising on consumer credit (letter k) or on consumer credit relating to goods or services (letter l).

Article 4, letter d
A person commits an act of unfair competition when he:
  d. causes a purchaser or a lessee who has entered a prepayment or a consumer credit contract to cancel that contract, or a purchaser who has entered a prepayment contract to terminate it, in order to himself enter a contract with that purchaser or lessee.

---

[12] RS ...; RO ... (FF 2001 1263)
[13] RS 241

Stichwortverzeichnis

A

Abzahlungsrecht
– Aufhebung 37, 39 ff.
Abzahlungsvertrag
– Bestimmungen über 23 f.
Amortisation 14, 52
Amortisierbarkeit
– innert 36 Monaten 52
Angaben des Konsumenten 19, 54, 82, 136 f.
Anzahlung 40, 48
Arbeitgeberdarlehen 10
Aufsicht 33
Ausbildungskredit 42
Auskündigungen
– öffentliche 185 ff., 187
Auskündigungen für Konsumkredite
– Begriff 186 f.
Ausnahmen 10

B

Bagatellkredite 128
bankübliche Sicherheiten 10
Bannerwerbung 187
Barkaufpreis 48, 74
Bewilligungspflicht
– für gewerbliche Kreditgewährung und -vermittlung 26, 63, 83, 148
Budgetberechnung
– Formular 48

C

Checkzahlungen 62, 146

D

Datenkategorien
– bei IKO und ZEK 165 f.
Datenzugang zur IKO 159 ff.
Deckung 10

E

Einredendurchgriff 61, 78
Erinnerungswerbung 186
EWR 69, 117
Existenzgründungsdarlehen 42
Existenzminimum
– Richtlinien 16, 51
– Berechnung 51

F

«Flexikredit» 13
Faksimileunterschrift 45
Formvorschriften
– Grundsätzliches 45 f., 70, 93 f., 130
– Übergangsrecht 201 f.
Freibetrag 51

G

Gehaltskonto 123
Geltungsbereich
– allgemein 10 ff
– bei Barkrediten und Teilzahlungsverträgen 41 ff.
– Leasing 11 f.
– Kredit- und Kundenkarten 12 f.
– für Überziehungskredite 118, 120 ff.
– Überziehungskredite auf laufenden Konti 12 f.

245

Gerichtsstand 30
Gesamtkosten
– des Kredits 21, 38
Gesetzesumgehung 13
Gesetzgebungsmethode 117 f.
Giroabrede 123
Grenzbeträge 10
Grosskredite über CHF 80'000.–
  44, 129
Grundpfandgesicherte Kredite 10, 43,
  124 f.
Grundstücke
– Kredite für 10, 43, 124 f.

H

Handwerker
– Kredite für 10
Höchstkreditlimite 37 f.
Höchstlaufzeit 38, 40
Höchstzinssatz 20, 37, 56, 74
– Verlust der Kant. Gesetzgebungskompetenz 25
– Übergangsrecht 29, 206

I

Informationsstelle für Konsumkredit
– Datenkategorien 162 f.
– Datenzugang 102, 159 ff.
– Grundsätzliches 157 ff.
– Meldung 55, 80, 102, 162 f.

J

Jahreszins
– Angabe 20, 46
– effektiver 20, 46

K

Kalkulationsirrtümer 55

Kantonale Gesetzgebungskompetenzen
– Geltungsbereich des KKG 26
Kantonales Recht
– Verhältnis zum 25, 37 f., 116
– Vorbehalt zugunsten 26
Kartengebühren 108
Kaskoversicherung 21
Konkordat
– Interkantonales 26, 37
Konsument 42 f., 121 f.
Konsumkreditvertrag
– Begriffsbestimmung 41, 160
– Gültigkeit, Rückwirkungsverbot 27
– Kündigung bei Verzug 22
– Laufzeit 14
– Nichtigkeit 21
Konsumkreditwerbung 171 ff.
– Zahlenbeispiel 186
Konto
– laufendes 122 f.
Kosten
– massgebliche 74
– bei Vertragsabschluss 132
Kredit
– Amortisation 14
– Aufstockung 38
– für beruflichen oder gewerblichen Zweck 42
– grundpfandgesicherter 43, 124 f.
– an juristische Personen 42, 160
– Laufzeit 38
– Nettobetrag 44, 46
– Verlust 14
Kreditdeckung
– Zeitpunkt 43, 125
Kreditfähigkeit 14
Kreditfähigkeitsprüfung 14 ff., 49 ff.,
  80 f.
– Barkredit 14
– Elemente 71, 132
– Ermessen 15
– Informationsstelle für Konsumkredit 16

- bei Kredit-/Kundenkarten 101, 103 f.
- Kredit– und Kundenkartenkonti 15
- Leasing 15
- Sanktion 18
- beim stillschweigend akzeptierten Überziehungskredit 15, 137 f.
- summarische 136
- Übergangsrecht 28, 205
- beim vereinbarten Überziehungskredit 134 ff.
- Wiederholung 137

Kreditgeberin 120

Kredithöhe
- maximale 38

Kreditkarten/Kundenkarten
- Geltungsbereich des KKG 91 f.
- Grundsätzliches 89 ff

Kreditlimite 13, 44, 50, 93

Kreditoption 12, 102 f., 140 f.
- Benützung 17

Kreditvermittler
- Entschädigung 20, 62, 79

Kreditversprechen 41

Kündigung
- von Leasingverträgen 76

L

Leasingvertrag
- Abgrenzung gegenüber Teilzahlungs-vertrag 40, 45
- Autoleasingvertrag 12
- für berufliche oder gewerbliche Zwecke 68
- effektiver Jahreszins 74
- Elemente der Kreditfähigkeitsprüfung 71
- Entwertungstabelle 73
- Erhöhung der Leasingraten 11, 68
- Form 70
- Gefahrtragung 11
- Grundsätzliches 66 ff.

- mit juristischen Personen und Handelsgesellschaften 67
- Laufzeit 15
- Subsumtion 12, 66 f.
- Unterstellung unter das KKG 69
- Vertragsinhalt 72
- Vertragskopie 70
- vorzeitige Auflösung 11
- Zustimmung des gesetzlichen Vertreters 71

Lohnforderungen
- Abtretungsverbot 24

Lombardkredite 127

«Lugano»-Übereinkommen 30

M

Meldepflicht
- bei Barkrediten 17
- Informationsstelle für Konsumkredit 16
- bei Kredit- und Kundenkartenschulden 17
- bei Leasingverträgen 17
- Sanktion 18
- Übergangsrecht 203
- bei Überziehungskrediten 138 ff.
- bei Verzug 17, 28

Meldungen an die IKO
- Inhalt 162 ff.

Margenverpfändung 126

Miet-Kauf-Vertrag 12

N

Nichtigkeit
des Konsumkreditvertrages 21, 49

O

Online-Verträge 46

P

pfändbarer Teil des Einkommens 47
Preisbekanntgabeverordnung 179 f.
Privatkonto 123

Q

Quote
– verfügbare 14
Quellensteuern 26, 51

R

Recht
– anwendbares 30
Rechtsposition
– altrechtliche 200
Rechtsvereinheitlichung 39
Regelung
– abschliessende 23 f.
Restschuldversicherung 21
Restwert 40 f., 73, 74
Richtlinie 87/102 EWG 8

Rücktritt vom Vertrag
– bei Verzug 22, 28
Rückwirkungsverbot
– Gültigkeit von Konsumkreditverträgen 27
Rückzahlung
– vorzeitige 47, 61

S

Salärkonto 123
Sanktionen
– bezügl. Höchstzinssatz 57, 152
– bezügl. Kreditfähigkeitsprüfung 54, 85, 153 f.
– bei Kredit-/Kundenkarten 97, 105 f.
– bezügl. Kreditzinssatz 57, 152
– bei Überziehungskrediten 149 ff.
– nach UWG 155

– bezügl. Vertragsinhalt 49, 85, 149
– bezügl. Widerrufsrecht 59, 153
– bezügl. Zustimmungserfordernis bei Minderjährigkeit 58
seco 180 f.
Sicherheiten
– hinterlegte banktübliche 43 f., 127
– Verbot von Wechseln und Checks 62, 77
Sicherung des Kredites 10, 125

U

Übergangsrecht 27 ff., 141, 197 ff.
Überschuldung
– Hinweis auf 23
– Verhinderung der 14
Überziehungskredite
– stillschweigend akzeptierte 133 f.
– vereinbarte, Vertragsform 130 f.
– vereinbarte, Vertragsinhalt 131 f.
Überziehungskredite auf laufendem Konto 44
– Begriff 123
– Grundsätzliches 113 ff.
UWG 176 ff.

V

Verleitung zum Vertragswiderruf 193
Vermittlungsprovisionen 38
Vermögen
– Berücksichtigung bei der Kreditfähigkeitsprüfung 52
Vermögenswerte
– bei der Kreditgeberin gehaltene 43, 127 f.
Versicherung 21, 74
Vertragsform 45 f., 119 f., 130 ff.
Vertragsformulare
– Mindestanforderungen 190 f.
Vertragskopie 46, 120, 131
Vertragsunterzeichnung 45, 119, 131

Vertrag zur Finanzierung des Erwerbs von Waren oder Dienstleistungen 48
Verzug 22, 61, 77, 145, 162 f.
Verzugsfolgen
– Übergangsrecht 208
Verzugszins
– Beschränkung 22
Visa-Kreditkarte 12

W

Warnklausel 192 f.
Wechselverbot 62, 146
Werbebriefe 187, 188 f.
– an bisherige Kunden 188
Werbung 23, 63, 83, 108, 147, 171 ff.
– Branchenregelungen 181 f.
– für Kredit-/Kundenkarten 173
– für Leasingverträge 173
– nicht gezielte 188
– öffentliche: Begriff 23
– für Überziehungskredite 173
Wertschwankungen
– des Unterpfandes 126
Wettbewerb
– unlauterer 84
Widerruf
– Übergangsrecht 207
Widerrufsrecht 21 f., 47, 59 f., 75, 94, 98, 144

Z

ZEK 29, 158, 165 ff.
Zinsangabe 21
Zinsberechnung
– bei Kredit-/Kundenkarten 107
Zinssatz
– Anpassung 93
Zuständigkeit
– gerichtliche 30
Zustimmung des Ehegatten 40
Zustimmung des gesetzlichen Vertreters
– Grundsätzliches 20, 58, 142
– Übergangsrecht 202 f.
Zweck
– des Kredits 42 f., 122
Zweitkredite 38